Liderança 4.1

ANDRÉ REZENDE

Liderança 4.1

Como se tornar o protagonista do futuro e o líder de que o mundo precisa

Copyright © 2020 de André Rezende
Todos os direitos desta edição reservados à Editora Labrador.

Coordenação editorial
Pamela Oliveira

Preparação de texto
Gabriela Rocha Ribeiro

Projeto gráfico, diagramação e capa
Felipe Rosa

Revisão
Laila Guilherme

Assistência editorial
Gabriela Castro

Dados Internacionais de Catalogação na Publicação (CIP)
Angélica Ilacqua – CRB-8/7057

Rezende, André
  Liderança 4.1: como se tornar o protagonista do futuro e o líder de que o mundo precisa / André Rezende. – São Paulo : Labrador, 2020.
  352 p.

  ISBN 978-65-5625-083-0

  1. Liderança I. Título

  20-1867   CDD 658.4092

Índice para catálogo sistemático:
1. Liderança

Editora Labrador
Diretor editorial: Daniel Pinsky
Rua Dr. José Elias, 520 – Alto da Lapa
05083-030 – São Paulo – SP
+55 (11) 3641-7446
contato@editoralabrador.com.br
www.editoralabrador.com.br
facebook.com/editoralabrador
instagram.com/editoralabrador

A reprodução de qualquer parte desta obra é ilegal e configura uma apropriação indevida dos direitos intelectuais e patrimoniais do autor.

A editora não é responsável pelo conteúdo deste livro. O autor conhece os fatos narrados, pelos quais é responsável, assim como se responsabiliza pelos juízos emitidos.

AGRADECIMENTOS

Agradeço a Deus acima de tudo. Suas grandiosas obras me motivam a conhecê-Lo cada dia mais e buscar o meu melhor. Somente entregando o melhor podemos, como criaturas, ficar mais perto do Criador.

Agradeço a todos os chefes que contribuíram para meus aprendizados e me ensinaram a ser o que sou hoje. Alguns me ensinaram pelo caminho do "como fazer"; outros, pelo caminho do "como não fazer". Tive superiores fantásticos, como Walmir Fernandes, da Cinemark; Theo van der Loo e Luciano Muller, da Bayer; Milton Amoroso, da Novartis; Luiz Fernando Fogaça, da CVC, Mauricio Alcantara, da Baxter; Paulo Nunes, da Laureate; e Jorge Miguel Sâmia, da Eli Lilly, entre outros grandes líderes que possivelmente estou cometendo o erro de não ter mencionado. Todos que passaram pela minha trajetória profissional ou educacional me ensinaram algo. Muito obrigado a todos os líderes que passaram pela minha vida, principalmente os líderes 4.1.

Agradeço imensamente aos meus pais por terem me ensinado a ser quem sou. À vida por ter me dado oportunidades inúmeras de aprendizados, e a todos os meus amigos, que me ensinaram a ver a vida com outros olhos.

Além desses agradecimentos, também menciono todos os meus pares e equipes que tive ao longo de minha jornada. Alguns profissionais me ensinaram muito, como Júlia Cruz, que me ensinou a ser resiliente. Uma excelente profissional com muita competência. Fabio Davanzo, que me ensinou a ser bem-humorado e diplomata; Sandra Darzan, que me ensinou a lidar com franqueados e pessoas que pensam diferente de mim; Michelle Orico, que me ensinou demais sobre o mercado de educação. Ela é uma profissional exemplar e um ser humano admirável. Cristiano Dias, que me ensinou a ter resiliência e paciência. Um ser humano que, quanto mais conhecia, mais admirava. Tenho verdadeira admiração por todos. Mais uma vez estou cometendo equívocos, pois há muitos profissionais que me ajudaram e colaboraram para minhas conquistas. Não podia deixar de mencionar também Débora Garcia, que é um exemplo de ser humano, sempre com um sorriso no rosto. Sempre tive equipes exemplares que apresentavam altíssima performance. Agradeço a todos que fizeram parte de minhas equipes.

Para todos, deixo o meu muito obrigado.

SUMÁRIO

CAPÍTULO ZERO 9
PRÓLOGO

CAPÍTULO 1 12
INTRODUÇÃO: CENÁRIO ATUAL E DESAFIOS DA LIDERANÇA

CAPÍTULO 2 34
O QUE É LIDERANÇA?

CAPÍTULO 3 46
AS FUNÇÕES DO LÍDER NA VIDA E NA ORGANIZAÇÃO

CAPÍTULO 4 60
O QUE É LIDERANÇA SERVIDORA E COMO EXTRAIR O MELHOR DE CADA COLABORADOR?

CAPÍTULO 5 71
O QUE É MOTIVAÇÃO E COMO INCENTIVÁ-LA NA EQUIPE?

CAPÍTULO 6 85
O QUE É COMPETÊNCIA E QUAL A IMPORTÂNCIA DA MELHORIA CONTÍNUA?

CAPÍTULO 7 113
CRIATIVIDADE, A COMPETÊNCIA MAIS REQUISITADA DO PROFISSIONAL ATUAL

CAPÍTULO 8 158
O QUE É ENGAJAMENTO E COMO SER UM LÍDER ENGAJADOR?

CAPÍTULO 9 186
APRENDENDO A SER RESILIENTE

CAPÍTULO 10 197
ADMINISTRANDO O ESTRESSE

CAPÍTULO 11 207
A ARTE DE DELEGAR

CAPÍTULO 12 222
DEFININDO OBJETIVOS SMART E DE ALTA PERFORMANCE

CAPÍTULO 13 245
CONFLITOS E PROBLEMAS: COMO SOLUCIONÁ-LOS?

CAPÍTULO 14 258
CONDUZINDO TIMES PARA A EXCELÊNCIA

CAPÍTULO 15 268
ENTREVISTANDO E FORMANDO O SEU TIME

CAPÍTULO 16 277
FORMANDO O SEU TIME DE ALTA PERFORMANCE

CAPÍTULO 17 289
ELEVANDO A PERFORMANCE E MELHORANDO RESULTADOS

CAPÍTULO 18 300
COMUNICAÇÃO PARA GERAR RESULTADOS

CAPÍTULO 19 312
ADMINISTRAÇÃO DO TEMPO E PRIORIZAÇÃO DE ATIVIDADES

CAPÍTULO 20 325
***FEEDBACK* COMO FERRAMENTA DE DESENVOLVIMENTO**

CAPÍTULO 21 335
**COMO SE TORNAR PROTAGONISTA DO FUTURO
E O LÍDER DE QUE O MUNDO PRECISA**

REFERÊNCIAS 340

CAPÍTULO ZERO
PRÓLOGO

Gosto de começar meus livros pelo Capítulo Zero. Assim também comecei o livro *Pilares para uma vida plena* e entendo que esta forma inibe os leitores de pular o prólogo do livro, indo diretamente para o Capítulo 1.

Trabalhei na área financeira de grandes empresas por aproximadamente vinte anos. Atuei em multinacionais como a antiga Schering (atual Bayer), Novartis, CVC, Ferrero e Baxter, fui diretor financeiro de uma instituição da Laureate e, nesse momento, já estava com a ideia de migrar de profissão. Atuar em multinacionais é uma grande experiência, e devo muito às empresas pelas quais passei. Nelas, tive diversos treinamentos de liderança, mas nenhum tão completo que me fizesse entender na íntegra o que envolve esse termo tão discutido; nenhum treinamento que me fizesse de fato pensar no lado humano da liderança. Todos eram muito técnicos e me traziam muitas práticas de como entrevistar, como atingir os objetivos, de perfis psicológicos e assim por diante; mas os treinamentos que eu tive se esqueciam de mencionar que liderança lida com equipes, e equipes são formadas por seres humanos, e que eu como líder também era um ser humano. Quando se trata do ser humano, não existe ciência exata. Cada ser humano é único, com sonhos, pensamentos, opiniões, educação e formas de enxergar o mundo únicas, o que torna o ato de liderar um grande desafio. É preciso partir desse pressuposto para entender o verdadeiro significado de liderança.

Após uma transição de carreira, trocando um cargo executivo em grandes multinacionais para atuar como escritor, palestrante, educador do tema liderança e administrador de alguns empreendimentos em segmentos distintos, decidi juntar minha experiência prática de liderança e todos os treinamentos teóricos em um só curso e livro. Esta obra tem como objetivo ajudar os líderes em seus verdadeiros desafios e melhorar ainda mais suas atuações no dia a dia da prática desta arte que é liderar.

Todos os dias passamos por diversas mudanças, e o nosso mundo está completamente instável. Enfrentamos globalização e junções de culturas como jamais visto antes. Crises econômicas na Grécia que afetam a economia dos Estados Unidos; uma pandemia que se iniciou em uma província da qual até então jamais tínhamos escutado falar e se espalhou pelo mundo em poucos meses, matando centenas de milhares de pessoas; fome que ainda mata muita gente no mundo, mesmo com o avanço da tecnologia. Mas onde estão os líderes em meio a todos esses eventos? Onde estão os projetos eficazes para a erradicação da fome? Quem está, de fato, liderando esse projeto mundialmente e gerando engajamento e motivação para as nações ajudarem neste combate à fome? Essas são questões que levantei em meu livro *O caminho da liderança*, cujo objetivo é passar por aspectos mais presenciais na liderança e por temas que podem ajudar a solucionar os problemas, claro, se entendermos que liderança é de pessoa para pessoa, de ser humano para ser humano e de sonhos, objetivos e metas coletivas para objetivos, metas e sonhos pessoais. O papel do verdadeiro líder é servir ambos os lados, interesse individual e interesse coletivo, e encontrar a intersecção que levará sua equipe, ou seus liderados, a entregar o seu melhor diariamente, em busca de um objetivo em comum e em conjunto com demais membros da equipe. Essa é uma das funções do líder 4.1, que é o protagonista do futuro.

Espero que este livro possa deixar um legado para a liderança e que possamos ser os protagonistas do mundo 4.0, estando sempre à frente da indústria e da tecnologia, como líderes 4.1. Afinal, quem faz o mundo atual que estamos denominando 4.0 são pessoas e líderes que estão à frente da humanidade e são protagonistas da construção do futuro. Líderes que atuam no desenvolvimento da indústria, da tecnologia e do marketing 4.0. Mas e as equipes? Espero que, acima de tudo, sejamos líderes 4.1 e capazes de desenvolver pessoas e colaboradores 4.1, à frente do mundo 4.0.

CAPÍTULO 1

INTRODUÇÃO: CENÁRIO ATUAL E DESAFIOS DA LIDERANÇA

Em que tipo de sociedade estamos inseridos? Em que tipo de sociedade vivemos? Essas respostas certamente mudarão no minuto seguinte a estas perguntas. Estamos vivendo em uma sociedade extremamente dinâmica, espantosamente instável e evolutiva, em uma velocidade que temos dificuldade de absorver. O lançamento de produtos no mercado ocorre de maneira cada vez rápida. As pessoas não têm tempo para aprender a usar o produto anterior e já existe uma nova versão. A quantidade de aplicativos que temos em nossos celulares é assustadora, e certamente não utilizamos sequer 25% deles; investimos nosso tempo na instalação dos aplicativos, usamos por algum tempo e poucos são aqueles que não se tornam obsoletos. Obsoleto, inclusive, é uma palavra muito atual. Muitos produtos, serviços, sistemas, profissões, aplicativos e tecnologias estão se tornando obsoletos, além de vários aspectos da nossa sociedade, como a estabilidade. Já não temos a estabilidade que tínhamos há 20, 30 ou 40 anos, mas para nós, seres humanos e líderes, isso é bom ou ruim? Para um líder 4.1, as mudanças são sempre positivas, mas devemos, no lugar da estabilidade que tínhamos no passado, aprender novas competências e habilidades e mudar a nossa forma de enxergar o mundo. A adaptação a esta realidade será cada vez mais uma questão de sobrevivência para as empresas e para as pessoas que colaboram com elas. O mundo de hoje exige mudanças; e corre sérios riscos aquele que ficar esperando para ver o que acontece.

A sociedade atual gera energia e consome informações e produtos como jamais vimos em nossa história. Já não percebemos o tempo passar. Dias, meses e anos correm a uma velocidade inacreditável. Em um mundo de constantes mudanças, o que se espera das pessoas é que adquiram a postura e a atitude de mudar também. A adaptação a essa realidade dinâmica, instável e evolutiva é fundamental para o sucesso de qualquer organização e indivíduo.

Há diversos fatores para estarmos vivendo em um cenário instável como este, com destaque para dois. O primeiro é a globalização. Já não estamos isolados em nenhum lugar do planeta e temos acesso a tudo em tempo integral. Temos o comércio eletrônico, que chega a pontos que jamais atingiríamos anteriormente, e as facilidades logísticas estão cada vez mais presentes em nosso dia a dia. A tecnologia nos dias de hoje possibilita que empresas dominem mercados globais, como Amazon, Uber, Airbnb, Netflix, entre outras. A globalização, que em meados dos anos 1980, chegando até os anos 1990, era apenas uma visão de futuro, hoje é o presente. Até então discutíamos o efeito da globalização no mundo, mas, como atualmente estamos vivendo a fase globalizada, as discussões desses efeitos estão ocupando menos espaço, cedendo lugar a discussões sobre tecnologia, futuro e, principalmente, sobre o bombardeio de informações que recebemos todos os dias. Esse avanço gera uma competição globalizada, e nada ficará de fora. Não competimos mais com o vizinho na outra quadra, mas sim com um fabricante do outro lado do mundo. Atualmente, encontramos produtos chineses ou japoneses em qualquer quitanda de bairro, que antes vendia apenas produtos regionais. A competição agora é global e não mais local, de modo que ninguém estará livre dessa competição.

Para citar um exemplo, recentemente, em uma das empresas em que estou investindo, abrimos licitação para a contratação de serviços de tecnologia em três locais distintos, sendo eles Brasil, Índia e Romênia. Pois é, Romênia. Quem seria capaz de prever, há 20 anos, que do Brasil seria possível cotar produtos na Romênia? Hoje em dia, há websites por meio dos quais facilmente se encontram profissionais em qualquer lugar do mundo com um clique. As empresas de tecnologia brasileiras devem estar preparadas para enfrentar a concorrência até mesmo do outro lado do continente, e vice-versa.

O segundo fator primordial para este momento instável que estamos vivendo é o curto ciclo de vida dos produtos em geral. Não é incomum visitar um supermercado e encontrar diversos produtos novos nas prateleiras. Dificilmente um produto tem um ciclo de vida longo, e quando isso acontece ele passa por diversas modificações na formulação ou na embalagem. Segundo o site *Notícias Automotivas*, a General Motors está preparando vinte lançamentos até 2022, além de dez novas versões de carros e séries especiais. Se um carro, que é um bem que geralmente dura mais tempo, tem essa rotatividade, imagine os produtos do dia a dia ou mesmo serviços para atender novas demandas. Ainda sobre ciclo de vida de produtos, a empresa Hewlett-Packard, conhecida como HP, possui herança de inovação e criação de categorias. Para construir isso, conta com investimentos constantes em seu pilar de inovação, que denominam O futuro. A própria página da empresa define inovação como fazer mudanças em algo estabelecido, especialmente pela introdução de novos métodos, ideias ou produtos. A HP tem um dos mais importantes laboratórios privados de pesquisa do mundo. Como o mundo está mudando a uma velocidade exponencial, a HP tem uma perspectiva de longo prazo sobre as megatendências que estão moldando o mundo e, então, cria produtos e tecnologias com base nesses *insights*. Segundo a própria empresa, o mundo está à beira da quarta revolução industrial, que provocará mudanças ainda maiores que as anteriores – que trouxeram máquinas movidas a vapor, eletricidade e produção em massa e computadores digitais em rede. A nova revolução será caracterizada pela mistura dos mundos digital e físico no que a HP chama de realidade combinada. Com esse posicionamento, a empresa está sempre inovando e lançando produtos. Um de seus últimos lançamentos é a impressora HP Jet Fusion 3D, que conta com um sistema de impressão 3D altamente inovador. A HP também investe em computação imersiva, incluindo realidade virtual e aumentada. Uma tecnologia inovadora chamada Sprout Pro tem potencial de levar computação imersiva e envolvente para escolas e escritórios em todo o mundo. A HP sustenta seus negócios em três pilares: negócio principal, crescimento e futuro. O futuro é sempre estudado e abastecido por pesquisas de seu laboratório de altíssima qualidade, e a empresa sabe que o ciclo de vida de seus produtos não é longo e novas necessidades irão surgir em um espaço de tempo curto e, para garantir o futuro, precisa se adaptar a elas.

A tecnologia está cada vez mais avançada e, segundo informações da própria Appstore, em 2019 havia 2,2 milhões de aplicativos disponíveis para serem baixados. Na versão Android, esse número é ainda maior, chegando a 2,6 milhões de aplicativos. Em 2018, foram feitos 194 bilhões de downloads somando-se ambas as plataformas, segundo informações da App Annie. O mundo está conectado. De acordo com informações da Buildfire, existem 2,7 bilhões de *smartphones* no mundo. Esse número representa aproximadamente um terço da população mundial e só tende a crescer. Estima-se que em 2022 teremos 258 bilhões de downloads de aplicativos *versus* os 194 bilhões de 2018. Esses números realmente espantam, mas o que não espanta é que 77% do tempo que gastamos em nosso celular são somente nos três aplicativos que mais usamos. Considerando-se os dez aplicativos que mais usamos, estamos falando de 96% de uso, ainda segundo a Buildfire. Temos em média 35 aplicativos instalados em nossos aparelhos, mas 96% do nosso tempo é dedicado a somente dez deles. Isso significa que há um imenso número de aplicativos que se tornam obsoletos e são substituídos logo após o download, embora haja uma grande concentração de utilização nos dez mais usados.

Estamos falando de tecnologia, mas essa realidade não é diferente para os produtos e serviços físicos. Com o rápido avanço das pesquisas de carro sem motorista da Uber, estima-se que muitas pessoas perderão seus empregos para a tecnologia. Você conhece alguma profissão que desapareceu com a tecnologia? Lembra do vendedor de enciclopédia, do datilógrafo de telegrama, do locador de vídeos, do digitador de mensagem para bipe, entre outros?

Esta é uma realidade do mundo atual. Até então, os produtos "duravam" anos e anos, como nossas televisões de tubo, nossos aparelhos de telefone de discar ou até mesmo nossos carros. Atualmente, saímos da loja com o celular novo, e antes de virarmos a esquina já foi lançado um novo modelo e o nosso está desatualizado, ou no mínimo, precisando de uma atualização de sistema.

Até certo período do passado, não percebíamos essas evoluções porque a globalização não era tão presente como é hoje. O mercado mudou, o mundo mudou, o Brasil mudou, e o consumidor também.

A única certeza que temos é que tudo poderá mudar em um curto espaço de tempo. Se pensarmos na evolução do computador, o AT 286 foi lançado no mercado e, um ano depois, saiu o 486. Do 486 para a tecnologia Pentium foi necessário apenas um mês, *versus* um ano do 286 para o 486. Tais fatos só nos mostram que o mundo está mudando em uma velocidade acima da que somos capazes de absorver.

Vivemos em um contexto de mudanças com um crescimento acelerado e exponencial em tecnologia. Após o homem ter pisado na lua, tivemos uma infinidade de invenções que mudaram drasticamente o nosso estilo de vida. Até esse evento, as invenções surgiam em grandes espaçamentos de tempo. Desde a invenção da imprensa, em 1430, até a do carro, em 1886, foram 456 anos. O ano de 1886 marcou o nascimento do automóvel moderno, quando o inventor alemão Karl Benz patenteou seu veículo. No total, foram mais de quatro séculos e meio para termos a evolução da prensa até o automóvel. Consegue imaginar esse longo período para termos uma invenção hoje em dia? Nesse tempo foram inventados o telescópio, o motor a vapor, o telégrafo, a lâmpada e o telefone. A partir da década de 1970, tivemos um crescimento exponencial de invenções, das quais podemos citar microprocessador, MS-DOS, sistema operacional Windows, Apple, disseminação da internet, aparelho celular, Youtube, Facebook, Google, carros sem motorista, aplicativos globais como WhatsApp, Uber, Netflix, entre outras milhares de invenções que surgem diariamente. Assim como os últimos cinco anos mudaram mais do que os últimos trinta anos, os próximos anos mudarão ainda mais do que os últimos cinco anos e a velocidade dessas mudanças, marcada por um cenário complexo e exponencial, será ainda maior. Vivemos em um mundo de mudanças exponenciais, no qual a realidade de hoje já não é a mesma de amanhã.

No livro *Abundância: o futuro é melhor do que você imagina*, Diamandis e Kotler explicam de forma bem explícita o que significa um crescimento exponencial. No exemplo citado no livro, os autores fazem um comparativo entre sair de sua casa e dar trinta passos lineares. Supondo que seu passo tenha um metro, o máximo que poderá alcançar com trinta passos lineares é a distância de trinta metros. Ao utilizarmos o mesmo exemplo, porém em um cenário exponencial, a matemática seria um pouco diferente. Teríamos o primeiro passo multiplicado pelo segundo, resultando em dois metros, o terceiro passo seria multiplicado pelos dois metros do resultado anterior, logo, teríamos como resultado seis metros. Os seis metros seriam multiplicados pelo quarto passo, que resultaria em 24 metros e assim sucessivamente. Isso resultaria em um número espantoso de 265.252.859.812.191.000.000.000.000.000 metros *versus* os trinta metros de crescimento linear do primeiro exemplo. Considerando que uma volta na Terra representa 20 milhões de passos, isso significa que no décimo primeiro passo já seria possível dar duas voltas na Terra; no décimo quarto passo, 4.359 voltas. Isso demonstra o que é um crescimento exponencial, que é exatamente o que está acontecendo com a tecnologia e as mudanças que estamos vivenciando.

Esse cenário de mudanças é chamado por alguns especialistas de mundo VUCA, acrônimo das palavras em inglês *Volatility*, ou volatilidade, *Uncertainty*, ou incerteza, *Complexity*, ou complexidade, e *Ambiguity*, ambiguidade. Essa sigla começou a ser utilizada pelo exército dos Estados Unidos em contextos de guerra e, a partir de 2010, também passou a ser utilizada no mundo dos negócios para descrever o cenário de mudanças que enfrentamos.

Se analisarmos as evoluções das eras (ou idades) que descrevem a nossa história, a Antiguidade, que durou aproximadamente de 3,5 a 4 mil anos a.C. até 476 d.C., teve uma duração de 4 a 4,5 mil anos aproximadamente. Após o fim da Antiguidade, iniciou-se a Idade Média, que durou de 476 até 1453 d.C., marcada pela expansão do comércio. A Idade Média teve duração de aproximadamente mil anos. A partir de 1453, com a queda de Constantinopla, iniciou-se a Idade Moderna, que durou até 1789 e foi marcada pela Revolução Industrial e pela queda da Bastilha, na Revolução Francesa, durando, portanto, cerca de 330 anos. Desse modo, a Idade Moderna durou aproximadamente 700 anos menos do que a Idade Média. Estamos vivendo a Idade Contemporânea, que teve seu início na Revolução Industrial, marcada pelo capitalismo, a qual está durando 231 anos. Porém, nesse curto período, tivemos uma evolução nunca vista antes, com invenções que mudaram a nossa vida cotidiana, como o rádio, o automóvel, a televisão, o computador, o telefone celular e inúmeros avanços tecnológicos que nos impactam diretamente todos os dias.

Será que ainda estamos vivendo a Idade Contemporânea? Será que já não avançamos mais uma etapa em nossa história e nos esquecemos de atualizar os nossos livros? Não seria esta a idade da informação ou da globalização?

Tudo está mudando o tempo todo no mundo, mas há uma certeza, e talvez esta certeza ainda permeie toda a nossa história. Tudo pode mudar, mas para inventar e gerenciar todas essas mudanças e criar novos cenários foi, é e sempre será necessária uma liderança criativa, engajadora, que gere motivação em seus colaboradores para que possam contribuir para as mudanças. Portanto, são necessárias pessoas para as executarem. Por trás de qualquer mudança, sempre haverá um ser humano.

A tecnologia funciona muito bem em cenários lineares, nos quais o futuro acontece de acordo com probabilidades baseadas no passado, mas o futuro é diferente do passado. Por conta disso, somente o ser humano pode propor, executar e gerenciar as mudanças. A inteligência artificial poderá até curar o câncer e terá grande importância na nossa evolução, mas jamais substituirá as relações humanas. Um ser humano só tem relações com outro ser humano.

A GERAÇÃO DE VALOR PARA AS EMPRESAS NOS DIAS DE HOJE

No mundo globalizado como o atual, podemos entender que o capital tangível das empresas já não é suficiente para mantê-las como líderes de mercado. O que gera de fato valor para a empresa é a capacidade de entregar a sua proposta de valor, superando as expectativas de seus clientes, gerando a melhor experiência e entregando o melhor resultado. Isso significa que os valores de hoje em dia são muito mais intangíveis do que tangíveis.

Segundo pesquisa da Miller e Morris, na década de 1980 uma empresa era avaliada pelo mercado, majoritariamente pelo que ela possuía de ativos tangíveis (prédios, veículos, maquinários, entre outros). Somente para exemplificar, em uma empresa que tinha 100% de valor de mercado naquele período, 62% eram ativos tangíveis e 38% eram ativos intangíveis (sistemas, marca, cultura, conhecimento, rede de clientes, entre outros).

Em 1992, ou seja, 10 anos depois, o jogo virou. Dos mesmos 100% de valor de mercado, 62% do valor da empresa eram provenientes de ativos intangíveis, enquanto 38% eram compostos por ativos tangíveis. Hoje, quando falamos do valor de uma empresa, 85% dependem de ativos intangíveis e apenas 15% provêm de ativos tangíveis. Prédios, sistemas, capital e equipamentos valem apenas 15% do valor de mercado de uma empresa.

Claro que isso pode mudar de acordo com o segmento da empresa, mas o ponto aqui é que uma grande parcela desse valor atualmente vem do capital intangível, ou seja, do que não conseguimos medir de forma direta.

Não é difícil entender essa equação. No mundo de hoje, há empresas como a Uber, a maior empresa de transporte de passageiros do mundo, sem ter carros em seu nome; ou seja, ativo tangível bem inferior ao seu intangível, que são os motoristas cadastrados em seu sistema. Quanto valem os motoristas da Uber, que colaboram com o propósito da empresa? Assim também acontece com o aplicativo de reservas Airbnb, que não tem nenhum hotel em seu nome, mas já é a maior empresa de hospedagem do mundo. Alibaba segue o mesmo exemplo como empresa de varejo, bem como o Facebook é uma das empresas mais populares do mundo e não produz conteúdo.

Todas essas companhias têm ativos intangíveis infinitamente maiores que os ativos tangíveis, e é isso que gera valor para elas na atualidade. Isso acontece porque vivemos a era da informação e o fator humano é responsável pela criação de valor das empresas. É impossível gerar experiência para uma inteligência artificial, mas é possível gerar experiência para um ser humano. Foi essa a aposta da cafeteria Starbucks. Analisando o preço do café, em geral, podemos encontrar opções dentro do valor médio de mercado, mas o café da Starbucks proporciona uma experiência. Começa pela escolha dos grãos de café, que são selecionados a fim de oferecer o melhor produto para seus clientes. Após fazer o pedido, o cliente é chamado pelo nome para receber seu café, o que gera proximidade, pois nos sentimos importantes quando somos chamados pelo nome. Isso traz uma pessoalidade que somente cafeterias que operam com esse sistema conseguem oferecer.

Após retirar o seu café, ainda poderá usufruir da rede de internet sem cabo (wi-fi) e passar uma tarde inteira na cafeteria sem o menor incômodo e sem dar nenhuma satisfação. Eles oferecem uma experiência completa para seus clientes.

Vivemos na era do conhecimento e da disseminação da informação, que permite criar cenários como o da Starbucks e ter o valor das empresas atrelado a capitais intangíveis. Esta era de informação e conhecimento depende de seres humanos. No nosso mundo, as redes são extremamente importantes, e a colaboração é essencial. Temos como fonte de riqueza o conhecimento, e as redes humanas não têm fronteira alguma. Isso significa que os processos são muito mais integrativos e a experiência gerada para o seu consumidor vale um preço mais alto. A experiência gerada pelo alinhamento do propósito da empresa com o consumidor gera valor para as empresas. Estamos falando de valores intangíveis para as organizações, e as empresas que tiverem maior grau de adaptação e criatividade terão mais chances de sobreviver neste mundo de concorrência globalizada e ampla. As marcas vão criando seus valores de acordo com o sentimento que causam nas pessoas, e não apenas pelo produto que oferecem. Isso difere uma empresa da outra, afinal, ao contrário dos anos 1980, em um mundo de alta tecnologia, ativos tangíveis não são mais itens de primeira necessidade para uma empresa se tornar líder global. Empresas sem carro se transformam em maiores empresas de locomoção do mundo.

E do que dependemos para criar esse capital intangível? Como conseguimos criar e aumentar esse capital? Para acumular capital tangível dependemos de investimento de dinheiro, mas e para capital intangível? Se você pensou em pessoas e colaboradores, acertou. Os líderes 4.1, que atuam como protagonistas do futuro, são os responsáveis pela criação desses valores com colaboradores 4.1.

Somente através dos colaboradores será possível criar cultura em uma empresa. É por esse meio que as empresas conseguem inovar, criar uma reputação, um novo produto ou até mesmo atingir e manter níveis aceitáveis de governança corporativa. Não há outra forma de gerar valor para uma empresa senão através de pessoas. Um ótimo time é a chave para gerar valor, e para fazer isso os líderes precisam entender o seu verdadeiro papel na organização: disseminar a cultura da organização, garantindo a execução da estratégia criada pela empresa.

O líder tem o papel de preservar as duas principais prioridades da organização, que são o interesse da organização com o seu propósito (o porquê da existência da empresa) e a direção estipulada pelo nível executivo estratégico (visão da empresa).

A liderança e os colaboradores estão inseridos no capital intangível da organização e os talentos precisam ser preservados, buscando-se sempre extrair o melhor de cada colaborador para criar processos robustos e sustentáveis. Deve-se criar o hábito de alcançar as metas e os objetivos e, principalmente, de posicionar a empresa no mercado de forma que seja reconhecida e valorizada, não pelo seu ativo tangível, pois este é fácil, mas sim pelo seu ativo intangível.

O capital psicológico, que é o capital intelectual da empresa formado principalmente pela força de trabalho, é o mais valorizado, pois somente ele será capaz de fazer o que a tecnologia não faz, que é inovar. O capital psicológico é o grande diferencial deste século. É composto por quatro pilares:

1. **Esperança.** Senso de energia para perseverar e alcançar os seus objetivos por meio de ações proativas e planejamento.
2. **Autoeficácia.** Crença na sua própria capacidade de produzir resultados positivos e alcançar os objetivos autodefinidos.
3. **Resiliência.** Ações positivas em todas as situações, mesmo naquelas em que parece não haver alternativa; reação positiva às adversidades.
4. **Otimismo.** Estar e permanecer positivo sobre as probabilidades de sucesso e sobre resultados positivos no futuro.

Neste momento, dedique um tempo para refletir sobre como você está gerando valor para sua empresa e para as pessoas que trabalham em sua equipe. Como está o seu capital psicológico?

É gerando valor para as empresas e para o mercado que aumentamos o nosso próprio valor como colaborador, líder e executivo.

OS PRINCIPAIS DESAFIOS PARA CEOs E EMPRESAS

Já entendemos que o cenário é complexo e contém muitos desafios que demandam inovação e mudanças, e que os valores das empresas não são mais medidos pelo capital tangível, mas sim pelo intangível. Mas como ficam os desafios das empresas e de seus respectivos presidentes?

O Project Management Institute (2013) abordou quatrocentas organizações a fim de explorar quais eram os principais problemas enfrentados em administração de projetos. O tema "problemas de comunicação" foi o item mais mencionado; em segundo lugar, "não cumprimento dos prazos"; e em terceiro lugar, "escopo não definido adequadamente" . Na sequência vêm "mudanças de escopos constantes", "recursos humanos insuficientes", "riscos não avaliados corretamente" e "não cumprimento do orçamento". De alguma forma, todos os itens estão ligados a colaboradores e pessoas.

O que pude perceber ao longo de minha carreira é que os principais problemas encontrados nas organizações estão relacionados a execução da estratégia, gestão de clientes e gestão de resultados. Esses fatores, em todas as organizações em que atuei e até mesmo em conversas com CEOs e presidentes de empresas, são sempre assuntos mencionados.

Uma pesquisa do The Conference Board, com 765 CEOs de quarenta países, também identificou esse fator como um dos maiores desafios encontrados pelos líderes. A principal menção foi a de efetividade na execução da estratégia. Outra pesquisa, conduzida pelo Brazilian Management Institute (BMI) em parceria com a Toledo e Associados, que ouviu cem executivos (41 presidentes, 30 vice-presidentes e 29 diretores) de grandes e médias empresas da indústria, do varejo e de serviços, constatou que o engajamento dos colaboradores na execução da estratégia da empresa também é um grande desafio, seguido pela mudança na postura dos líderes para se adaptar a esse novo contexto de mudanças constantes e exponenciais, e em terceiro lugar a formação de novos líderes com treinamento e qualificação contínua.

Ainda segundo o The Conference Board, a pesquisa *CEO challenge* constatou que o foco do sucesso está nas pessoas. A gestão de pessoas (ou recursos humanos) será a principal alavanca de superação de objetivos e desafios. Esse desafio nos incentiva a pensar mais no longo prazo do que no curto prazo, pois demanda a construção de cultura de liderança 4.1, engajamento, criatividade, elevação do autoconhecimento dos colaboradores e forte atuação da liderança. Segundo a pesquisa, foram apontados cinco grandes desafios para os presidentes:

1. **Capital humano.** Gerir equipe foi, é e sempre será uma preocupação dos presidentes. O objetivo de gerir corretamente o capital intangível dentro das organizações é aumentar a performance e o engajamento a partir de uma liderança 4.1, protagonista do futuro, e o desenvolvimento constante de todos os colaboradores. Não é fácil formar uma equipe engajada e inovadora, mas é preciso. Neste livro, passaremos por várias abordagens motivadoras que podem ser colocadas em ação pelo líder 4.1. O foco é investir em treinamento e desenvolvimento.
2. **Excelência operacional.** Ter eficiência nos custos, despesas e consequentemente maior rentabilidade também aparece como uma preocupação dos CEOs. Porém, há um elo entre eficiência e liderança adequada da equipe, mudando de funcionário para colaborador. Liderar corretamente a equipe terá como consequência melhores resultados. É preciso priorizar um alinhamento claro da estratégia da empresa com todos os níveis e do propósito de cada colaborador com o propósito da empresa.

3. **Inovação.** Estamos diante de um mundo complexo, com baixo crescimento e alta exigência dos consumidores. A empresa que não inovar está fadada ao fracasso. A competência de inovar é cada vez mais relevante para a sobrevivência no mercado dinâmico e competitivo. Para isso é preciso criar a cultura de inovação, metodologia e aceitar novas experiências, como chances de erros.
4. **Relacionamento com o consumidor.** Os clientes estão limitados, pois o crescimento demográfico está controlado na maioria dos mercados consumidores. Portanto, há uma briga acirrada pelos clientes existentes. A competição está intensificada e torna necessário um relacionamento estreito com os consumidores, gerando fidelidade. É preciso entregar a proposta de valor para os clientes.
5. **Risco econômico e financeiro.** Diante de um cenário complexo e de mudanças, os lucros ainda são necessários para a sustentabilidade das empresas, o que é uma preocupação para grande parte dos CEOs. É preciso equilibrar medidas de curto prazo, para garantir a rentabilidade imediata, mas também ter medidas de médio e longo prazos, que darão sustentabilidade ao negócio.

Dentro da execução da estratégia da empresa, o principal item tido como maior desafio está também ligado a colaboração e comunicação: trata-se do comprometimento e engajamento dos colaboradores da empresa com as decisões estratégicas. Isso ocorre porque, muitas vezes, não se consegue traçar um paralelo das ações do dia a dia dos colaboradores com a estratégia da empresa. Para que isso seja feito de forma mais eficiente, o cascateamento da estratégia da empresa deve ser comunicado e alinhado desde o nível estratégico até o nível mais operacional da organização, envolvendo inclusive as atividades do dia a dia.

Além da gestão estratégica, outros desafios que os CEOs enfrentam são a gestão de clientes e a gestão de resultados. Na gestão de clientes, em primeiro lugar é preciso criar uma cultura organizacional na qual todos os colaboradores e parceiros estejam voltados para o cliente. Em segundo lugar, há o profundo e correto entendimento de necessidades e desejos dos clientes, seguido de gerar mais valor para o cliente sem aumentar o custo. A gestão de resultados envolve os temas aumentar o faturamento, fazer mais com menos e aumentar a rentabilidade.

Esses desafios, de alguma forma, estão todos ligados à gestão e à liderança da organização. Isso ocorre por vários motivos, dentre eles:

- Falta de clareza dos objetivos da empresa e dos colaboradores.
- Estrutura organizacional incoerente no atendimento aos clientes com relação à estratégia da empresa.
- Ausência de integração entre áreas e parceiros.
- Competências dos colaboradores inconsistentes com as demandas de trabalho.
- Cultura organizacional incoerente com a estratégia.
- Processos e sistemas não condizentes com a necessidade da empresa.
- Resultados inconsistentes com a capacidade da empresa.
- Ausência de uma gestão de clientes, pessoas e resultados.

Ao analisarmos uma empresa, temos o objetivo estratégico como pilar para o futuro e a manutenção da empresa. Para atingir o plano estratégico da empresa são necessárias atitudes, posturas e competências que devem estar alinhadas com a demanda de trabalho. O cliente deve sempre ser o foco da organização, como *stakeholder* (termo usado em inglês dentro das organizações para representar a parte interessada) principal de toda a cadeia. Mas o que circunda todos os fatores nada mais é do que os colaboradores da organização. Os líderes são os responsáveis por disseminar a estratégia da empresa, criar uma cultura voltada ao cliente, aumentar o engajamento e o comprometimento de todos, equilibrar a demanda e os recursos de trabalho e, principalmente, pelos resultados da organização, com senso de dono e engajado no propósito da empresa.

Mais uma vez, as empresas dependem de pessoas para que possam superar os desafios enfrentados pelos CEOs e pelas organizações. Mas fica uma pergunta: essas pessoas são as mesmas que tínhamos em 1980, quando o capital tangível era consideravelmente superior ao intangível na valorização das empresas? Será que houve uma mudança na demanda dos colaboradores?

A MUDANÇA DA DEMANDA

A Gallup fez uma pesquisa há mais de trinta anos sobre o que seria a melhor vida possível e, segundo os resultados encontrados, os principais temas abordados relacionavam-se a ter uma família, ter uma casa e construir uma vida próspera com constituição de bens. Essa mesma pesquisa foi realizada novamente nos dias de hoje, e as respostas encontradas foram completamente diferentes das do levantamento anterior: ter um trabalho excelente.[1]

Esse resultado se dá por vários motivos. A vida de trinta anos atrás era completamente diferente da vida atual. Antigamente, as pessoas passavam as oito horas de trabalho dentro da empresa e a demanda de trabalho não era como a de hoje, que exige inúmeras competências e mudanças constantes de cenário. Atualmente, sabemos que a aposentadoria está cada vez mais distante e passamos cada vez mais tempo no nosso ambiente de trabalho. Isso aumenta a necessidade de um ambiente de trabalho mais agradável e de gerar comprometimento e engajamento. As pessoas se deram conta de que os propósitos individuais devem condizer com os da organização, e isso, sem dúvida, promove mais engajamento com a causa, que consequentemente implica maior motivação para executar as tarefas do trabalho.

---

1. Disponível em: <https://news.gallup.com/businessjournal/127034/career-wellbeing-identity.aspx>. Acesso em: 18 nov. 2020.

No cenário antigo, os colaboradores tinham demandas diferentes das atuais. Mudaram a forma de ver o trabalho e o modo de interação entre colaboradores e empresas. Ainda segundo a Gallup, na pesquisa realizada em 2019 sobre o futuro do trabalho notou-se uma mudança significativa na maneira como o trabalho é visto pelos colaboradores, as quais podem ser vistas na Tabela 1.

Tabela 1 – Diferença da visão do trabalho em 1990 *versus* 2020.

1990	2020
Meu pagamento	Meu propósito
Minha satisfação	Meu desenvolvimento
Meu chefe	Meu *coach*
Minha avaliação anual	Minhas conversas contínuas
Minhas fraquezas	Meus pontos fortes
Meu trabalho	Minha vida

Fonte: adaptada da pesquisa Gallup divulgada em <https://news.gallup.com/poll/1720/work-work-place.aspx>.

Esse cenário só demonstra que, com as mudanças do mundo dos negócios, também há mudanças nas pessoas e nos colaboradores. Anteriormente, os colaboradores eram motivados a ter um emprego para suprir financeiramente suas necessidades, mas o trabalho ganhou novos significados e as pessoas passaram a trabalhar não somente para suprir suas necessidades básicas e financeiras, mas também suas necessidades de autonomia, pertencimento, competência e, principalmente, de propósito. Esses temas serão abordados com mais profundidade no decorrer deste livro.

O centro da questão é que as pessoas mudaram com o mundo e, para gerar engajamento, as empresas precisam se adaptar a tais mudanças. Não basta pagar um excelente salário, conceder benefícios e proporcionar um bom ambiente de trabalho se os propósitos não estiverem alinhados. A demanda mudou, e para isso as empresas também precisam evoluir. Os líderes das organizações devem estar atentos a essas mudanças e se adaptar rapidamente; caso contrário, aqueles que se chamam atualmente de colaboradores serão apenas funcionários da empresa, cumprindo com suas cargas horárias diárias e entregando apenas o que está descrito em suas funções de trabalho, sem criatividade, inovação e uma cultura que gere valor intangível para a organização.

A EVOLUÇÃO DAS ORGANIZAÇÕES PARA ATUAR NESSE CENÁRIO COMPLEXO

Nesse mundo globalizado e complexo, no qual a mudança é a única certeza que temos, a demanda dos colaboradores mudou; é obvio que as empresas, representadas pela sua liderança, também precisam mudar. O cenário atual exige uma mudança dos gestores, tendo como cerne a definição clara de propósito, o desenvolvimento de equipes colaborativas e em rede e a autogestão dos times.

O que isso significa? Que os gestores devem saber com clareza qual é o propósito da organização, pois só assim será possível alinhar os objetivos do colaborador com os da organização. As equipes devem ser colaborativas, ou seja, ajudar com o propósito da organização, do departamento que estão inseridas e também com o propósito dos colegas de trabalho, pois terão certeza de que as pessoas estão colaborando com o seu próprio objetivo. Trata-se de colaboração mútua, pois junto se chega mais longe.

Além do propósito e da colaboração, a hierarquia horizontal cada vez mais perde valor, cedendo espaço para a estrutura de redes, demandando muito mais autogestão dos times do que uma gestão centralizada. Todos os membros da equipe devem ser responsáveis pelos resultados, como um time, e a gestão deve ser descentralizada e compartilhada.

As empresas terão esforços extras para atrair talento e precisarão:

- Acolher os colaboradores como pessoas e ter clareza de que se trata de colaboradores e não meros funcionários.

- Ouvir e escutar seus colaboradores com atenção, pois duas cabeças pensam melhor que uma. Muitas vezes as melhores ideias vêm de onde menos se espera.
- Gerenciar servindo sua equipe, facilitando execuções e abrindo caminhos.
- Convidar os colaboradores a propor alternativas para resolver os problemas identificados. Assim, eles serão protagonistas da construção da história, e não apenas coadjuvantes.
- Promover a diversidade. Quanto mais diversificadas forem as equipes, maior a diversidade de ideias, ideologias e soluções para possíveis problemas.
- Gerar criatividade, engajamento, incentivar a curiosidade e a imaginação das pessoas. As soluções simples do passado não serão suficientes para resolver os problemas complexos do futuro. Será necessária muita criatividade e inovação. Problemas complexos só se resolvem com soluções criativas.
- Desenvolver *soft skills* (habilidades não técnicas). Relacionamento e colaboração são *soft skills* essenciais para líderes e colaboradores.
- Acolher o erro e a experimentação. Somente acolhendo o erro se abre caminho para a experimentação, e somente com a experimentação se encontram novas soluções. Não temer o erro é fundamental para criar novos cenários, novas soluções e novos caminhos. A criatividade e a inovação dependem disso.

Com isso, as empresas deverão mudar a forma de pensar e agir, bem como seus objetivos finais. Quase todas as empresas multinacionais em que trabalhei tinham como objetivo final de seus planejamentos estratégicos aumentar a lucratividade, o faturamento ou o *market share* (participação de mercado). Ainda que pudesse não ser o principal objetivo a ser atingido, estava sempre destacado entre as maiores metas de curto e longo prazos da organização. Esse pode até ser o objetivo final das instituições – vindo da área financeira, eu até concordo –, mas o resultado deve ser consequência de um processo e não deve ser perseguido como se fosse o único caminho. Eu não concordo que o resultado seja um objetivo, mas sim a consequência de processos. Melhorar a performance da equipe certamente levará a "fazer mais com menos", o que reduzirá os gastos, gerando assim mais resultado. O processo deve gerar o resultado, e não o resultado gerar o processo.

Em *O caminho da liderança*, comento sobre esse tema e traço um paralelo com o trajeto da caminhada de Santiago de Compostela. Chegar ao objetivo final era o resultado de acordar todos os dias e caminhar em média 35 quilômetros. Não havia outro caminho. Este tema também será abordado ao longo deste livro.

Para garantir a sustentabilidade, as organizações deverão mudar a forma de pensar e agir, da seguinte maneira:

- **De lucro para propósito.** Em vez de pensar no lucro como fator fundamental para o crescimento e a garantia de existência no futuro, deve-se entender que o lucro é consequência de um processo, que começa com um propósito bem definido e culmina em entregar valor para seus clientes.
- **De hierarquia para rede.** Como já comentado neste capítulo, as hierarquias estão deixando de ser verticais e passando para redes de relacionamento. As equipes devem ser autogeridas e o líder terá muito mais o papel de servir aos colaboradores, com encontro de propósitos, motivação e engajamento, do que apenas com a geração de resultado por parte da equipe.
- **De controle para autogestão.** A nova geração terá responsabilidade pelo resultado da equipe e da empresa e, para isso, exigirá mais autonomia. O controle sobre as pessoas inibe a criatividade, a autonomia e a iniciativa, portanto, com a nova liderança também vêm a autogestão e a responsabilidade sobre o resultado, além do senso de dono para com o propósito da organização.

- **De infalibilidade para experimentação.** Esse tema será abordado com profundidade no capítulo sobre criatividade, mas para enfrentar um mundo de mudanças é preciso gerar mudanças, e para gerar mudanças é preciso entender que erros vão ocorrer e que será necessário experimentar novos caminhos e novos cenários, muitas vezes não testados e suscetíveis a perdas financeiras de curto prazo.
- **De laborar para colaborar.** A forma de trabalho mudou, a demanda dos colaboradores mudou e as empresas precisam gerar o clima de colaboração mútua. A colaboração é uma via de mão dupla, na qual os colaboradores se empenham para o alcance de metas, objetivos e propósitos da empresa, sendo que a recíproca é verdadeira. As empresas se empenham para que os colaboradores possam também alcançar metas, objetivos e propósitos de vida individuais.

No final, fica a pergunta: qual seria a finalidade máxima da liderança? Se olharmos a finalidade máxima de um sapateiro, ele tem como propósito fazer um bom sapato. Mas o que o define como um bom sapateiro? O que faz o melhor sapato? E o que seria o melhor sapato? Para essa pergunta existem diversas respostas, mas o melhor sapato, em minha opinião, é aquele que calça bem os meus pés, com conforto, que tem durabilidade adequada ao preço, uma boa relação custo-benefício e protege meus pés. Para algumas pessoas pode ser que o melhor sapato tenha solado vermelho com salto reforçado, ou então que seja um sapato que brilhe e combine com o terno, porém em todos os casos serão sapatos, e a finalidade máxima do sapateiro será sempre fazer um bom sapato. Cada um que compra um sapato tem uma definição diferente.

Qual é a finalidade máxima da liderança? Após os fatos expostos, posso concluir que é servir seus liderados de maneira a obter e oferecer colaboração mútua, extrair o melhor dos colaboradores, gerando engajamento e motivação intrínseca por meio do alinhamento de propósito. Entendo que a finalidade máxima da liderança é tornar a vida das pessoas melhor e fazer os colaboradores cada dia melhores.

CONCLUSÃO

- O cenário atual é dinâmico, complexo e com muitas variáveis para serem consideradas pelas empresas.
- Apesar do avanço da tecnologia, as pessoas continuam responsáveis pelas mudanças.
- O valor das empresas é baseado em ativos intangíveis, na capacidade de inovação e de geração de proposta única de valor.
- Os principais desafios das empresas são implementar a estratégia e ter uma boa gestão de clientes e de resultados.
- A demanda mudou e as pessoas estão mais interessadas em propósitos, valores e não apenas em ter um emprego.
- O resultado deve ser visto como a consequência de um processo, como, por exemplo, ter colaboradores engajados.
- As organizações precisam mudar a forma de pensar para poderem satisfazer a nova geração de colaboradores, mais interessadas em propósitos do que em apenas ter um emprego.

CAPÍTULO 2
O QUE É LIDERANÇA?

Agora que temos conhecimento do cenário em que estamos inseridos e entendemos que para gerar resultado dependemos de pessoas, podemos refletir sobre o que é liderança. Quando Santo Agostinho define o tempo, ele tem uma frase conhecida que diz:

"Se ninguém me perguntar, eu sei; porém, se o quiser explicar a quem me fizer a pergunta, já não sei".

Podemos associar essa frase com liderança. Todos nós sabemos o que é liderança; porém, se tivermos que explicar para alguém, não sabemos mais. Como vimos no Capítulo 1, os cenários mudam constantemente e o desafio que as empresas vêm encontrando está em definir e planejar o futuro. Para que este futuro seja de sucesso, umas das competências essenciais é a criatividade, pois sabemos que é preciso ser criativo para nos reinventarmos o tempo todo. As nossas demandas, a tecnologia, os produtos estão mudando, mas será que a liderança também está? Será que a definição de liderança de dez anos atrás é a mesma que teríamos hoje? Será que, se tivéssemos que explicar liderança para alguém, saberíamos fazê-lo de forma assertiva para o cenário atual?

Essas são perguntas difíceis de serem respondidas, pois o que escrevo neste momento pode não mais fazer sentido no momento seguinte. A definição correta de algo precisa ser atemporal, verdadeira e validada pela sociedade. Sendo assim, vamos começar pela definição mais óbvia de liderança: é um ativo das empresas que não consta do balanço. Essa é uma verdade. A liderança das empresas não está descrita nos balanços, aliás, muitos ativos que geram valor de mercado não estão, mas será que devemos parar por aí na sua definição?

De fato, liderança é o ativo das empresas que não aparece nos balanços, nos números e nem mesmo nos resultados, mas é o responsável pelos resultados.

Uma pesquisa da Gallup realizada em 2012 com mais de 1 milhão de trabalhadores constatou que as organizações que têm alto grau de engajamento são: 22% mais lucrativas, 21% mais produtivas, possuem 37% menos de absenteísmo e apresentam receita 4,5 vezes superior às demais. Além disso, colaboradores engajados podem elevar em 30% a performance do negócio.

Para definir liderança, primeiro é preciso definir o que somos. Se eu perguntasse a você o que é ser colaborador, além da formação acadêmica, cargo e experiência, o que mais seria capaz de responder?

Somos compostos por uma série de combinações que influenciam a nossa vida e nos fazem seres únicos, como:

- **Sociedade** – o que contribui para a nossa formação, proporcionando cultura local, costumes, crenças e valores. Devemos levar em consideração, quando tratamos de pessoas, que há diversas culturas diferentes e que isso é primordial na forma de liderar.
- **Saúde** – se temos uma debilidade em nossa saúde, isso impacta seriamente a nossa performance. Se tivermos alguma necessidade especial, isso pode demandar certas adaptações. Se estivermos saudáveis, certamente teremos menos preocupação com a saúde e possivelmente ela não será um problema.

- **Trabalho e carreira** – também somos compostos por nosso trabalho, carreira, histórico de ocupações, ganhos, perdas, experiências e conquistas, bem como pelos aprendizados que cada cenário nos trouxe, o que levaremos por toda a nossa vida.
- **Amigos** – temos amigos que contribuem para nossos aprendizados, nossa cultura e a nossa forma de pensar e agir.
- **Família** – a educação familiar pode influenciar a nossa maneira de pensar e agir. A família contribui para a nossa educação e nossas atitudes.
- **Saúde financeira** – colaboradores com dívidas tendem a se preocupar mais do que aqueles que não as possuem.
- **Vida espiritual** – escolhas espirituais podem impactar na forma de pensar, agir e até mesmo limitar nossos de dias de trabalho, o que é preciso preservar e respeitar.

Somos formados por um conjunto de combinações únicas que impactam a nossa vida e ajudam a construir a nossa maneira de pensar, sentir e agir, o que faz de nós seres únicos, com valores, crenças, posturas, educação, julgamentos e sentimentos exclusivos. Dessa forma, também temos propósitos, objetivos, metas e competências únicas.

É fácil entender que somos seres únicos no mundo e que não há cópia. O líder 4.1 é aquele que consegue se utilizar das características únicas de seus colaboradores para formar uma equipe em que todos colaborem entre si e em prol de um objetivo comum. Assim acontece com um maestro em uma orquestra. Cada instrumento de uma orquestra tem o seu tom e o seu valor.

O maestro tem a responsabilidade de unir os sons únicos de cada instrumento para compor uma melodia.

Os instrumentos são responsáveis pela melodia perfeita, e o maestro é o responsável por extrair de todos eles o que têm de melhor, seu som único e característico. A junção do som único de cada instrumento é o que torna uma orquestra afinada. Assim é a liderança.

Há uma frase de Kouzes e Posner, no livro *O novo desafio da liderança: a fonte mais confiável para quem deseja aperfeiçoar sua capacidade de liderança*, que diz:

> **"Liderança é a capacidade de influenciar as pessoas, para que elas lutem por objetivos compartilhados".**

Essa frase descreve bem o que é liderança, mas, ainda assim, para dar a minha nota, eu acrescentaria o seguinte complemento: "por meio de exemplos e deixando um legado".

Colin Powell, secretário de Estado durante o governo do presidente George W. Bush, nos Estados Unidos, também tem uma frase que define bem o que é liderança:

> **"Liderança é a arte de alcançar mais resultados do que a ciência da administração diz que é possível".**

Para dar o meu tom, também complementaria essa frase com: e "extrair o melhor de cada um, em que a soma de um mais um seja igual a três".

Podemos concluir que liderança é a conexão entre os objetivos estratégicos, os propósitos e as metas da organização com os colaboradores, por meio de atitudes, posturas e competências, que gera engajamento, comprometimento, satisfação dos clientes e, como consequência, resultados.

E ONDE ESTÃO OS LÍDERES?

Temos a tendência de achar que a liderança só existe no mundo do trabalho. Estamos completamente enganados. Convivemos com a liderança desde a nossa primeira infância e iremos conviver com ela até o último dia de nossas vidas. Começamos com a autoliderança, que ocorre desde os primeiros passos, quando estamos aprendendo a andar e temos que nos levantar de diversos tombos. Para isso, devemos desenvolver a autoliderança e nos guiar para o objetivo final, que é dar os primeiros passos em pé sem cair.

Além disso, começamos a ter contato com a liderança de terceiros logo cedo também. Em nossa turma de amigos de infância, sempre temos aquele que se destaca como o líder. O que escolhe as brincadeiras, o que dita as regras e muitas vezes é o privilegiado da turma. Na nossa casa também existe o líder, que pode ser a figura do pai, da mãe ou do(a) parceiro(a). A liderança pode ser compartilhada; em alguns momentos um lidera, e em outros momentos, o outro, mas de alguma forma a liderança também ocorre dentro de nossa família. Às vezes, de baixo para cima. Basta pensar em uma família que acabou de ter uma criança. Toda a estrutura da casa muda por conta do novo membro, que, de certa forma, sem ainda falar, já está exercendo a liderança, ainda que indireta, sobre seus pais.

Nos esportes sempre tem um capitão, um líder dentro da quadra ou do campo. A liderança nos esportes muitas vezes é fator crítico para se ganhar um campeonato. No filme *Invictus* (2009), a liderança exercida pelo capitão François Pienaar (Matt Damon) dentro do campo é nítida e foi um dos fatores que fizeram o time da África do Sul vencer o campeonato de rúgbi de 1995. O capitão promoveu a união não somente de seu time dentro de campo, mas também de todos os sul-africanos, por meio de exemplos dentro dos jogos de rúgbi, guiado pelo seu mentor, o presidente Nelson Mandela (Morgan Freeman). Bernardinho (2010), o técnico brasileiro de vôlei, também atribui o seu sucesso ao espírito de equipe.

Na religião também há liderança, com organização religiosa, hierarquias espirituais e necessidade de gerar motivação, engajamento e elevar a fé dos fiéis. No filme *Dois Papas* (2019), é possível acompanhar mais de perto o estilo de liderança com compaixão e propósito exercido pelo papa Francisco. Ele abre mão de sua vida e de sua aposentadoria para ficar à frente da Igreja Católica, revertendo de forma extraordinária a situação da Igreja, exercendo uma liderança servidora e em prol da religião.

No trabalho, a liderança é essencial para o alinhamento dos objetivos da organização e o desenvolvimento dos colaboradores. Talvez o cenário em que mais estamos acostumados a falar de liderança seja nas organizações, mas há também a liderança pública, de estados e cidades.

No final, a liderança está em todos os âmbitos de nossa vida e lidamos com ela o tempo inteiro. Somos influenciados e influenciamos em todos os momentos e em todos os cenários. Dependemos da liderança, e a liderança depende de nós. Em todos os momentos em que há um relacionamento humano, há a atuação da liderança. Nas empresas, os líderes ainda precisam exercer o papel de gestores. Mas afinal, qual a diferença entre gestor e líder? Não são a mesma coisa?

DIFERENÇA ENTRE GESTOR E LÍDER

Geralmente, as empresas chamam de gestores todos os profissionais que possuem, de alguma forma, influência na tomada de decisão, mas poucas são as empresas que distinguem gestores de líderes. Há uma diferença significativa entre eles. Nem todos os líderes são gestores, embora certamente todos os gestores devam ser líderes. Então qual é a diferença entre eles?

A gestão está relacionada com as metas e os objetivos da empresa. É responsável por cumprir com as políticas e os procedimentos e tem como foco o negócio, a produção e os ativos da empresa. Geralmente, gestores são também responsáveis por equipes.

A liderança está mais relacionada a propósito, mudanças, inovação, sucessão e tem foco nas pessoas. Tem a responsabilidade de dar visão de futuro, motivar e engajar, além de alinhar propósitos.

Um líder 4.1 tem a responsabilidade de atuar nessas duas frentes. Ele tem tanto a responsabilidade de gerar resultados para a empresa como de manter os profissionais motivados, engajados e unidos em busca de um objetivo em comum.

Ambas as habilidades podem ser aprendidas. A liderança, ao contrário do que muita gente pensa, não é um dom que vem com os líderes desde o momento do nascimento. Liderança e gestão podem ser aprendidas e são competências que, com teoria, prática e interesse genuíno, podem ser não só aprendidas, como também aperfeiçoadas ao longo da carreira.

Outro mito de liderança é o cargo exercido. Como descrito em capítulos anteriores, a liderança pode facilmente ser compartilhada, afinal, a hierarquia vertical está sendo substituída pelas redes; portanto, a liderança não é um cargo, e sim uma postura: a postura de extrair o melhor de cada um em busca de um objetivo compartilhado.

Como liderança é algo que pode ser aprendido, qual é o processo para aprender a liderar? Como podemos aperfeiçoar nossas técnicas de liderança e nos tornar líderes 4.1?

Segundo Daniel Goleman, em seu livro *Inteligência emocional*, para aprender e desenvolver alguma competência, é preciso seguir estes passos:

- **Ter motivação para nos desenvolvermos**. Para aprender a gerir e liderar pessoas, antes de tudo devemos ter um motivo para isso; algo que nos leve a buscar tal desenvolvimento. Essa motivação pode ser intrínseca, ou seja, de dentro para fora, ou extrínseca, de fora para dentro. Intrínseca seria a vontade de aprender a liderar e gerir para obter melhores resultados, e a extrínseca seria a motivação pela obrigação de fazer, uma promoção a líder, por exemplo.

- **Obter suporte de terceiros.** Hoje em dia é muito comum buscar ajuda de terceiros, como um mentor ou *coach*, ambos em alta, para apoiarem executivos e empreendedores; mas cursos de liderança também podem ajudar nesse aprendizado.
- **Fazer avaliações (*assessment*).** Existem diversos testes psicológicos que podem ajudar no autoconhecimento e, por conseguinte, no desenvolvimento da competência de liderança. Esses testes são apenas parâmetros e não devem ser usados isoladamente; tampouco devem ser aplicados por pessoas que não estão habilitadas. Eles contribuem para nos autoconhecermos, mas é necessário complementar os resultados com terapias, avaliações e um olhar sistêmico do indivíduo. Não devemos olhar os resultados, de nenhum teste, de forma simplista.

Dentre os testes que mais aconselho está o VIA, que pode ser feito gratuitamente através do website do VIA Institute on Character. Esse teste mostrará as forças mais utilizadas por você no dia a dia, bem como as menos utilizadas. Não se trata de um teste que mostra as necessidades de desenvolvimento. Além do VIA, há o *Leadership test* da Alpha Transform, que mede a força da liderança e a classifica em: BETA, que é orientado para resultados, tem senso de urgência e assertividade, embora altamente competitivo, impaciente, e pode ser hostil e agressivo; e ALPHA, que é discreto ao buscar resultados, diplomático e prudente em relação a riscos, embora possa ser passivo demais na hora de se posicionar e ser paralisado pelo medo. Esse teste, além de classificar entre ALPHA e BETA, também mostra os estilos de liderança, sendo eles:

- **Comandante:** motivador e conduz ao desempenho.
- **Visionário:** criativo e direcionado para o futuro.
- **Estrategista:** sistemático e orientado pela informação.
- **Executor:** disciplinado, habilidoso e detalhista.

Além do VIA e do Alpha, também temos o DISC, um teste que nos mostra o comportamento observável, ou seja, como e por que fazemos as coisas com base no comportamento quase observável, bem como o que fazemos com base no não observável. O DISC é um teste desenvolvido pela Innermetrix que pode ser aplicado por uma pessoa qualificada e preparada para dar a devolutiva do teste, assim como o Alpha.

A junção desses três testes pode ser um ótimo início para o autoconhecimento e a autoconsciência. A autoconsciência é considerada, por muitos executivos e presidentes de empresas, um dos fatores responsáveis pela alta performance.

Uma pesquisa, realizada pela Innermetrix com 197 mil pessoas em 23 países durante sete anos, mostrou que as pessoas mais bem-sucedidas compartilham uma característica comum: a autoconsciência. Elas reconhecem as situações que lhes fazem ter sucesso, e isso facilita sua busca por maneiras de alcançar os objetivos, conforme seu estilo comportamental. Elas também entendem suas limitações e onde não são eficazes, o que as auxilia a compreender aonde não ir ou como não devem agir. Aqueles que entendem suas preferências de comportamento natural são muito mais propensos a buscar as oportunidades certas, da maneira certa, no tempo certo e, assim, obter os resultados que desejam. Além da autoconsciência, a pesquisa também apontou a autenticidade como fator essencial para a alta performance. O líder 4.1 é um líder que possui autoconsciência e autenticidade.

Plano de aprendizado: teoria e prática

Ao contrário do que todos pensam, o aprendizado leva tempo e precisa de um plano composto por teoria e prática. Um plano de aprendizado é essencial para nos motivar a buscar o objetivo, acompanhar a evolução e, principalmente, identificar claramente o momento de aprendizado no qual nos encontramos.

E, por fim, praticar. Não adianta ter a teoria se não tiver a prática. A teoria sem a prática é como matar a fome lendo apenas o cardápio. É preciso colocar em prática para de fato fixar o aprendizado.

É importante lembrar que o aprendizado e a performance são uma espiral em crescimento, de modo que haverá dias em que estaremos melhores que em outros. Não se trata de uma linha de performance, da qual saímos do ponto A e vamos para o ponto B em determinado período, mas sim de uma transição entre diversos pontos, como uma espiral, mas sempre em crescimento. É preciso ter resiliência e estar preparado para dias em que estaremos no ponto mais alto da espiral e dias em que estaremos nos pontos mais baixos.

O *SOFT POWER* E O *HARD POWER*

Liderança é uma questão de poder. Não existe liderança sem exercer poder sobre o outro. A palavra *poder* nos gera certo grau de discordância, pois podemos entender que o termo tem conotação negativa. Essa palavra nos causa certo grau de negação, porque poder é algo por que o homem luta há muitos séculos e já foi motivo de muitas guerras, batalhas e mortes.

O homem está sempre lutando para obter mais poder, seja ele político (controle de multidões), geográfico (controle de territórios) ou o controle de uma pessoa por outra. A nossa espécie necessita exercer poder de algum tipo em algum momento.

Há também aqueles que desejam poder total o tempo todo, como os ditadores que passam pela nossa história. Dependendo da capacidade desses ditadores, alguns tiranizam um país inteiro, outros se restringem ao seu núcleo, que pode ser sua família, sua equipe ou sua empresa.

A palavra *poder* origina-se do grego *pótis*, que significava "marido" e tem uma conotação de "senhor, chefe da casa". A palavra *pótis* foi originária da palavra *poti*, que era aplicada para o "chefe" de um determinado grupo social.

Em latim, o adjetivo *potis* significa "poderoso, capaz de". Sendo assim, a palavra *poder* está relacionada à capacidade de ser o senhor da casa, de um grupo social ou apenas poderoso, capaz de convencer ou obrigar o outro a fazer algo.

Quem tem poder tem a posse de algo. O líder 4.1 tem a posse do convencimento ou da influência sobre o outro, para que este faça algo de seu interesse. Porém, há duas formas de exercer o poder, que serão apresentadas a seguir.

Hard power (poder duro, se traduzido ao pé da letra)

É o poder exercido por meio de hierarquia, posição, imposição e medo. É o poder exercido por ditadores em seus países; líderes autoritários que se colocam em posição superior aos demais. Essa característica também é encontrada em estruturas militares. Esse tipo de poder foi visto ao longo de nossa história em líderes como Fidel Castro, que permaneceu no governo de Cuba por mais de 49 anos; Muammar Kadafi, que ficou 42 anos no poder da Líbia; Robert Mugabe, que ficou 31 anos no poder do Zimbábue; e Hugo Chávez, que ficou 13 anos no poder da Venezuela; além de outros ditadores, como Adolf Hitler, na Alemanha, e Josef Stalin, na União Soviética. Todos eles, por terem o poder bélico a seu lado, exerceram poder de forma unilateral.

Soft power (poder suave, se traduzido ao pé da letra)

A contrapartida do *hard power* é o *soft power*, que é o poder exercido por meio de convencimento, relacionamento, compaixão e servidão. Esse é o estilo de poder encontrado em líderes como Gandhi, Jesus Cristo, Madre Teresa de Calcutá e Nelson Mandela, entre outros líderes 4.1.

Sem dúvida a maneira correta de liderar é atuando com compaixão e convencimento, além de atuar de forma a servir os liderados, com uma liderança servidora.

Para encerrar este capítulo, gostaria de destacar que, independentemente da forma de exercer o poder, não há liderança se não houver relacionamento. A liderança ocorre de pessoa para pessoa.

CONCLUSÃO

- Liderança é a arte de extrair de cada colaborador o seu melhor em prol de um objetivo comum.
- A liderança está presente em todos os momentos de nossa vida, desde nossos círculos de amizade e escolares até o nosso dia a dia no trabalho.
- Gestão é liderar resultados, processos e metas e tem foco no negócio.
- Liderança é gerir pessoas, propósitos, inovação e sucessão.
- Liderança se aprende e se aprimora.
- A melhor liderança é a que utiliza ferramentas do *soft power*, como convencimento, persuasão e compaixão.
- Excluindo a autoliderança, não há liderança sem relacionamento.

CAPÍTULO 3
AS FUNÇÕES DO LÍDER NA VIDA E NA ORGANIZAÇÃO

Agora que sabemos o que é liderança e qual é o cenário que ela enfrenta, vamos ver quais seriam as funções do líder na vida e na organização.

No Capítulo 2, vimos que o maestro é o responsável por extrair o melhor som de cada instrumento e unir esses sons para formar uma orquestra. Assim também definimos a liderança como a capacidade de influenciar pessoas, para que elas lutem por objetivos em comum. Dito isso, se fosse pensar em um grande líder para você, em quem pensaria?

Agora que pensou em quem seria um líder de referência, o que ele tem de características que o tornam um grande líder? O que admira nele e por quê? O que ele faz? Como ele se comporta e, principalmente, quais são as qualidades que ele possui?

Em geral, quando pensamos em grandes líderes, sempre temos em mente alguns que passaram pela nossa história, sejam religiosos, políticos ou outros que se destacaram por alguma ação. Mahatma Gandhi, Martin Luther King, Nelson Mandela, Madre Teresa de Calcutá e Jesus Cristo são nomes que sempre vêm à nossa mente quando falamos de grandes líderes. Dependendo do contexto, também podemos pensar em líderes contemporâneos, como Bill Gates, Angela Merkel e o papa Francisco. Mas o que eles têm em comum para que sejam referências e reconhecidos como líderes?

Será que podemos comparar a liderança de Nelson Mandela, que tinha como principal desafio a união de etnias na África do Sul, com a de Donald Trump, cujo *slogan* de campanha era "*Make America great again*" (Torne os Estados Unidos grandiosos novamente)? Será que o líder político Martin Luther King pode ser comparado aos líderes políticos de hoje? Será que Steve Jobs tem o mesmo valor que Bill Gates?

Ao analisarmos as diferenças, veremos que muitos são bons gestores, mas não necessariamente bons líderes. Eles também podem exercer *hard power*, porque foram eleitos pela maioria de forma democrática, mas não necessariamente convencem e lideram por influência. Há um enorme abismo entre ser líder e estar no poder. São duas coisas completamente distintas. Quando estamos no poder, temos uma tendência a pensar que somos bons líderes, mas não necessariamente.

Reflita sobre o que esses líderes têm em comum para serem referências de liderança. Será que todos os líderes são chefes? E será que todos os chefes são líderes?

Vamos, por enquanto, eliminar a questão da liderança servidora, a qual será discutida no Capítulo 4. Ao compararmos esses líderes que são referências (ou aquele que é referência para você), quais são suas características? O que um líder 4.1 obrigatoriamente precisa ter?

- **Percepção de si**. Ele sabe dos seus atributos como líder, sabe de suas responsabilidades, conhece suas forças e os pontos que podem ser suas ameaças. Geralmente, o líder entende o cenário em que está inserido, o impacto de suas ações e decisões e como pode influenciar as pessoas que estão ao seu redor. Conforme mencionado no Capítulo 2, o autoconhecimento é um dos fatores apontados pela pesquisa da Innermetrix como essencial para a alta performance.

- **Percepção do outro**. O líder conhece sua equipe e as pessoas com as quais ele se relaciona e sabe como inspirar, motivar ou engajar essas pessoas com base no propósito e nos objetivos do outro, e não de si. Para motivar e engajar, é preciso mostrar para o outro o que ele terá como benefício, mas sempre com a perspectiva do outro, e não de si próprio.
- **Percepção da equipe**. Um líder, além de conhecer individualmente os membros de sua equipe, também deve conhecer como sua equipe reage como um todo. Ele sabe quais são as forças e os riscos da equipe, somando as forças individuais de seus membros. Muitas vezes uma equipe pode ser repleta de talentos individuais e faltar justamente a característica que a faz ser de alta performance, que é a união.
- **Condução da equipe para gerar resultados**. E a última necessidade de um líder é saber conduzir uma equipe para a geração de resultados. Ele precisa direcioná-la a realizar atividades que estejam relacionadas ao alcance do objetivo principal.

OS ATRIBUTOS DE UM LÍDER

Quais são os atributos que um líder precisa ter para que ele seja reconhecido como referência em liderança? Quais atributos distinguem um líder de um chefe? Como já mencionamos, há uma grande diferença entre gestão e liderança. A gestão está relacionada ao alcance de resultados e ao negócio, enquanto a liderança está relacionada às pessoas; mas, afinal, o que um líder deve ter como atributo para gerenciar sua equipe?

O primeiro atributo que um líder precisa ter é **saber definir claramente as direções de sua equipe**, empresa, comunidade, município ou família. Definir uma direção que seja condizente com a realidade, que vá ao encontro dos objetivos comuns, que seja focada no futuro e principalmente, veja a mudança como um ponto positivo. Como vimos nos capítulos anteriores, a única certeza que temos é de que a mudança ocorrerá, inevitavelmente. Portanto, é necessário que o líder indique a direção correta e as mudanças sejam sempre vistas como oportunidades.

Segundo estudos de Daniel Goleman, destacados em seus programas de inteligência emocional e também em artigo para a revista *Business Harvard Review* sobre estilos de liderança, líderes visionários e líderes *coaches* são dois estilos de liderança que impactam positivamente o clima da organização e do time, por isso a importância de definir as direções.

O segundo atributo de um líder é **demonstrar caráter pessoal**. Um líder deve viver pelos seus valores e sempre liderar pelo exemplo. Se ele não der o exemplo, jamais conquistará o respeito de sua equipe e não transmitirá confiabilidade.

Certa vez, atuando como executivo em uma grande empresa, um membro de minha equipe, após um longo dia de trabalho em uma semana de fechamento financeiro, saiu da empresa e fez uma conversão proibida que ficava na frente do estacionamento em que parávamos nossos carros. Como eram mais de 2 horas da manhã, a empresa nos orientava a fechar o vidro do carro para evitar algum possível transtorno. Ele havia saído do estacionamento com o vidro abaixado, agravando ainda mais a situação. No dia seguinte, como líder da equipe, chamei-o em minha sala e comentei que ele deveria ter cumprido as regras da empresa, fechando a janela de seu carro para evitar transtornos e também cumprir a regra de trânsito e só fazer a conversão em local permitido e apropriado. Até porque, se houver algum acidente na frente da empresa às 2 horas da manhã, além de todas as consequências que podem existir para o colaborador, a empresa pode ter complicações desnecessárias. Alguns dias após esse episódio, novamente estávamos saindo da empresa além do horário, embora ainda não fosse madrugada. Eram aproximadamente 21 horas, quando o presidente da empresa saiu do estacionamento, dirigindo o carro importado da empresa, o qual é blindado por conta da segurança, mas com o vidro abaixado, portando o cigarro na mão e fazendo a mesma conversão proibida que dias antes um membro de minha equipe fizera e pela qual fora repreendido por mim. Nesse momento, senti-me completamente desautorizado pelo próprio presidente da empresa acerca do cumprimento das regras, não somente da empresa, como também de trânsito. **Liderar pelo exemplo é primordial para uma liderança bem-sucedida.**

Além de liderar pelo exemplo, o líder deve ter e manter uma autoimagem positiva, mostrando integridade. O papel de um líder tem alta carga de responsabilidade com a integridade que circunda a posição.

O terceiro atributo que um líder precisa ter é a **capacidade de realização participativa**. O que seria isso? Seria a capacidade de diagnosticar um problema, identificar opções para a solução desse problema e desenvolver estratégias para tal.

E o quarto e último atributo de um líder é **o comprometimento individual com ele mesmo**. Um líder deve controlar suas emoções para que sempre tenha o seu lado racional lúcido, sem interferências de sentimentos. Ele deve sempre se comprometer com o seu time, energizando e compartilhando poder e autoridade com todos, sempre com autonomia e responsabilidade.

QUAIS SÃO AS PRINCIPAIS FUNÇÕES E RESPONSABILIDADES DE UM LÍDER?

Além dos atributos já expostos, cabe ao líder ter funções e responsabilidades junto ao seu time. Muitos colaboradores que possuem posição de liderança confundem gestão com liderança, e muitas vezes não assumem a responsabilidade e o peso que a posição exige.

Um líder de sucesso tem funções importantes que devem ser exercidas com muita responsabilidade. Hoje em dia, há muitos líderes que apenas estão em suas posições e atingem resultados, ou seja, praticam uma boa gestão, mas não exercem sua função de líder na íntegra. Isso gera um vácuo entre o propósito da empresa e o do colaborador, o que é um dos motivos que fazem com que as empresas não alcancem seus objetivos estratégicos e percam talentos para os concorrentes.

Existe uma necessidade de fazer uma ligação entre o propósito da empresa, da visão, da missão, dos valores e do objetivo estratégico da organização, e o propósito do colaborador, seus planos para o futuro, objetivos e missão de vida. Por esse motivo, vamos abordar agora as cinco principais funções de um grande líder.

Inspirar e criar uma visão de futuro

A primeira função de um líder, pensando naqueles líderes que são referência, é que ele sempre inspira e tem uma visão de futuro clara e definida. Ele ajuda a criar o futuro e incentiva sonhos e ideias. Tem um propósito bem definido; gera inspiração e paixão pelo negócio. Está preocupado em deixar um legado e criar valor para o mundo.

Tive o privilégio de trabalhar na Ferrero quando o filho do fundador ainda estava vivo. A empresa nasceu após a II Guerra Mundial com um produto chamado pasta de *gianduia*, atualmente conhecido como Nutella. Desde a criação da Ferrero, a família que a controla preza pela *freschezza* (frescor) do produto e pela qualidade oferecida a seus clientes. A empresa sempre teve como pilar do negócio a paixão por seus produtos e inventou um bombom que, até os dias atuais, ninguém conseguiu copiar: o Ferrero Rocher, que leva o sobrenome da família em seu rótulo. O que incentivava o senhor Michele Ferrero, filho do fundador Pietro Ferrero, a inventar novos produtos era a paixão que ele tinha pelo seu negócio, pelo seu produto e, principalmente, o apreço pela qualidade, deixando um legado único. A Ferrero é uma das poucas empresas multinacionais familiares no mundo, com faturamento que ultrapassa os 10 bilhões de euros. Além disso, a empresa desenvolveu seus produtos pensando em agradar o seu público em todas as gerações com a família Kinder: o Kinder Ovo, focado no público infantil; o Kinder

Chocolate, focado no público infantojuvenil; e o Kinder Bueno, focado no público adulto, que na história da empresa sempre foi familiarizado com a qualidade do chocolate, consumindo seus produtos desde a infância até a vida adulta.

Eu tenho verdadeira admiração por essa empresa e paixão pelos seus produtos, assim como o senhor Michele Ferrero, falecido em 2015, o tinha. Na época de fundação da empresa, Pietro Ferrero foi extremamente visionário. Na Itália, até os anos 1940, doces eram consumidos apenas em ocasiões especiais. Com a ampla visão de Pietro, que queria oferecer doces com qualidade a um preço acessível mesmo fora de ocasiões especiais, a Ferrero se tornou uma das maiores empresas de chocolate do mundo, sendo uma das pioneiras nesse segmento a abrir escritório fora de seu país de origem, após a II Guerra Mundial. Ele criou produtos que podiam ter qualidade e preços acessíveis. Por causa do alto preço do cacau, misturou pasta de avelã ao cacau, criando assim a Nutella, que logo se espalhou pela Europa e ganhou rapidamente o mercado da Alemanha e da França. Pietro e a família Ferrero, além da paixão pelos seus produtos, eram líderes visionários e criaram uma empresa que não abre mão da qualidade de seus produtos, hoje presentes em quase todos os países do mundo.

Como um líder pode inspirar e criar visão de futuro? É preciso encontrar pontos em comum no futuro da empresa e nos planos dos colaboradores, identificando sonhos e desejos dos membros da equipe, bem como traduzir os sonhos da empresa nas atividades diárias e definir prioridades com uma boa comunicação inspiradora e com poder de influência.

Dar o exemplo e mostrar competência

A segunda função importante de um líder é ter competência para a realização de seu trabalho, mostrando resultados para a empresa, para o time e para cada membro da equipe de maneira individualizada. O líder tem como função focar nas realizações. O líder deve ser determinado a alcançar as metas da equipe, da empresa e as individuais, assim como inspirar por meio do exemplo e energizar a equipe com essa determinação. Buscar o alcance dos objetivos é primordial para o líder conquistar o respeito e a confiança. Suas ações e sua postura devem estar alinhadas com o seu discurso. As empresas estadunidenses chamam isso de "*walk the talk*", que pode ser entendido como "faça o que diz". Todos os indivíduos deveriam manter seu comportamento de acordo com seu discurso; do contrário, haverá uma quebra de confiança.

Em uma das empresas em que atuei, tive o privilégio de trabalhar com um diretor de vendas que me ensinou muito, porém me ensinou como não fazer. Ele tinha uma postura bastante distinta da que eu estava acostumado. Em todas as empresas onde eu tinha trabalhado, o resultado era perseguido diariamente, com gestão e liderança. Nessa empresa em questão, o resultado era a consequência de uma carência do mercado com um bom produto oferecido por uma empresa de renome. Isso ocorreu durante bons anos de "vacas gordas". Nesse período, o tal diretor de vendas se dava ao luxo de não participar de reuniões de definição de metas e tampouco cobrava da sua equipe o alcance dos objetivos, que eram facilmente cumpridos por conta da ausência de concorrentes à altura. Durante um longo período, a empresa, uma grande indústria multinacional, se manteve na liderança isolada do mercado, até que um concorrente lançou um produto competitivo e começou a conquistar mercado. A empresa, que antes estava "deitada em berço esplêndido", teve que acordar e reagir rapidamente. Porém, o exemplo que o diretor de vendas dava a sua equipe até então não era compatível com a nova realidade que a empresa estava enfrentando. Ele não conseguiu reverter a situação, pois a necessidade de mudança veio de forma abrupta e a postura do diretor de vendas não foi condizente com a necessidade da empresa naquele momento. Ele tinha muitas falhas, não dava bons exemplos, era negligente no acompanhamento dos resultados da equipe e, principalmente, não apresentava competência para a mudança que o cenário exigia. A empresa sofreu as consequências, perdendo *market share*, deixando de ser líder no segmento em que atuava e o diretor acabou sendo substituído, pois não era capaz de reverter o cenário. Faltaram competência e bom exemplo frente ao seu time.

Isso, infelizmente, ocorre em diversas empresas e em diferentes situações. É muito comum uma companhia perder a liderança por não ter a competência de mantê-la. Chegar ao pódio é uma coisa, manter-se lá é outra.

Para um líder se mostrar competente, ele precisa estar em processo de melhoria contínua, sempre solicitando *feedback* de sua equipe e de seus pares. Ele deve pedir ajuda quando necessário, preparar-se para cenários improváveis e sempre refletir sobre suas ações. Aliás, todos devem refletir sobre suas ações o tempo todo, mas o líder precisa dar o exemplo.

Inovar, mudar, transformar e evoluir

A terceira função de um líder é inovar, mudar, crescer, evoluir e desafiar o cenário estabelecido. Vimos no Capítulo 1 que estamos em um cenário de mudanças. A única certeza que temos é que tudo mudará e as pessoas serão responsáveis por essas mudanças. Os líderes 4.1 fazem parte do grupo que contribuirá para a mudança. Mas como ele poderá contribuir se ele próprio não mudar, não se transformar e não evoluir?

É preciso assumir mais riscos para a experimentação e incentivar a equipe a testar novos cenários, novos horizontes e novos mercados. Os líderes devem aceitar o erro da experimentação, aprender com ele e documentá-lo, para que não se repita. Desafiar o estabelecido é testar o novo. As respostas para problemas complexos não estão em soluções antigas; estão em soluções novas que requerem experimentações. Os líderes 4.1 devem identificar oportunidades. Uma oportunidade dificilmente passará em nossa frente com o rótulo "oportunidade". Devemos identificá-la com base no dia a dia do mercado e da empresa e correr atrás dela. Os desafios enfrentados devem ter propósito.

Gostaria de dividir um caso que eu presenciei. Havia um produto no portfólio de uma empresa que estava sofrendo com concorrentes de qualidade inferior e, consequentemente, preço inferior. A empresa não tinha como reduzir o custo do produto, pois não abria mão da qualidade, porém era necessário reagir à perda de mercado, que ocorria única e exclusivamente por conta do preço. Foi encomendada uma pesquisa de mercado para avaliar a elasticidade de preço do produto em questão. A pesquisa mostrou que, se o preço do produto não fosse reduzido em 25%, a empresa poderia ter perdas significativas de *market share*. Cortar custos nesse patamar era impossível. Logo, o presidente da empresa na ocasião teve a brilhante ideia de assumir o risco e apostar em uma alternativa inusitada para solucionar o problema: reduzir a embalagem do produto em 30%. O produto era 30% menor que o da concorrência, porém com o preço reduzido em 25%. Dessa forma, ele abaixou o preço do produto na prateleira de acordo com a pesquisa, embora houvesse o risco de aversão do consumidor por conta da redução do tamanho da embalagem. O presidente da empresa, na ocasião, assumiu um risco altíssimo, porém o resultado foi extremamente satisfatório. O consumidor, que estava migrando para o concorrente por preço, voltou a comprar o produto em questão e aceitou bem a redução da embalagem. Além disso, a empresa teve um incremento de 5% na margem direta do produto. Todos os especialistas de marketing que estavam envolvidos no assunto foram contra essa decisão, mas o presidente insistiu na mudança, assumiu o risco e colheu bons resultados para a empresa, que não seriam gerados se ele não tivesse se arriscado.

Para um líder inovar e mudar, ele precisa assumir e incentivar riscos, superar as resistências e os obstáculos que surgirão, moderar o estresse e sempre comemorar as pequenas vitórias.

Delegar e empoderar

A quarta função de um líder é delegar e empoderar sua equipe com autoridade e autonomia. Temos uma dificuldade imensa de delegar, pois muitas vezes pensamos que nossa capacidade de execução é maior e melhor que a dos colaboradores ou membros da equipe. Isso é mera ilusão, pois todos têm capacidade de execução, desde que a competência seja bem desenvolvida. Quando delegamos uma atividade, devemos sempre levar em consideração a competência necessária para executá-la. Com o ato de delegar e empoderar, o líder desenvolverá em sua equipe autoconfiança e aumentará a responsabilidade do colaborador em relação ao resultado da equipe.

Em uma das grandes empresas em que trabalhei, meu superior imediato e eu fomos atender um evento para mais de mil pessoas em Miami, nos Estados Unidos, com participação dos líderes mundiais da empresa, todos os líderes das Américas e alguns convidados especiais da Europa. Era um evento de altíssima importância e o Brasil era o representante da América Latina, de modo que tínhamos que fazer uma longa apresentação. O evento era todo em inglês, e eu tinha apenas 25 anos. Não seria uma apresentação fácil. Inicialmente, meu superior assumiu a responsabilidade pela apresentação e então preparou todo o material, contando com o meu apoio. Em determinado momento, ele simplesmente desistiu de se apresentar e me convidou para assumir em seu lugar. Isso faz mais de 15 anos, mas eu me lembro de suas palavras como se fosse hoje. Ele me delegou a tarefa da seguinte maneira: "Eu conheço o conteúdo dessa apresentação e conheço sua capacidade. Ambos casam, e tenho certeza de que você tem toda a competência para fazer essa apresentação. Será uma grande oportunidade para você se expor e tenho certeza de que está preparado. Tenho responsabilidade sobre esse material e sobre o que será falado, então eu tenho plena confiança em seu trabalho. Por esses motivos e entendendo ser uma oportunidade positiva para você, o convido para apresentar em meu lugar, caso se sinta confortável. Estarei sentado na primeira mesa ao seu lado e, se precisar de qualquer suporte, estarei olhando fixamente para seus olhos. Basta me acenar que eu entro para te apoiar".

Naquele momento me senti extremamente capaz de fazer a apresentação, responsável e seguro de que a minha competência estava alinhada com a necessidade que a ocasião pedia. Apresentei e foi um sucesso, pois consegui passar de forma clara e transparente a mensagem que deveria. Aprendi, então, o que era reforçar a autoconfiança e a responsabilidade.

Para delegar a atividade, um líder deve ter uma comunicação transparente e clara, estimular a participação, estimular a exposição de opiniões e, principalmente, demonstrar confiança.

Motivar e engajar

O quinto e último papel do líder deve ser motivar e engajar seu time. Para motivar seus colaboradores, um líder deve conhecer profundamente os desejos de cada colaborador. Ele deve conhecer quais são as metas de cada membro da equipe e dar recompensas significativas de acordo com as metas. Ele deve ter objetivos claros, conceder *feedbacks* constantes e reconhecer cada conquista de seus membros de equipe.

Existia um projeto global de uma das empresas em que atuei que era uma competição para aumentar a automatização do sistema que usávamos para o fechamento financeiro. A empresa queria reduzir a quantidade de ajustes manuais nos números para evitar alta carga de trabalho nos primeiros dias do mês por conta do fechamento financeiro. Nessa competição, não foi considerada a complexidade da contabilidade local de países como Suíça, Alemanha, Bélgica, Noruega, Dinamarca, entre outros, um cenário bem menos complexo do que Brasil, Portugal, Colômbia, entre outros. Escalei o melhor analista que eu tinha na ocasião para fazer esse projeto, porém eu não tinha espaço para recompensa financeira e ele queria reconhecimento, pois almejava crescimento dentro da organização. O projeto oferecia reconhecimento de cunho mundial, pois se tratava de uma competição global. Certifiquei-me de dar todo o apoio necessário para que pudéssemos ganhar a competição e mobilizei toda a equipe para que esse objetivo fosse coletivo, não apenas de um indivíduo. Todos foram motivados pelo mesmo reconhecimento e eu sabia que, naquele momento, o time precisava disso. Todos os membros da equipe trabalharam arduamente para ganhar o campeonato, simplesmente ignorando o cenário complexo que o Brasil tinha, com impostos e ajustes manuais. Foram seis meses de trabalho intenso e focado no resultado. Não conseguimos levar o primeiro lugar, que foi concedido para a Suíça, que implementara o SAP mais de cinco anos antes que o Brasil, mas levamos o segundo lugar, superando Alemanha, Dinamarca e outros países com contabilidade menos complexa. O líder do projeto foi recompensado com um reconhecimento global, posteriormente sendo promovido, pois essa era sua meta, e toda a equipe do Brasil passou a ser respeitada globalmente. Foi um projeto que trouxe reconhecimento, motivação e engajamento a todo o time.

Para o líder engajar e motivar sua equipe é necessário gerar orgulho de pertencimento, ou seja, deixar os membros do time orgulhosos por fazerem parte da equipe, comemorar as vitórias, manter sempre um ambiente de trabalho positivo, se divertir e, principalmente, ter espírito coletivo.

CONCLUSÃO

- Ser um grande líder é servir o máximo de colaboradores em prol de um objetivo comum.
- Um grande líder precisa ter percepção de si, do outro, da equipe e conduzir a equipe para bons resultados.

- Um líder deve definir direções, demonstrar caráter pessoal, capacidade de realização participativa e comprometimento individual.
- Os desafios da liderança são:
    » inspirar e criar visão de futuro;
    » dar o exemplo e mostrar competência;
    » transformar, inovar e mudar;
    » delegar e empoderar;
    » motivar e engajar.

CAPÍTULO 4

O QUE É LIDERANÇA SERVIDORA E COMO EXTRAIR O MELHOR DE CADA COLABORADOR?

Gostaria de começar este capítulo retomando uma reflexão que incentivei nos capítulos anteriores. Quem é um grande líder para você? Essa pergunta deve ter lhe trazido algumas respostas, e provavelmente você deve ter passado por Nelson Mandela, Jesus Cristo, Gandhi, ou mesmo Jack Welch, da GE; Steve Jobs, da Apple; Angela Merkel, chanceler da Alemanha; Dalai Lama, líder budista e chefe do Estado do Tibet, entre outros líderes. Também fiz uma provocação sobre as características que essas referências de liderança possuem. Imagino que devem ter surgido algumas. Dentre as características principais dos líderes que de fato fizeram e fazem diferenças atemporais em nossa história, além de servirem de referência em todos os aspectos, está sem dúvida a força de servir seus subordinados e os membros da equipe, de forma a exercer uma liderança servidora.

Os líderes, por mais que pareça paradoxal, possuem sucesso quando servem suas equipes. Por que isso acontece? Simples. Porque os colaboradores estão servindo seu líder e o ajudando a alcançar um objetivo específico, compartilhado, no qual todos terão ganhos ao atingir a meta. Portanto, cabe ao líder servir seus colaboradores e abrir o caminho para que eles possam, com a força de um time, caminhar na direção correta.

Isso acontece inclusive para líderes políticos. A origem da palavra *político* está relacionada a este conceito. A palavra tem origem no grego *politikos*, que significa cívico. Este termo grego advém da palavra *polites*, que significa cidadão, que por sua vez se origina da palavra *polis*, que representa cidade. Na Grécia Antiga, a vida pública interessava a todos os cidadãos, e os *politikos* eram aqueles que se dedicavam ao governo da *polis* (a cidade ou o estado). O *politiko* deveria colocar o interesse da nação acima do interesse individual, ou seja, deveria viver para servir os interesses da nação. Se os líderes da época eram assim, não arrisco dizer, mas ao menos assim deveriam ser os políticos ou líderes daquele tempo e também dos tempos atuais. O termo *politikos* foi mudando ao longo do tempo e, após a Idade Média, o termo *político* (em inglês, *politician*) ganhou uma conotação pejorativa, relacionado àquele que pratica politicagem (https://www.merriam-webster.com/words-at-play/is-politician-a-dirty-word). Após o século XIX, o termo voltou a suas origens e passou a ter a mesma definição que tinha na Grécia Antiga, ou seja, o sentido positivo de estadista, conforme o dicionário Morais.

Em meu livro *O caminho da liderança*, comento sobre uma frase que vi em um determinado local, que descrevia a liderança servidora. Esta frase, para mim, destacou-se pela sua simplicidade e profundidade ao mesmo tempo. Ela é atribuída ao Rabindranath Tagore, um poeta indiano que dizia: "Adormeci e sonhei que a vida era alegria; despertei e vi que a vida era serviço; servi e vi que o serviço era alegria".

E o que significa servir a equipe? Significa que o líder precisa apenas servir e fazer tudo pelo seu time? Exatamente o contrário. O líder cresce com o time e faz com que a equipe cresça com ele. O líder cresce como referência, gera confiança, serve de exemplo, ajuda os membros de seu time a se autoconhecerem e incentiva o pensamento coletivo e o desenvolvimento contínuo.

Segundo Goldsmith e Reiter (2007), pessoas de sucesso se tornam grandes líderes quando aprendem a deixar de ter foco em si mesmas para terem foco nos outros.

O QUE É SER UM LÍDER SERVIDOR?

Vimos no primeiro capítulo do livro que as demandas das empresas mudaram e as pessoas estão buscando um trabalho com mais propósito, alinhado aos valores pessoais. Para isso, as empresas precisam mudar e deixar de pensar apenas em lucros para pensarem primariamente em propósito e, consequentemente, contratar pessoas que não sejam mais labores, e sim colaboradores.

Mas o que muda de labores para colaboradores? Muda muita coisa. Primeiro que a palavra *labores* vem do latim *labor* e representa trabalho, atividade difícil e demorada; labuta penosa que causa cansaço. Já colaborador é aquele que colabora e ajuda o outro em suas funções. Significa dizer que o colaborador está ajudando o seu líder a alcançar seu propósito, se isso fizer sentido para ambos; caso contrário, o colaborador será apenas um labor. As diferenças entre um funcionário normal e um colaborador são identificadas na Tabela 2.

Tabela 2 – Funcionário normal *versus* colaborador.

Funcionário normal	Colaborador
Trabalha	Colabora
Tem metas e objetivos	Tem propósito e valores
Pensa no salário e no pagamento	Pensa no propósito de seu trabalho, no resultado e em entregar o seu melhor
Tem horário de entrada e saída	Tem resultados para entregar
Tem sentimento de funcionário	Tem sentimento de dono
Tem engajamento limitado	É engajado em sua causa

Isso muda completamente a relação de líder e liderado, de modo que passamos a perceber que o sentimento de um funcionário, que antes era apenas de um simples funcionário, passa a ser o sentimento de dono. Isso significa dividir a responsabilidade com propósito, objetivo e engajamento ilimitados. Qual líder não deseja ter uma equipe assim?

Isso muda completamente a forma de liderar e também de obter resultados. Os resultados passam a ser mais sustentáveis e o time muito mais engajado. Claro, isso altera totalmente o cenário e a forma de atuação. Já não há uma simples troca de salário por mão de obra, mas sim uma colaboração para o alcance de um propósito. Este novo cenário muda a forma de atuação das empresas. As diferenças entre uma empresa normal e uma empresa 4.1 são identificadas na Tabela 3.

Tabela 3 – Empresa normal *versus* empresa 4.1.

Empresa normal	Empresa 4.1
Visão hierárquica, com progressão de carreira que gera direitos de decisões	Visão de rede ágil, movida por líderes de equipes e repleta de colaboração e conhecimento compartilhado
Papéis e funções bem definidas	Times e responsabilidades claramente definidos, mas papéis e funções mudam regularmente e a liderança passa a ser compartilhada
Se tornam líderes por promoção	Pessoas geram seguidores para aumentar a rede de influência
Estrutura baseada em processos de acordo com o negócio	Estrutura baseada em projetos com times focados em produtos, serviços e clientes

E no final, quais foram os grandes líderes de nossa história? Será que eles tinham funcionários ou colaboradores com a causa?

Um líder servidor exerce uma liderança a serviço de quem está colaborando com a causa.

No antigo tratado indiano *Artaxastra* (350-284 a.C.), atribuído a Cautília (ou Kautilya), ele comenta que:

> "Um bom rei não é aquele que satisfaz a si próprio,
> mas sim o que satisfaz a seus súditos".

Para nos tornarmos um líder servidor, um passo importante é desenvolver autoconhecimento na equipe e incentivá-la a conhecer sua motivação, seus propósitos, valores e objetivos de vida. Assim, o líder pode definir os objetivos de seus colaboradores baseado em seus propósitos de vida; uma parte da empresa estará inserida no colaborador e uma parte do colaborador estará inserida na empresa, criando uma relação simbiótica de apoio e colaboração mútua, com ambos servindo em prol do alcance de seus respectivos objetivos.

Figura 1 – O ciclo de motivação do colaborador com a empresa. Origem e aplicação da motivação.

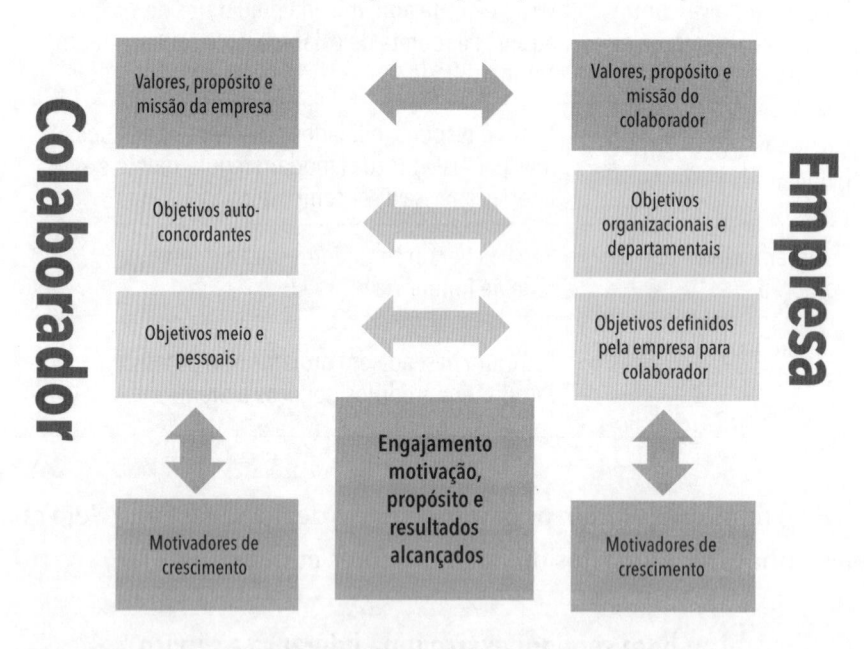

Colaborador
- Valores, propósito e missão da empresa
- Objetivos autoconcordantes
- Objetivos meio e pessoais
- Motivadores de crescimento

Empresa
- Valores, propósito e missão do colaborador
- Objetivos organizacionais e departamentais
- Objetivos definidos pela empresa para colaborador
- Motivadores de crescimento

Engajamento motivação, propósito e resultados alcançados

A Figura 1 demonstra um fluxograma simples de definição de objetivos, no qual ambos, colaborador e empresa, estão em busca de crescimento, com seus próprios valores, objetivos pessoais e empresariais, objetivos autoconcordantes do colaborador para a empresa e, por fim, valores, propósitos e missão da empresa e do colaborador, pois somente com esta intersecção haverá motivação suficiente para o alcance dos objetivos. Caso contrário, a empresa terá apenas funcionários.

Um líder servidor contribui para o crescimento dos colaboradores, que por sua vez, com a confiança de que crescerão juntamente com a empresa, contribuirão para o crescimento da organização. Isso torna o crescimento e a evolução um ciclo virtuoso de crescimento sustentado pela intersecção de valores, propósitos e missão.

TEORIA DO CRESCIMENTO

E por que o líder precisa contribuir para o crescimento dos colaboradores? Não é o foco nos aprofundarmos nas teorias de crescimento, até porque isso daria muitas páginas do livro, se não um livro inteiro, mas a intenção é, superficialmente, passar por três diferentes teorias de crescimento.

Como podemos observar, crescimento é o pilar de sustentação tanto das empresas como dos colaboradores. As empresas têm como premissas buscar o crescimento, o que faz parte do DNA de quase todas as organizações. Porém, será que os indivíduos também têm esse DNA de crescimento? Será que essa é uma tendência inata do ser humano ou uma característica que precisa ser estimulada?

Segundo Aristóteles, filósofo grego que viveu em 300 a. C. aproximadamente, as pessoas possuem uma tendência ativa de perseguir o crescimento e são direcionadas para a organização e a integração, por isso tendem a buscar desafios, descobrir novas perspectivas, internalizar e transformar conhecimentos em práticas culturais e regionais que levam ao senso de pertencimento.

Sabemos que o cérebro humano é o órgão que mais gasta energia em nosso corpo. Nosso corpo foi feito para economizar energia, pois ele tem como necessidade primária a sobrevivência e para isso precisa de energia. Quanto mais pensamos, mas o cérebro gasta, portanto, pensar em evoluir e crescer não é algo que nosso corpo demanda de nosso cérebro. Quanto menos pensarmos, mais energia iremos economizar para o nosso corpo. O nosso cérebro precisa de estímulos para agir, ou reagir.

No extremo da teoria de Aristóteles vem a teoria do professor Skinner, que defendeu que o aprendizado e o crescimento só ocorrem em função da mudança de comportamento. As mudanças de comportamento são resultado de uma resposta individual a eventos. Isso significa que não existe, segundo a teoria de Skinner, uma resposta inerente e natural para o desenvolvimento humano. Segundo ele, comportamento e personalidade resultam de esforço e contingência, e é necessário criar eventos ou estímulos para gerar aprendizado e crescimento.

Como teoria intermediária destes dois modelos expostos, integrando os dois pontos de vista, temos a teoria dos professores Edward Deci e Richard Ryan (1985). Segundo a teoria, indivíduos possuem uma tendência natural para: conquistar autonomia e obter integração interna, assimilando o meio que o cerca e conquistando a homonomia, ao se integrar com os outros e se adaptar ao meio. Desta forma, o desenvolvimento envolve o funcionamento desses dois conceitos. Com isso, pode-se concluir que o desenvolvimento não possui uma tendência garantida, como diz a teoria de Aristóteles, mas há um potencial dinâmico dentro de cada indivíduo que necessita de determinadas condições para que seja fortalecido. Estas condições são:

- **Autonomia:** estar no controle e agir em harmonia com o seu eu interior (seus valores). Esta necessidade influencia as demais.
- **Competência:** capacidade de lidar de modo eficaz com o meio que o cerca, utilizando seus conhecimentos e habilidades.
- **Relacionamento:** desejo de interagir, de pertencer, de se conectar com as pessoas e de fazer algo em benefício dos outros.

Segundo a teoria da autodeterminação (ou SDT, que é a sigla em inglês de *self determination theory*), os indivíduos ficam altamente motivados, alcançam o pico da performance e permanecem em um estado constante de bem-estar ao terem essas três necessidades supridas. Mantido esse estado, os indivíduos terão facilidade para se engajar em atividades que irão proporcionar prazer, preenchendo a necessidade de autonomia. Eles produzirão melhores resultados através de seus valores, preenchendo a necessidade de competência; e, por último, se conectando com indivíduos que exercem papel importante em suas vidas, preenchendo a necessidade de relacionamento.

Contribuindo para o crescimento

Um líder contribui para o crescimento quando estimula o preenchimento das três necessidades da teoria da autodeterminação.

Para apoiar a necessidade de **autonomia**, um líder deve:

- Incluir os colaboradores no processo de decisão com empoderamento.
- Despertar senso de "propriedade" (*onwership*) em relação ao seu próprio processo de desenvolvimento e crescimento.
- Contribuir para que o colaborador identifique seus próprios valores e aja em congruência com eles.

Para apoiar a necessidade de **competência**, um líder deve:

- Trabalhar a autoeficácia, a autoestima e as crenças fortalecedoras dos colaboradores.
- Apoiar e orientar no processo de desenvolvimento de habilidades e nas mudanças comportamentais.
- Auxiliar na identificação das forças e dos talentos dos colaboradores, bem como delegar atividades que utilizem estas forças.

Para apoiar a necessidade de **relacionamento**, um líder deve:

- Trabalhar metas, habilidades e comportamentos específicos para melhorar os relacionamentos dos colaboradores.
- Delegar atividades que desenvolvam esta necessidade, como participar de reuniões.
- Trabalhar o próprio relacionamento de líder para que os colaboradores se sintam compreendidos, apoiados e valorizados pela liderança.

Com isso, lembramos da parábola do sapateiro, que fará o melhor de seus serviços se fizer um sapato cuja finalidade máxima seja proteger os pés e não machucar. Podemos afirmar que a finalidade máxima de um líder é incentivar o crescimento de sua equipe e seus colaboradores, gerando oportunidades de satisfação das três necessidades básicas da teoria da autodeterminação. Assim, o líder servirá seu time com sua mais nobre e ampla finalidade máxima.

COMO SE TORNAR UM LÍDER SERVIDOR

O líder deve ter uma atuação focada em servir como ponte entre a necessidade básica dos colaboradores, segundo a teoria da autodeterminação, e as necessidades da empresa e de sua equipe. Para que o líder tenha sucesso em sua função, ele deve ter algumas atitudes que serão primordiais para a satisfação dessas necessidades e que, sem dúvida, devem estar alinhadas com as necessidades da empresa.

A primeira atitude que o líder deve tomar é de **incentivar o compartilhamento de crenças e valores** que estimulem e fortaleçam a compreensão mútua. O líder deve encorajar o seu time a compartilhar valores mútuos e incentivar a troca de experiências entre os membros da equipe, pois assim terão uma melhor compreensão do todo e vice-versa.

A segunda atitude do líder é **criar e compartilhar uma visão de futuro** com o seu time. O líder desenvolve sempre uma visão que motive, engaje e influencie a equipe a buscar crescimento e alcance das metas.

A terceira atitude está ligada ao clima da equipe. O líder deve **estabelecer um ambiente favorável para a troca de experiências**, que fomente a confiança mútua e a cooperação de todos os membros da equipe.

A quarta atitude do líder é **encorajar o time a superar dificuldades** sem perder a motivação. Chamemos esta característica de resiliência. O líder deve motivar o time a ter resiliência. Teremos um capítulo inteiro para tratar deste tema.

A quinta atitude é **incentivar a execução das ideias**. O líder deve estimular a geração de novas ideias, fortalecer o comprometimento do time para que as ideias sejam testadas e dar espaço para a experimentação. Novas ideias são sempre suscetíveis a erros e acertos. Erros devem ser vistos como oportunidades de aprendizados e não devem ser punidos. Somente novas ideias geram erros, mas somente novas ideias geram inovação.

A sexta atitude do líder é **realizar a troca de experiências com outros times da organização**. Para isso, o líder deve incentivar a ativação da rede de relacionamentos de dentro e de fora da organização, trocar experiências e fomentar reuniões para discussões de assuntos, ou problemas que possam ajudar outros departamentos. Isso contribuirá para a necessidade de relacionamento e evitará que o time se feche.

E a sétima e última atitude do líder é **praticar**. Somente com a prática se gera aprendizado. O time aprenderá na prática, portanto o líder deve auxiliar a equipe, estruturando, direcionando e otimizando as atividades de forma a incentivar o aprendizado.

CONCLUSÃO

- Ter colaboradores é muito melhor do que ter apenas funcionários.
- Um líder servidor é aquele que contribui com os que estão colaborando para uma causa comum.
- O ser humano, para buscar crescimento e se fortalecer, precisa de autonomia, usar as competências e se relacionar de modo que se sinta parte do todo.
- O líder contribui para o crescimento, promovendo as necessidades básicas de autonomia, relacionamento e competências.
- Entendimento, visão, clima favorável, resiliência, ideias que viram ações, ativação da rede e aprendizado na prática contribuem para o crescimento dos colaboradores.

CAPÍTULO 5
O QUE É MOTIVAÇÃO E COMO INCENTIVÁ-LA NA EQUIPE?

Motivo para ação; o motivo pelo qual se faz uma ação. Este é o significado simples da palavra *motivação*. Mas, afinal, o que nos motiva? O que nos energiza e nos concede forças para fazermos o que fazemos? Motivação é um processo interno que energiza, direciona e sustenta o comportamento de cada indivíduo. É uma força pessoal que gera comprometimento. A definição de motivação, por si só, é uma definição clara de que cada indivíduo tem o seu motivo único e exclusivo de se energizar para as ações. A motivação depende de cada um, da história, dos objetivos de vida, propósitos, valores e metas. A motivação é uma porta que só se abre pelo lado de dentro. Sendo a motivação um fator individual, como o líder pode incentivar seus colaboradores a terem motivação?

Um líder bem-sucedido é aquele que emprega técnicas motivacionais para estimular a capacidade do colaborador de descobrir e usar a automotivação.

Embora muitas literaturas busquem ensinar formas diferentes de motivar a equipe, a mais eficaz é a que gera automotivação, ou motivação intrínseca. Ao longo deste capítulo falaremos dos tipos de motivação e abordaremos a motivação intrínseca e extrínseca.

Então, o que é motivar? Motivar é contribuir para que as pessoas descubram aquilo que mais as deixa motivadas e usem isso para se energizar e executar uma atividade com muito mais motivo e propósito, com mais energia, foco, disposição e engajamento.

Para que isso ocorra, é preciso um profundo conhecimento dos membros da equipe, de seus valores, propósitos e objetivos, pois só assim será possível incentivar a motivação intrínseca. A ausência de motivação de um indivíduo leva a conflitos internos e externos e à procrastinação da resolução de problemas, impedindo-o de atingir metas, cumprir prazos, apresentar um trabalho de baixa qualidade, baixa performance e, por último, baixa produtividade. Além disso, o indivíduo, sem motivo para ação, pode apresentar alto nível de estresse e atingir a zona de *burnout* (esgotamento mental) e até depressão.

Com a ausência de motivação, o indivíduo não se sente energizado nem para realizar as pequenas tarefas do dia a dia. Os motivos para uma ação podem estar relacionados a fatores internos, como fatores emocionais, ou fatores externos, como promoção, compra de uma casa ou troca de carro. Independentemente da perspectiva, se interna ou externa, os motivos para ação devem se tornar conhecidos e identificados de forma clara por cada indivíduo. Para que isso aconteça, é importante que o indivíduo conheça a si mesmo. O processo de autoconhecimento tornará claros os motivos que poderão ser combutível e encorajamento para uma ação, bem como os que podem não ser fonte de energia, ou desmotivadores.

TIPOS DE MOTIVAÇÃO: INTRÍNSECA E EXTRÍNSECA

De acordo com a teoria da autodeterminação de Edward Deci e Richard Ryan (1985), que trata o ato de escolher e iniciar ações por si sós, a motivação é definida como intrínseca e extrínseca.

A motivação intrínseca

A motivação intrínseca é o motivo que vem de dentro de cada indivíduo. É uma motivação interna e está alinhada com o seu eu interior, seus valores, propósitos, objetivos de vida. É o que faz a pessoa acordar todos os dias e enfrentar os desafios diários para alcançar seus objetivos. É uma força individual. Esse tipo de motivação é uma força interior que se mantém ativa mesmo diante de adversidades encontradas durante o processo de execução de qualquer atividade. Essa motivação é exclusiva de cada indivíduo e só pode ser alterada por ele mesmo e por escolha própria. Ela está, de certa forma, presente em todos os indivíduos psicologicamente saudáveis e nos causa um desejo de assumir as rédeas da própria vida e de ser protagonistas de nossas histórias.

Este motivo é gerado quando o colaborador ou o indivíduo se envolve em atividades interessantes, desafiadoras e prazerosas. As atividades que não se encaixam nessas categorias não são intrinsecamente motivadas e não serão realizadas a menos que existam razões extrínsecas (ou externas) para iniciar a ação.

A motivação intrínseca é mais forte que todas as motivações extrínsecas. É o motivo que nos faz querer fazer isso por incentivo interno, por valores e por propósito. Porque simplesmente quero fazer isso, pois assim me sinto empoderado, desafiado, tenho prazer em fazer e esta atividade se torna interessante. De acordo com a teoria da autodeterminação, esta motivação é experimentada quando as necessidades inatas são satisfeitas, entre elas autonomia, competência e conexão ou senso de pertencimento.

A motivação extrínseca

Ao contrário da motivação intrínseca, a motivação extrínseca é externa. Como exemplos para esse tipo de motivação, podemos citar o bônus para executivos ou a participação nos resultados para colaboradores.

O bônus anual é um bom fator motivacional para cumprir os objetivos estipulados pela empresa. Para a equipe de vendas, o prêmio pelo alcance das metas de vendas mensais pode ser um fator motivacional para buscar este objetivo. Em um país como o Brasil, onde empregos são escassos, o fato de perder o emprego pode também ser um fator motivacional externo para fazermos algo. Clima organizacional, treinamentos, atividades diversas, benefícios, entre outros, também são fatores motivacionais. Esses fatores contribuem para manter o quadro de talentos e reduzir o *turnover* (rotatividade de colaboradores por demissão por parte da empresa ou por pedido de demissão por parte do colaborador) da organização, com colaboradores mais comprometidos, engajados e mais produtivos. Esses incentivos são vistos como forma de ajudar os colaboradores a se manter engajados e visam complementar a motivação intrínseca. Com isso, podemos afirmar que os indivíduos não podem ser apenas dependentes da motivação extrínseca. Eles devem sempre ter a automotivação encorajada, pois é a mais potente de todas as formas de energização.

Internalização da motivação extrínseca

Segundo a teoria da autodeterminação, a motivação extrínseca passa por um processo de internalização. Esse processo se resume basicamente ao gerenciamento de atividades extrinsecamente motivadas, que são úteis para que possamos funcionar com eficácia no mundo, mas não são inerentemente interessantes, segundo a teoria de Deci e Ryan (1985). Temos muitas atividades que passam por esse processo, como necessidade de ir ao dentista ou mesmo algumas atividades em nosso trabalho. A diferença para uma boa execução de qualquer atividade é o nível de internalização da motivação para executarmos qualquer tarefa em nossa vida.

Para se tornar motivado extrinsecamente, é necessária a internalização do motivo para a ação, que pode ser dividido em quatro níveis distintos: regulação externa; regulação introjetada; regulação identificada; e regulação integrada.

Regulação externa

Este é o primeiro nível de motivação externa, e, neste caso, agimos por recompensa; para evitarmos punições, como perda do emprego por exemplo; ou até mesmo para satisfazer exigências externas, como vontade de um superior por uma determinada ação com a qual podemos não concordar. Este nível de motivação pode ser resumido na frase **"eu tenho que fazer isso"**.

Lembro de situações nas quais eu montava uma apresentação com um conceito para os meus superiores e, algumas vezes, com ausência de ajustes mais significativos, era solicitado para que modificasse a cor dos gráficos ou *slides*. Assim, eu dedicava um tempo para satisfazer o gosto particular de cores por parte dos meus superiores. Isso era uma motivação externa regulada, pois não concordava com aquelas mudanças, mas eu tinha que fazer para evitar punições. Fazia para satisfazer a exigência externa.

Regulação introjetada

Este é o segundo nível de motivação externa, e, neste caso, agimos pela culpa. Agimos para não nos sentirmos culpados ou envergonhados, como, por exemplo, ser repreendido por não ter feito uma determinada atividade. Este nível de motivação pode ser resumido na frase **"eu devo fazer isso"**.

Em uma das empresas em que trabalhei, lembro de um gerente executivo que era meu par e tinha diversas áreas subalternas a ele. Uma das áreas era foco do presidente da empresa, e as outras áreas eram mais suporte ao negócio, porém sem foco do *C-level* (nível de diretores) da empresa. Em uma determinada ocasião, durante uma das reuniões que tínhamos com os executivos, ele comentou que tinha mais motivação para atuar na área que era foco do presidente da empresa justamente por conta da vergonha que poderia passar caso tivesse algum motivo negativo para o presidente chamar a atenção dele, como ausência de alguma entrega. Ele se sentiria envergonhado ou culpado por chamar a atenção do presidente da empresa por algum motivo negativo, porém não entregava resultados nas outras áreas de suporte, e isso não o incomodava.

Regulação identificada

Este é o terceiro nível de motivação externa, e, neste caso, apesar de ainda ser uma motivação externa, a pessoa a identificou como importante para si mesma. Esta seria uma atividade que poderia gerar alguma promoção ou mesmo um reconhecimento por parte da empresa, trazendo benefícios. Este nível de motivação pode ser resumido na frase **"fazer isso é bom para mim"**.

Quando eu trabalhava na empresa Novartis, era responsável por uma área de planejamento financeiro central no Brasil. O meu superior imediato foi promovido e assumiu a responsabilidade pelo departamento de todos os países da América Latina. Consequentemente, a minha área passou a ajudá-lo na consolidação de estudos, análises dos números de diversos países, treinamentos, entre outros trabalhos. Nesse período, surgiu um projeto global, e precisavam de uma indicação para assumir o projeto na América Latina. Eu fui indicado, nessa ocasião, apenas para assumir o projeto, sem aumento salarial e muito menos promoção, pois já tinha uma alta posição na empresa. Não era uma promoção, mas fiquei extremamente motivado para finalizar esse projeto com maestria, pois me ofereceria exposição global, me proporcionaria aprendizado, desafios e seria bom para minha carreira dentro da organização. Por isso, conduzir esse projeto era bom para mim, e eu me motivei a finalizá-lo da melhor forma que podia.

Regulação integrada

Este é o quarto e último nível de motivação externa, e, apesar de ainda ser uma motivação externa, é a mais forte dentre as motivações extrínsecas. Ela só é menos potente que a motivação intrínseca. Neste caso, o indivíduo identifica que fazer determinada atividade não só é bom e importante para ele, mas também quando a identificação foi avaliada e há congruência com seus valores e interesses pessoais. Esse nível de motivação pode ser resumido na frase **"eu quero fazer isso"**.

Como tenho ampla experiência na indústria farmacêutica, os propósitos apresentados pelas empresas em que atuei faziam com que tivéssemos vontade de servi-la. O *slogan* da Novartis era "*caring and curing*" (cuidando e curando). Este *slogan* fazia com que os colaboradores tivessem vontade de executar suas atividades, pois sentiam-se parte do cuidar e curar da empresa. Com esse *slogan*, os colaboradores tinham vontade de fazer as atividades por alinhamento de valores. Todos nós queremos cuidar e curar, e trabalhar para uma causa nobre como esta era gratificante. A empresa incentivava os colaboradores a executar bem suas atividades, desta forma todos contribuíam para o nobre propósito da empresa. Era motivador querer finalizar as atividades na Novartis.

Embora a regulação integrada seja a melhor motivação extrínseca, gerando resultados e alto nível de motivação, ainda não é igual à motivação intrínseca. A regulação integrada pode gerar bons resultados, mas ainda não por prazer. O indivíduo intrinsecamente motivado possui um grau de autodeterminação muito maior, e a frase é **"Eu amo fazer isso"**. A motivação intrínseca gera motivação acima da expectativa e está alinhada com os valores e propósitos.

Para entender e alcançar níveis mais altos de motivação, mais autoconhecimento é necessário. A motivação intrínseca necessita de um grau elevado de autoconhecimento. É necessário entender os nossos valores, propósitos, o que amamos fazer e o que nos energiza e motiva.

Assim também é para as motivações extrínsecas identificada e integrada. As motivações externas e introjetadas exigem um nível mais baixo de autoconhecimento, porém são motivações mais fracas. Podemos ver na Tabela 4 o grau de motivação gerado em cada situação e o autoconhecimento necessário. É preciso autoconhecimento para entender gostos pessoais, propósitos e valores, mas também para entender os nossos combustíveis para executarmos qualquer atividade.

Tabela 4 — Tipos de motivação e suas respectivas forças.

Tipo de motivação	Motivação	Frase da motivação	Nível de autodeterminação	Grau de autoconhecimento
Extrínseca	Regulação externa	Tenho que fazer isso	+	+
	Regulação introjetada	Devo fazer isso	++	++
	Regulação identificada	Fazer isso é bom para mim	+++	+++
	Regulação integrada	Eu quero fazer isso	++++	++++
Intrínseca	Intrínseca	Eu amo fazer isso	+++++	+++++

CONCEITO DE AUTOCONCORDÂNCIA

Schmuck e Sheldon (2001) desenvolveram o conceito de autoconcordância, que é o desdobramento da teoria da autodeterminação. Este estudo demonstra que indivíduos que estão de acordo consigo mesmos, ou seja, possuem autoconcordância, têm mais ligação com a autodeterminação; logo, são indivíduos mais resilientes e perseguem seus objetivos com mais convicção, pois estão expressando suas escolhas de forma mais natural, livre e autêntica. O contrário são indivíduos que precisam expressar suas opiniões de forma extrínseca e controlados por forças externas.

Pessoas autoconcordantes geralmente têm como objetivo e metas aquilo que expressa suas paixões, interesses e valores e que foi desenvolvido ao longo da vida. Isso faz com que elas se expressem com o melhor que possuem de forma natural e verdadeira. Quanto maior for o nível de autodeterminação do indivíduo, maior será o nível de autoconcordância. Portanto, maiores serão seu engajamento, seu comprometimento e sua determinação para atingir os resultados, além de ter prazer e satisfação em determinada atividade. Pessoas que são autoconcordantes transformam a si mesmas e os ambientes em que estão inseridas em ambientes focados em evolução e crescimento. Por outro lado, pessoas com baixo nível de autoconcordância têm menos autenticidade, sendo mais suscetíveis a crises de estresse e *burnout*. Uma parte importante do trabalho de um líder é identificar e estabelecer atividades autoconcordantes entre seus colaboradores, de forma que possam executar as atividades com mais prazer e satisfação, além de mais determinação e comprometimento em entregar o melhor para a execução e a finalização de determinada tarefa.

GERANDO MOTIVAÇÃO

Agora entendemos que, quanto mais autêntica for a motivação, mais engajamento o indivíduo terá. A pessoa intrinsecamente motivada tem mais combustível, mais comprometimento, mais engajamento e mais energia para concretizar uma atividade. É maravilhoso se pudermos ter colaboradores intrinsecamente motivados, mas como fazemos para gerar motivação em nosso time? Sabemos que a motivação é uma porta que só se abre pelo lado de dentro, portanto o primeiro passo para gerar motivação em nossos colaboradores é promover o autoconhecimento. O autoconhecimento motiva as pessoas a escolher comportamentos conforme seus valores e propósitos, engajar-se em atividades que façam sentido na vida e perseguir seus objetivos com muito mais determinação e resiliência. Para que isso seja possível, o meio em que estamos inseridos ou a atividade que temos que executar devem ser congruentes com o nosso autoconceito.

Deci e Ryan (1985) afirmam que o apoio à autonomia e à autodeterminação é fundamental para estimular a regulação integrada (nível mais alto de motivação extrínseca). Para os autores, mudar a forma do processo para permitir que o indivíduo seja mais autodeterminado em vez de controlado é um passo vital de desenvolvimento e evolução. Os autores apontam três fatores principais para esta mudança de processo. São eles:

1. **Promover um raciocínio significativo.** Este processo consiste em levar o colaborador a refletir sobre o motivo (o porquê) pelo qual realizar tal atividade seria útil para ele. O papel do líder é mostrar ao colaborador as consequências positivas da realização de uma determinada atividade.
2. **Reconhecer a perspectiva do outro.** Ainda que o processo de mostrar ao colaborador a utilidade da realização de determinada atividade possa ter acontecido de forma transparente e eficiente, existe a perspectiva do colaborador. Reconhecer essa perspectiva é fundamental, pois uma coisa que é boa para mim pode não ser boa para você. Fazer o que precisa ser feito nem sempre é prazeroso e interessante. Reconhecer a perspectiva do outro aliviará a tensão e mostrará compreensão quanto aos sentimentos do colaborador, além de fazê-lo entender seu ponto de vista. Os sentimentos podem ser legítimos e compreensíveis, mas podem ser incompatíveis com a realização da tarefa. Discutir esta incompatibilidade é crucial, sempre compreendendo a perspectiva do outro.
3. **Propiciar escolhas ao invés de controlar.** Como líder, a comunicação tem um papel importante. Incentivar a execução da ta-

refa deve ser uma forma de minimizar a pressão ou o controle externo, evitando o uso de expressões como você precisa, você deve etc. É importante usar uma comunicação mais concordante com o colaborador. Deve-se reforçar o poder de escolha e com isso estimular a autonomia e autodeterminação. Deixar claras as consequências positivas da execução de uma determinada tarefa é fator crucial para incentivar a autodeterminação.

O líder deve incentivar a motivação dos colaboradores de acordo com valores e propósitos de cada um da equipe, levando em consideração paixões, gostos individuais, forças e, principalmente, conceitos congruentes com as atividades. Para isso ele deve:

- Entender os valores de seus colaboradores.
- Estabelecer objetivos que estejam alinhados com a motivação dos colaboradores.
- Conhecer os fatores intrínsecos que levam os colaboradores a ter motivação para as atividades, sempre buscando satisfazer as necessidades básicas, que são: autonomia, competência e relacionamento.

E como dar o primeiro passo para conhecer melhor os colaboradores? Existem várias perguntas que devem ser respondidas pelos líderes com relação aos seus colaboradores:

- Quais são as principais características dos seus colaboradores?
- Quais são as principais competências e seus principais valores?
- Como você avalia o nível dessas competências e valores? Use uma escala de 1-5 para ajudar na avaliação.
- Quantos manifestam esses valores e competências no dia a dia de trabalho?
- Quantos vivenciam na prática esses valores?

Essas perguntas são um primeiro exercício para o líder conhecer um pouco mais a sua equipe. Se souber respondê-las, é sinal de que conhece sua equipe e seus colaboradores e tem condições de ajudá-los a encontrar suas motivações intrínsecas ou de regulação integrada. Caso contrário, está na hora de trabalhar um pouco mais o seu lado humano e conhecer seus colaboradores com mais profundidade para gerar atividades que satisfaçam as necessidades básicas de autonomia, competência e relacionamento.

Como é no trabalho que a maioria de nossas relações acontece, o líder tem um papel importantíssimo na geração de motivação em seus colaboradores. Ele tem a incumbência de ajudá-los no processo de autoconhecimento e gerar autoconcordância e autodeterminação, que serão fatores importantes para o resultado da equipe. Um líder não lidera apenas dando direções, mas também dando exemplos e incentivando seus colaboradores a buscar crescimento e evolução.

Para nos tornarmos um líder bem-sucedido, podemos incentivar a motivação com algumas atitudes do dia a dia. Um líder aumenta a motivação de sua equipe quando:

- Alinha os objetivos do colaborador, do time e da organização.
- Concede um tratamento justo e condições que atendam às necessidades fisiológicas, econômicas e psicológicas de seus colaboradores.
- Gera oportunidades de crescimento e evita a microgestão e a burocracia.
- Investe no desenvolvimento pessoal.
- Oferece desafios. As pessoas gostam de desafios, e os desafios fomentam o crescimento.
- Delega tarefas que estimulem os talentos e as habilidades de seus colaboradores.
- Comunica de forma clara como cada tarefa contribui para a empresa como um todo, explicando o porquê das tarefas.

- Pratica e tem como hábito conceder *feedbacks* constantemente, apresentando os fatos, apontando as consequências e pedindo soluções.
- Enfatiza os pontos positivos: reconhece méritos, quando for o caso, e comemora as conquistas e os resultados alcançados.
- Mostra aos colaboradores que se interessa por eles.
- Desenvolve planos de carreira, planos de desenvolvimento de melhoria contínua.
- Melhora habilidades de comunicação, relacionamento, trabalho em equipe, resolução de problemas e administração de conflitos.
- Mostra à sua equipe que confia neles, estimulando a responsabilidade e, na medida do possível, a autonomia, pois isso gera crescimento.
- Mostra claramente as direções, já que ninguém se sente motivado se não sabe para onde ir e o que se espera deles.
- Nunca perde o controle nem expõe o time. A irritação pode passar, mas sua equipe pode levar um tempo para recuperar a motivação.

Com essas dicas, você pode ser tornar um líder que incentiva a sua equipe a ter mais motivação para a execução das tarefas e, consequentemente, obter um melhor resultado de seu time.

Separe alguns minutos para reflexão e anote o que pode fazer com a sua equipe para aumentar a motivação. Quais os pontos que podem ser trabalhados em sua equipe? Com uma autorreflexão do seu estilo de liderança, você também aumentará o seu autoconhecimento, e isso servirá de exemplo para os seus colaboradores.

CONCLUSÃO

- Motivação é um processo interno que energiza, direciona e sustenta o comportamento.
- Líderes bem-sucedidos são os que empregam técnicas para estimular a capacidade do colaborador.

- Motivar é contribuir para que os colaboradores encontrem dentro deles motivos para a ação.
- Existem 2 tipos de motivação, sendo a extrínseca formada por 4 fases:
  » Intrínseca: vem de dentro para fora.
  » Extrínseca: vem de fora para dentro.
    » Regulação externa – "Tenho que fazer isso".
    » Regulação introjetada – "Devo fazer isso".
    » Regulação identificada – "Fazer isso é bom para mim".
    » Regulação integrada – "Quero fazer isso".
  » Autoconhecimento é importante para aumentar a motivação.
  » Para gerar motivação, é preciso conhecer os colaboradores.

CAPÍTULO 6

O QUE É COMPETÊNCIA E QUAL A IMPORTÂNCIA DA MELHORIA CONTÍNUA?

Após discorrermos sobre motivação, um tema de extrema importância dentro de uma organização, vamos tratar sobre competências e a importância da melhoria contínua. As empresas falam muito sobre competências necessárias para se fazer um determinado trabalho ou chegar a um determinado cargo, mas será que sabemos em detalhes o que é competência? Se você fosse responder o que é competência, qual seria a sua resposta? Tome um tempo para refletir.

Se respondeu o que é competência, agora vamos refletir sobre o que é habilidade, conhecimento e atitude.

Todas as empresas e profissionais falam muito de competência. Quando se discute sobre as características de um profissional e de uma posição, sempre falamos das competências necessárias para determinada posição, mas, afinal, o que é competência?

Competência nada mais é que a capacidade de coordenar de modo eficaz diferentes conjuntos de conhecimentos, habilidades e atitudes que permitem um desempenho superior.

Esse conceito de competência não é tão antigo. Em meados dos anos 1970, nos Estados Unidos, tiveram início as discussões a respeito de competência entre administradores e psicólogos. No Brasil, chegou um pouco depois, nas décadas de 1980 e 1990. O conceito foi definido como um conjunto de conhecimentos, habilidades e atitudes do indivíduo, necessários para que sejam supridas as necessidades de determinado cargo ou posição.

Agora que sabemos que competência é a coordenação do conjunto de conhecimentos, habilidades e atitudes, como podemos diferenciar essas definições?

- **Conhecimento.** Está relacionado ao que deve ser feito; **o que fazer**. Em um exemplo simples, vejamos a profissão de arquiteto. Um arquiteto é contratado para desenhar a planta de uma casa, e o conhecimento está relacionado ao que deve ser feito para a casa ficar completa. O arquiteto deve desenhar a casa de forma que tenha banheiro, quarto, sala, cozinha e toda a área necessária para satisfazer o cliente que o contratou. Ele deve desenhar o volume da casa para ter harmonia, colocar a caixa-d'agua em seu respectivo lugar e considerar todos os detalhes intrínsecos da profissão para desenhar a casa.
- **Habilidade.** Está relacionada a **como fazer**. Permanecendo no mesmo exemplo, para desenhar a casa o arquiteto pode usar plantas de papel e desenhar à mão, como se fazia antigamente, ou pode usar sistemas mais modernos. Ele tem alternativas de como fazer o desenho da casa e optará por desenhar o modelo da casa de acordo com a habilidade que adquiriu de como fazer isso, mas não quer dizer que saiba como construir a casa. Para a construção da casa será necessário algum profissional que tenha essa habilidade, como um engenheiro ou um construtor.
- **Atitude.** Está relacionada a **querer fazer**. Não adianta ele ter conhecimento do que deve ser feito, habilidade de como fazer,

mas não ter atitude e vontade de fazer. A atitude é fundamental em qualquer execução, e por isso estar motivado a fazer uma determinada atividade é um fator crítico de sucesso. A motivação deve vir junto com a habilidade e o conhecimento.

Como vimos, o mundo está em plena evolução, e a sociedade é extremamente dinâmica. Isso causa uma tremenda imprevisibilidade no tipo de conhecimento e habilidade necessário para gerenciar e liderar no mundo atual. Como as empresas já não conseguem mais prever competências necessárias para ocupar determinados cargos, está cada vez mais sob responsabilidade do colaborador entender a demanda de seu cargo e buscar conhecimento na sua área de atuação. Por esse motivo, vontade, motivação, engajamento e criatividade são de extrema importância para o profissional moderno.

Esse dinamismo mudou as estruturas de cargos das empresas, de modo que a necessidade de gerar motivação e engajamento se tornou muito importante. Com isso, os líderes ganharam uma nova responsabilidade, que é integrar a cultura, os valores, os conhecimentos e as vantagens competitivas da empresa, com o que cada colaborador pode oferecer para alcançar os objetivos e metas. Intenção e atitude, em muitos casos, podem ser mais importantes que conhecimento e habilidade.

Ao longo da minha carreira, muitas vezes pude presenciar um diretor de recursos humanos, com baixo conhecimento técnico de finanças, assumindo a diretoria financeira. Ainda que faltasse conhecimento técnico, havia uma atitude que justificava o diretor de recursos humanos assumir a diretoria financeira. A atitude, naquela ocasião, era mais importante do que o conhecimento técnico. O contrário também vi acontecer, de um profissional de finanças assumir a área de recursos humanos.

Cada indivíduo, com sua trajetória, história e experiência é um ser único, portanto carrega dentro de si uma série de conhecimentos adquiridos ao longo da vida pessoal e profissional, formando um conjunto de competências individuais únicas e específicas. Quando esses indivíduos e suas competências se juntam com outros indivíduos, que consequentemente possuem outros tipos de competências, formam uma organização com um sistema de conhecimentos e experiências que também são únicos. Por esse motivo, quanto maior for a diversidade de um time, maior será a junção de competências e experiências, o que é uma grande vantagem competitiva.

Ter competência para a realização de uma tarefa significa ter conhecimentos, habilidades e atitudes compatíveis com o desempenho dela e ser capaz de colocar esse potencial em prática sempre que for necessário. As competências comportamentais são as atitudes e os comportamentos que uma pessoa possui. Já as competências técnicas são os conhecimentos e as habilidades que uma pessoa aplica em técnicas ou funções específicas.

Paul C. Green (2000), um dos maiores estudiosos no assunto, defende em seu livro *Desenvolvendo competências consistentes* que há duas dimensões de competências: as competências organizacionais e as competências individuais.

- **Competências organizacionais.** O autor também as chama de competências essenciais. Elas são um conjunto único de conhecimento técnico e habilidade e possuem ferramentas que causam impacto em produtos e serviços múltiplos em organização e fornecem uma vantagem competitiva no mercado. Em outras palavras, competência essencial é um conjunto único de conhecimento técnico, que é o centro do propósito organizacional. Essa competência está presente nas múltiplas divisões da organização e nos diferentes produtos e serviços. Essas competências fornecem uma vantagem competitiva ímpar para a organização, resultando em valor percebido pelos clientes. Elas são difíceis de ser imitadas por outras empresas.

- **Competências individuais.** São descritas como hábitos de trabalho passíveis de mensuração e habilidades pessoais utilizadas por uma pessoa para alcançar os objetivos de trabalho da organização. Por exemplo, ideias relacionadas a liderança, criatividade ou habilidades de apresentação podem ser expandidas para definições de competência individual.

Podem até existir diferentes definições e visões do que é competência, no entanto, apesar de algumas definições parecerem diferentes umas das outras, se olharmos o cerne da questão, iremos concluir que todas possuem pontos em comum. Esses pontos se resumem à existência de competências individuais e competências organizacionais, sempre girando ao redor de conhecimentos, habilidades e atitudes. As competências individuais somadas em uma organização, se diversificadas e usadas corretamente, podem ser um grande fator crítico de sucesso, gerando valor para a organização e crescimento para os colaboradores.

A assimilação da competência é um dos pontos que ainda vale a pena abordarmos rapidamente acerca desse assunto. Não há forma de aprendermos uma competência sem colocá-la em prática. Podemos ter conhecimento do que deve ser feito, ter habilidade de como fazer e ainda a atitude de querer fazer, mas somente a ação gera resultado. Para isso, deve-se colocar a competência em prática. A assimilação de qualquer aprendizado requer prática. No Capítulo 7 abordaremos o tema criatividade, que é uma das competências mais procuradas no LinkedIn em 2019. No entanto, para adquirir as competências de inovação e criatividade é preciso prática, sendo que praticar inovação significa correr riscos, experimentar e errar para acertar. Veremos isso mais adiante.

Agora que sabemos o que é competência, como podemos desenvolver uma competência no cenário atual?

TIPOS DE COMPETÊNCIA

Sabemos que competência é um conjunto de conhecimentos, habilidades e atitudes que se expressa de forma individual e singular, sendo única de cada colaborador, mas como podemos aprender uma nova competência? Quais são os tipos de competências que um profissional precisa ter para ser considerado competente em sua atividade?

Existem vários autores que discutem esse tema, mas na prática e no dia a dia do trabalho de um líder existem algumas competências que são imprescindíveis:

- **Competências técnicas.** Estão relacionadas à execução de uma determinada atividade e são possivelmente adquiridas em formação acadêmica ou até mesmo na experiência prática. Podemos dividir esse tipo de competência em três:
  » **Competência básica.** É o conhecimento do princípio técnico, embora não aprofundado, no assunto. Consiste apenas no conhecimento, e não na habilidade. Tomemos um diretor financeiro como exemplo. Ele deve ter conhecimentos básicos de tributos, mas, se não estudar a fundo o assunto de impostos, é muito difícil que adquira conhecimentos aprofundados, devido à complexidade do tema.
  » **Competência específica.** É a capacidade técnica mais específica e aprofundada, com mais *expertise* no assunto, sempre fundamentada em técnica. Trata-se do domínio completo do assunto de forma mais específica; da posse de conhecimentos e habilidades necessárias para a atividade. Ainda dentro do exemplo de finanças, trata-se de um profissional de impostos que dependendo do porte da empresa pode ser um gerente tributário ou até mesmo um diretor de impostos. Esse tema é extremamente complexo e exige uma especificidade tão grande que em algumas empresas há profissionais para impostos

diretos (incidentes sobre a renda e pagos diretamente para o governo, como imposto de renda e contribuição social) e para impostos indiretos (incidentes sobre o produto e pagos para o governo de forma indireta, como PIS, Cofins e ICMS).

» **Competência geral.** Nem todas as funções precisam de uma competência técnica muito aprofundada, e às vezes é necessária apenas uma competência geral. Esse caso geralmente ocorre em atividades mais recorrentes e repetitivas, como departamento de contas a pagar, por exemplo.

- **Competências intelectuais.** Competências relacionadas a aptidões mentais e capacidade de pensamento e raciocínio lógico, habilidade de assimilar informação, processar e agir rapidamente. São de extrema importância para o líder, pois em reuniões muitas vezes precisamos de respostas rápidas e de soluções para assuntos que podem não ter sido abordados previamente e são discutidos na hora.
- **Competências cognitivas.** Consistem na junção da capacidade intelectual com o domínio do conhecimento. Trata-se da aplicação do conhecimento com a utilização e a capacidade de pensamento; fazer as atividades com eficiência.
- **Competências relacionais, sociais e políticas.** Consistem na nossa capacidade humana de nos relacionar e interagir com o próximo. Esse tipo de competência é mais presente em alguns perfis de profissionais que em outros, ou até em alguns seres humanos que em outros. Pessoas extrovertidas costumam ter essa competência mais desenvolvida e pessoas introvertidas, menos desenvolvida. Nas minhas experiências no mundo corporativo, pude perceber que profissionais de marketing e comercial eram sempre mais relacionais e extrovertidos que profissionais de TI ou mesmo de finanças. Isso é uma competência que vai de pessoa para pessoa, mas algumas vezes a escolha profissional está relacionada com a preferência e a competência individual. Junto a essa

competência, como complemento, há também a capacidade de participar de acontecimentos sociais e interagir com a sociedade que circunda o indivíduo, além da capacidade de diplomacia, compaixão e entendimento de pontos de vista diferentes.

- **Competências didático-pedagógicas.** Estão relacionadas com a capacidade de repassar ensinamentos e ensinar ao próximo. Essa competência é muito importante para as empresas, pois colaboradores que a possuem podem ser multiplicadores da cultura da empresa. Algumas profissões deveriam possuir essa competência mais desenvolvida, como professores e treinadores, mas os líderes também devem desenvolvê-la, pois diariamente aprendem novidades com seus colaboradores, além de serem os grandes responsáveis por repassar a cultura da empresa. São competências voltadas, no sentido amplo, para a educação e o ensino.
- **Competências metodológicas.** Estão relacionadas com a aplicação de técnicas e formas de organização de trabalhos e atividades. Esse tipo de competência deve ser desenvolvido em profissionais responsáveis por implementação de projetos, como gerentes de projetos ou profissionais de tecnologia. Também pode ser uma exigência para profissionais que trabalham em departamentos de controle interno e produção. Para todos os processos dentro de uma empresa, há algum método que pode ser utilizado para alcançar o resultado. Há métodos até mesmo para criação e inovação. Iremos aprofundar este assunto no Capítulo 7. Com a metodologia correta, o líder pode extrair o melhor de sua equipe por meio da aplicação de técnicas para cada fase de determinado processo. A metodologia cria rotinas, etapas e incentiva a solução de problemas, o alcance de metas ou o aproveitamento de uma oportunidade. A metodologia organiza as soluções e pavimenta o caminho para se alcançar o que se deseja.
- **Competências de liderança.** Como já visto em capítulos anteriores, a competência de liderança é a capacidade de influenciar

e conduzir pessoas para que elas lutem para alcançar objetivos compartilhados, por meio de influência, exemplo e deixando legado. Também falamos da frase do Colin Powell, que descreve liderança como "a arte de alcançar mais resultados do que a ciência e a administração dizem ser possível". Lembrando que a liderança está presente em todos os âmbitos de nossa vida, seja no pessoal, profissional ou social.

- **Competências de gestão, profissionais, empresariais e organizacionais.** Essas competências estão relacionadas à capacidade organizacional metodológica e social relacionada à gestão. Nos capítulos anteriores, comentamos que gestão é diferente de liderança. Gestão está relacionada ao gerenciamento de recursos ligados a organizações, e não a pessoas. Essa competência engloba a capacidade de responder a situações novas e imprevistos. Conforme vimos na introdução do livro, em um mundo de extrema mudança, a necessidade de adaptação a novas situações é crucial para o sucesso de uma organização, departamento, empresa, líder e colaborador. Essa competência é a junção de conhecimentos, habilidades e atitudes profissionais necessárias para o desempenho de atividades ou funções relacionadas à ocupação, levando em consideração padrões de qualidade, produtividade, eficiência e eficácia de cada tipo de trabalho. Para o profissional ter essa competência, ele deve desenvolver:
  » **Conhecimento.** Ter informação, novas ideias e experiências com determinada atividade ou função.
  » **Habilidade.** Colocar o conhecimento em ação e aplicá-lo no seu dia a dia.
  » **Atitude.** Querer que as coisas aconteçam; ter vontade e ser automotivado.
- **Competências criativas.** Por último e entre as mais importantes de todas estão as competências criativas. Como vimos, o mundo é dinâmico e muda a cada segundo. O valor das empresas e

dos profissionais está em gerar inovação, pois quem não inovar, não sobreviverá. Devido ao fato de o mundo estar em constante mudança, a competência criativa deve estar presente em todos os líderes e profissionais. As mudanças só ocorrem porque há pessoas liderando essas mudanças. Só existe um mundo 4.0 porque existe um líder que está à frente dele, e este líder é o líder 4.1, o protagonista das mudanças. Para ser assim, é preciso desenvolver as competências de liderança, sendo que a criatividade é uma das mais importantes. Um líder deve buscar inovação constantemente, sabendo que a única certeza é de que tudo mudará e as pessoas serão responsáveis pelas mudanças. Essa competência, conforme já dissemos, foi a mais procurada no LinkedIn em 2019, e por isso temos um capítulo inteiro para falar dela.

Além das competências mencionadas, existem outras duas extremamente modernas e de suprema importância para a carreira e a vida pessoal no mundo atual. São elas:

- **Competências de senso de identidade.** Abrangem a capacidade que temos de responder à pergunta: quem você é? Sabemos que autoconhecimento é primordial para fazermos uma boa gestão, mas responder a essa pergunta é essencial para gerar motivação intrínseca, nos energizarmos e nos engajarmos na causa.
- **Competências de adaptabilidade.** São a capacidade que temos de navegar no mundo atual, que é um mundo dinâmico e complexo. Como diria Charles Darwin, "não é o mais forte que sobrevive, nem o mais inteligente, mas o que melhor se adapta às mudanças".

Desenvolver as competências é o caminho para vencer todos os desafios do mundo atual, denominado mundo VUCA, e buscar sempre o desenvolvimento contínuo, adequando-se aos novos paradigmas e às mudanças que são inevitáveis. Nos dias de hoje, os indivíduos são obrigados a buscar as competências que no passado possivelmente não eram tão necessárias. Atualmente, é inadmissível um diretor financeiro ou CFO (*chief executive officer*) não ter criatividade para ser parceiro de negócios da área comercial ou de marketing, apoiando assim a geração de negócios para a empresa. Possivelmente, o departamento comercial e de marketing deveriam estar cem por cento focados em gerar vendas, mas hoje devem estar preocupados em gerar vendas com margem de lucro, receber as faturas dos clientes e ainda entregar o propósito de valor da empresa, satisfazendo as necessidades dos clientes. O mundo mudou, as exigências mudaram e as competências necessárias para executar bem uma determinada atividade mudaram, mudam e mudarão em uma velocidade exponencial. Portanto, estar ciente de que devemos buscar melhoria contínua sempre é uma das competências que devemos adicionar em nossa lista.

DESENVOLVIMENTO DE COMPETÊNCIAS

Sabemos que devemos aprender sempre e a cada dia desenvolver novas competências. Isso é um fator de sucesso do líder 4.1 e essencial para nos adaptarmos às mudanças do mundo moderno. O modelo mais utilizado no mundo para o desenvolvimento de uma competência sugere 4 fases que veremos a seguir. Este modelo foi atribuído a Abraham Maslow, o que é uma informação não confirmada por especialistas e estudiosos da área, pois estas definições não estão em seus principais trabalhos. Isso não tira o mérito do modelo e tampouco a sua credibilidade no sentido de analisarmos com profundidade a forma de desenvolver uma competência. Segundo o modelo propõe, existem 4 etapas para o desenvolvimento de uma competência, que serão abordadas a seguir.

Primeira etapa: incompetência inconsciente

Nessa etapa o indivíduo não possui determinadas competências e não necessariamente reconhece o déficit em não possuí-las. Nesse caso, a pessoa pode até negar que não conhece certa competência. É um caso típico de *feedbacks* sinceros que recebemos pautados em exemplos e que negamos, muitas vezes, por desconhecermos que não temos tal habilidade. Em minha carreira, muitas vezes neguei *feedbacks* por desconhecer minha falta de habilidade, sendo que, posteriormente, com mais maturidade, pude perceber que, se eu tivesse escutado mais os *feedbacks* recebidos, teria economizado energia. Em muitos casos, os caminhos poderiam ter sido menos tortuosos. Mas por que isso acontece? Isso ocorre em razão de um enorme abismo existente entre o que somos e o que realmente temos consciência do que somos. Há um grande acúmulo de coisas que nem sequer temos consciência de que não sabemos.

Podemos analisar o dia a dia de uma empresa ou de um indivíduo. Com frequência temos um problema sobre o qual nos debruçamos que muitas vezes é irreal, chegando a soluções baseadas em um problema que não é real. Vou dar um exemplo. Em um passado não muito distante, a Disney estava com problemas do tempo gasto na fila pelos usuários dos parques para irem a uma determinada atração ou brinquedo. Muitas vezes, as filas dos parques da Disney chegam a 90 ou até 120 minutos. Por conta disso, a empresa passou a receber diversas reclamações do tempo gasto com filas. O problema foi discutido, e concluíram que não era o tempo de fila que incomodava, mas sim a percepção do desperdício de tempo das pessoas que estavam na fila. Os estudiosos da Disney perceberam que, se reduzissem a percepção das pessoas na fila, consequentemente iriam reduzir as reclamações e as insatisfações com o tempo gasto para irem a determinada atração. Assim, o que a Disney fez foi iniciar a atração na própria fila através de entretenimento. Hoje em dia, quando vamos a um parque da Disney, as atrações começam a ficar interessantes já na fila, onde se inicia a interação. Se a Disney investisse tempo no problema errado e não se aprofundasse no tema para saber exatamente o que ela desconhecia, ou seja, a percepção das pessoas que gerava insatisfação nas filas, ela jamais teria solucionado o problema, visto que para resolvê-lo fisicamente teria que limitar a entrada de pessoas no parque, distribuir senha para determinada atração ou duplicar a atração – o que em todos os casos geraria outro tipo de insatisfação, além de possível prejuízo financeiro.

A proporção do que não temos consciência é muito superior ao que sabemos (incluindo o que temos consciência que sabemos e o que não sabemos) e está ilustrada na Figura 2.

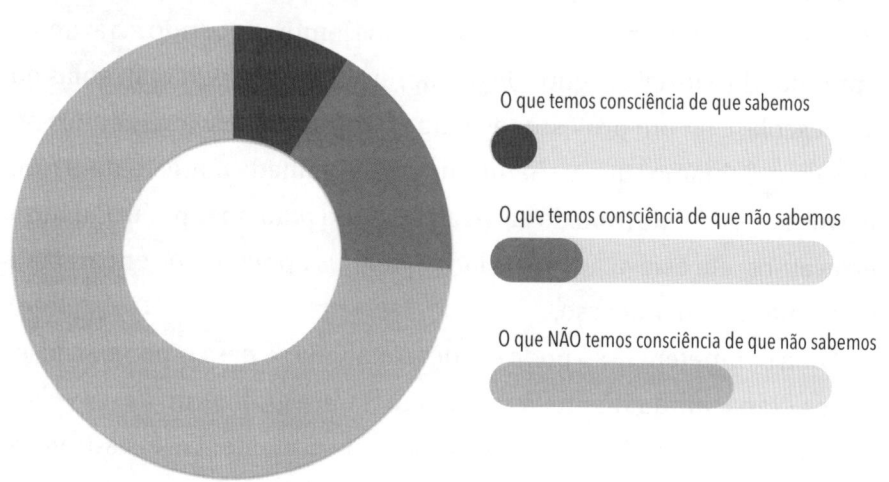

Figura 2 – Parcela de informações que sabemos e que não sabemos.

O que temos consciência de que sabemos

O que temos consciência de que não sabemos

O que NÃO temos consciência de que não sabemos

Como não há consciência do que não sabemos, o que acontece é que muitas vezes se gera uma intuição errada e, consequentemente, erros na tomada de decisão e na descrição do problema. Isso resulta em baixo índice de soluções de problemas dentro das organizações e alto custo com consultores.

Para passar à próxima etapa, o indivíduo deve reconhecer a sua incompetência em determinado assunto e principalmente entender o valor de aprender algo novo. O tempo que cada pessoa permanece na primeira etapa depende do estímulo que receberá para seguir adiante.

Segunda etapa: incompetência consciente

Nessa etapa o indivíduo ou a empresa não possui determinada competência e tem ciência disso. Sabe que não possui determinada competência e que precisa desenvolvê-la. Sabe que não sabe. O indivíduo deverá dedicar um tempo para adquirir a competência, mas é uma fase que demanda suporte e atenção. Aqui se inicia a prática do aprendizado dessa nova competência, e é suscetível a erros e falhas, pois ainda é um processo inicial de desenvolvimento. Esses erros, se não forem aceitos, poderão gerar dificuldades para desenvolver a competência desejada. Como exemplo, podemos lembrar quando estávamos aprendendo a dirigir. Alguns de nós aprendemos a dirigir com aulas na autoescola, e ter um professor ao lado nos proporcionava segurança no processo. Sabíamos que tínhamos uma determinada margem de erro, e ele tinha o pedal de freio do carro ao seu lado para nos apoiar. Quando errávamos, ele estava ao nosso lado para nos apoiar e nos encorajar a continuarmos o processo.

Uma competência só pode ser desenvolvida se passar por essa fase. Nessa etapa, ainda não há a competência integralmente desenvolvida, mas há a consciência da necessidade de aprender certo assunto, a motivação em aprender e o início do desenvolvimento. É preciso aceitar que o erro é um grande aliado da evolução. Para superar qualquer desafio, o erro sempre estará presente e deve ser visto como aliado. Nessa etapa, como já temos consciência da ausência da competência, já temos a capacidade de evoluir da intuição para a razão, mas não temos conhecimentos suficientes para fazer as análises corretas. Isso gera, muitas vezes, análises errôneas. O avanço para a próxima etapa depende do apoio e do encorajamento para continuar, em casos de erros e falhas. Não é fácil aprender uma nova competência, e é preciso apoio e resiliência.

Terceira etapa: competência consciente

Essa etapa surge quando os desafios da etapa anterior são superados. Nela, o indivíduo ou a empresa já possui determinada competência, porém ainda precisa de atenção para executá-la. Tomando o mesmo exemplo do nosso processo de aprendizado de direção, aqui já estamos dirigindo com menos erros e mais segurança, mas ainda precisamos pensar para trocar a marcha e precisamos estar conscientes para essa ação. Ainda não a realizamos de forma automática, mas já é uma fase motivadora, pois os primeiros resultados começam a aparecer. Nessa fase, como estamos com um alto nível de consciência, usamos mais a razão e as análises começam a ter mais assertividade.

Quarta etapa: competência inconsciente

Nessa etapa, os conhecimentos foram incorporados e já exercitamos tanto a nova competência que temos a sensação de que nascemos com ela. Sua aplicação se torna automática, e já a exercemos com maestria. É como dirigir para um motorista experiente. Quem sabe dirigir já faz isso de forma automática, a tal ponto que não precisa mais pensar no que está fazendo. Age por intuição, e na maioria dos casos a intuição está correta. Este é o último processo do aprendizado e o mais perigoso deles, pois é muito fácil permanecermos nessa etapa e não continuarmos com a melhoria contínua, que é o que possibilita o desenvolvimento de novas competências e novos conhecimentos, além de reforçar ainda mais o que já se conhece.

Na Figura 3, podemos ver a escala das etapas de desenvolvimento de competências.

Figura 3 – A pirâmide do desenvolvimento de competências.

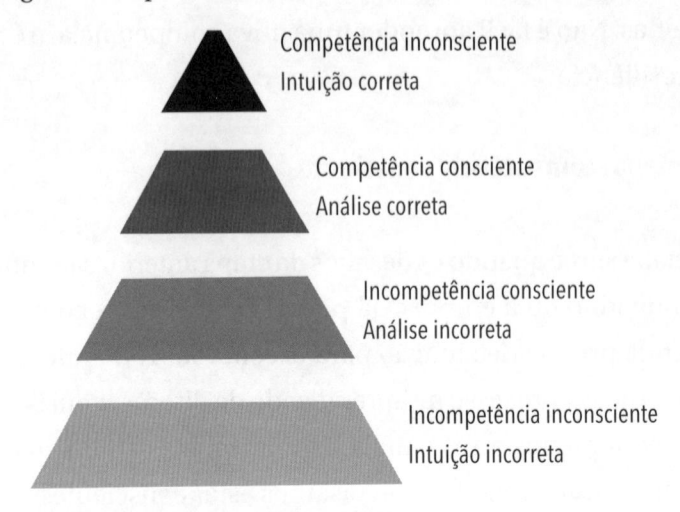

Competência inconsciente
Intuição correta

Competência consciente
Análise correta

Incompetência consciente
Análise incorreta

Incompetência inconsciente
Intuição incorreta

A quarta e última etapa do desenvolvimento de competências nos passa uma ideia de que chegamos ao topo de conhecimento. Mas neste momento vale voltar à Figura 2 e lembrar que há uma imensidão de coisas que nem sequer sabemos que não sabemos. Certamente, quando alcançarmos o topo do conhecimento de uma determinada competência, ainda teremos muito que aprender; fora que a competência aprendida já pode estar obsoleta e será necessária uma reciclagem. É como aprender a dirigir em carro manual e dirigir um carro automático pela primeira vez. Esse é um dos motivos da importância da melhoria contínua. Nunca devemos parar de aprender.

A IMPORTÂNCIA DA MELHORIA CONTÍNUA

Como vimos, a última etapa do processo de desenvolvimento de uma competência é justamente o de competência inconsciente. No exemplo dado, que é de aprender a dirigir, essa etapa é quando começamos a dirigir o automóvel de forma automática. Se pensarmos no exemplo de direção, quando começamos a aprender a dirigir, precisamos de alguém do nosso lado para nos orientar e nos passar segurança, que é a etapa de incompetência consciente. Após passarmos dessa etapa, começamos a dirigir sozinhos, porém ainda entramos no carro, acertamos o banco, ajustamos os retrovisores e prestamos muita atenção ao processo; afinal, ainda não temos prática. Essa etapa é a competência consciente. Após anos de prática, começamos a fazer deste um processo automático e atingimos a etapa de competência inconsciente. Fazemos tão bem que começamos a ser displicentes. Nesta fase, achamos que dirigimos tão bem que já ousamos falar ao celular, retocar a maquiagem ou até escrever uma mensagem de texto enquanto dirigimos. Eu já presenciei uma pessoa dirigindo e lendo um livro. Nessa fase não precisamos mais prestar atenção na atividade, pois já temos competência e prática para fazê-la de forma automática. Porém, é exatamente nessa fase que mora o perigo.

Em uma época da minha adolescência, comecei a saltar de paraquedas. No começo, o medo era grande e a atenção que eu dava para o processo de abertura do paraquedas era imensa. Com o tempo, eu já tinha uma determinada prática e a atenção foi começando a se reduzir, até que houve um acidente no campo em que eu saltava. O paraquedista, com mais de mil saltos de experiência, abriu o paraquedas em uma altitude muito baixa. O paraquedas falhou e ele teve que abrir o reserva, porém estava muito baixo e não deu tempo de o paraquedas reserva abrir totalmente. Ele acabou sofrendo algumas fraturas, mas felizmente sobreviveu ao acidente. Nas conversas e nos treinamentos seguintes, repetia-se continuamente a frase: "Somente profissional morre por acidente de paraquedas". O que acontece é que nessa fase temos uma sensação de que já sabemos tudo e não há mais nada para aprender. Esquecemos o esforço que tivemos que despender para aprendermos uma nova competência e chegarmos até essa fase. Esquecemos que o que hoje é fácil, um dia foi difícil. Isso gera acomodação; e é aí que mora o grande perigo da fase de competência inconsciente.

Isso acontece com a liderança também. Quando os líderes acham que sabem tudo e começam a ficar displicentes com os assuntos que devem tratar diariamente com responsabilidade, esquecem que vivem em um mundo de constante mudança e que ficam a cada dia obsoletos em alguma competência. O que conhecemos hoje fatalmente não será suficiente para solucionarmos os problemas de amanhã. Logo, tudo muda e os nossos conhecimentos ficam obsoletos. Por isso, devemos praticar e criar o hábito de melhorar nossas competências continuamente, inovando e aprendendo sempre.

Se não tivermos a consciência de melhorarmos continuamente, criamos uma quinta etapa no processo de desenvolvimento de competência, que podemos chamar de incompetência habilidosa. Trata-se da etapa em que passamos a usar uma competência que dominamos, como no exemplo citado de dirigir, para produzir um resultado indesejado, como um acidente causado pelo uso do celular. Isso é mais comum do que imaginamos. É comum com líderes que estão na empresa há muitos anos e não procuram reciclar seus conhecimentos ou mesmo aprender coisas novas.

COMO PREVENIR A INCOMPETÊNCIA HABILIDOSA E TER O PENSAMENTO FOCADO EM CRESCIMENTO?

Vou começar este trecho do capítulo contando duas histórias. No Império Romano, quando um militar de alta patente vencia uma guerra ou uma batalha e conquistava um território, ele tinha um momento de glória no coliseu. Era convidado a ser vangloriado e aplaudido pelos cidadãos romanos, que lotavam a arena e o aplaudiam de pé. Imagine a sensação de entrar no coliseu romano, em uma biga de guerra e ser aplaudido de pé pelos cidadãos, sendo visto com orgulho por seu povo e seus governantes. Não deveria ser uma sensação comum, mas sim um momento de muito orgulho. Porém, a cada meia-volta que a biga dava no coliseu, ela parava e um cidadão comum de patente mais baixa ia até a biga e cochichava algo no ouvido do vangloriado. A volta continuava e após meia-volta a biga parava de novo, repetindo o procedimento, e assim ocorria ao longo de todo o evento. O que era cochichado no ouvido do aplaudido eram frases como "lembre-se de que você é apenas um ser humano falível ao erro e para repetir este sucesso terá que evoluir", "lembre-se de que os seus inimigos estão evoluindo e você deve aprender novas habilidades", "lembre-se de que você é frágil como qualquer outro ser humano", e assim por diante. Eram frases que lembravam que ele estava em um momento de sucesso, mas esse momento passaria e o militar deveria continuar evoluindo e lembrando de sua fragilidade como ser humano para continuar vencendo suas batalhas.

A segunda história, a qual não lembro exatamente de quem escutei, é sobre um filho que estava passando por dificuldades e foi pedir ajuda ao pai. O pai escreveu um bilhete e pediu para o filho guardá-lo para quando a dificuldade passasse e o abrisse somente quando estivesse em um momento de sucesso. Sendo assim, o filho atendeu ao pedido do pai e guardou o bilhete para quando estivesse em tempos de glória. Passaram-se os anos e finalmente aquele momento de dificuldade do filho ficou para trás, até que ele entrou em uma circunstância da vida de muito sucesso, com todos os seus objetivos alcançados. Nesse instante, lembrou-se do bilhete do pai e resolveu abri-lo. Quando abriu, leu a seguinte frase escrita pelo pai: "Aproveite este momento, pois ele também passará".

Estas histórias nos ensinam que os momentos sempre passarão em nossas vidas e que, para permanecermos em um momento de sucesso, devemos em primeiro lugar refletir sobre o sucesso.

1. **Reflita sobre o sucesso.** O que o fez chegar aonde chegou? Explique os caminhos que o fizeram ter sucesso. Se necessário, anote. Entenda o que foi feito para alcançar o objetivo e lembre-se do esforço que lhe permitiu chegar. Saiba que é possível reproduzir o sucesso ou até mesmo aumentar os resultados que já foram obtidos.

E como fazemos para nos manter na zona de sucesso? Para não cairmos na armadilha da competência inconsciente e não migrarmos para a zona de incompetência habilidosa, devemos desenvolver a sustentabilidade do sucesso.

2. **Busque a sustentabilidade.** Para desenvolver a sustentabilidade quando se está na zona de sucesso, é preciso renovar os conhecimentos continuamente. O mundo está mudando e as necessidades de novas habilidades também, portanto não se acomode e aprenda coisas novas. Motive-se e se energize para aprender coisas novas o tempo todo. Isso deve ser uma meta profissional e pessoal de todos os colaboradores e líderes.

Essas duas dicas ajudarão no desenvolvimento e na manutenção do sucesso, mas como podemos aprender sempre? Aprendizado contínuo requer uma constante expansão de competência e habilidades, portanto, para que isso ocorra, devemos mudar a nossa mentalidade, de uma concepção de que tudo é estável, ou seja, fixo, para uma mentalidade de que tudo é instável e está em evolução, ou seja, *mindset* de crescimento.

No livro *Mindset: a nova psicologia do sucesso*, Carol Dweck destaca que os indivíduos com *mindset* de crescimento atingem níveis ainda mais altos de sucesso. Com base nessa obra, podemos ver na Tabela 5 como cada perfil de indivíduo enxerga os aspectos relacionados ao sucesso. Segundo o estudo apresentado no livro, os indivíduos que possuem pensamento de crescimento conseguem chegar no nível de sucesso e se manter lá de forma sustentável, pois sabem que precisam melhorar continuamente.

Tabela 5 – Comparativo: *mindset* fixo *versus mindset* de crescimento.

Aspectos do sucesso	*Mindset* fixo	*Mindset* de crescimento
Desafio	Evita desafios e prefere acomodação	Busca desafios
Obstáculo	Fica na zona de conforto ou desiste facilmente	É resiliente e persiste quando encontra dificuldade
Esforço	Enxerga o esforço como algo inútil ou pior que a situação atual	Enxerga o valor do esforço como o único caminho para o sucesso e a alta performance
Crítica	Não gosta de crítica e geralmente ignora o *feedback* negativo	Aceita as críticas, explora com profundidade como pode aprender com elas
Sucesso dos outros	Sente-se ameaçado pelo sucesso dos outros	Aprende com o sucesso dos outros e encontra líderes inspiradores
Resultado	Tende a se acomodar e não usar todo o seu potencial e sua capacidade	Os níveis de resultados alcançados são altos e permanecem na zona de sucesso

Fonte: DWECK, 2017.

Para mudarmos o nosso tipo de pensamento de fixo para evolutivo, devemos levar em consideração que todos os eventos da vida são passageiros e sempre podemos aprender com eles. Quase todos os eventos por que passamos na vida, se não todos, são temporais, ao invés de atemporais, como pensamos na maioria das vezes. Em momentos em que a fase não é não muito boa, achamos que ela jamais passará; e, quando estamos em uma fase de sucesso e felicidade, tendemos a achar que esse momento também não passará. Isso é uma inverdade, pois o mundo está em constante mudança, inclusive nós mesmos. Nossos eventos nos acompanham e às mudanças do mundo.

O segundo aspecto que devemos levar em consideração é o impacto que os eventos causam em nossa vida. Geralmente, achamos que os eventos causam mais impacto em nossa vida do que realmente o fazem. Pense em uma situação na qual ficou extremamente triste por algum evento, como perder o emprego ou bater o carro. Em uma escala de 1 a 10, quanto esse evento significou para você na ocasião? E hoje, em uma mesma escala de 1 a 10, quanto esse evento significa? Na maioria dos casos, damos nota 9 ou 10 no momento em que estamos passando por algo ruim, pensando que a nossa vida jamais será a mesma. Quando tudo passa, a nota tende a ir para 2 ou 3, pois a vida volta ao normal e aquele evento, que um dia foi altamente impactante e parecia uma catástrofe na época, geralmente não significa muito em uma nova etapa da vida. Isso significa que os eventos impactam a nossa vida de forma pontual, e não global. Claro que não me refiro à perda de entes queridos; mas, ainda assim, há pessoas que se recuperam em uma velocidade diferente das outras.

Há uma coisa que não muda e jamais mudará! Você saberia me dizer qual é?

Sabemos que os eventos em nossa vida são temporais ao invés de atemporais e que os impactos são pontuais ao invés de globais, mas uma coisa jamais mudará. Há algo que é atemporal, global e muito importante – e é o tópico seguinte.

Os aprendizados que os eventos nos proporcionaram

Os aprendizados, levaremos conosco sempre e serão pilares sobre os quais nos debruçaremos para enfrentar novos eventos ao longo da vida. Geralmente, não é apenas um aprendizado, mas, se refletirmos sobre o evento, podemos encontrar alguns aprendizados, como aumento de resiliência, paciência e coragem ou melhoria de uma determinada competência, melhor utilização da rede de relacionamentos e evolução nas habilidades de comunicação, por exemplo.

Há sempre aprendizados em qualquer evento, e uma mente focada em evolução busca constantemente encontrar o lado positivo dos eventos. Nem sempre é fácil, mas, com o treino e a consciência do bem que esse hábito pode gerar, conseguimos alcançar este feito.

Um indivíduo que atua na zona de sucesso e tem como intenção permanecer nessa zona busca sempre situações que o desafiam, sendo otimista, engajado, confiante em si e nos outros, estimulado, motivado, empolgado, entre outras características, o que o leva a ficar na zona de sucesso com sustentabilidade.

CARACTERÍSTICAS DE UM INDIVÍDUO DE ALTA PERFORMANCE

Sabemos que o pensamento de crescimento e evolução é uma forma de nos mantermos em uma zona de sucesso, mas quais são as características necessárias a um indivíduo para se manter nessa zona? O que nos faz ser normais ou excepcionais? Por que algumas pessoas atingem sucesso, seja qual for a sua definição de sucesso, e por que outras não conseguem?

A maioria das pessoas atinge o pico da performance na vida e chega à zona de competência inconsciente, porém não se dá conta de que precisa continuar seu desenvolvimento, e então inicia o período de declínio. É muito comum cruzarmos com líderes que um dia estiveram em posições de destaque, mas no final da carreira possuem posições que não são mais de destaque ou muitas vezes os colocam à espera da aposentadoria.

A Figura 4A demonstra o que acontece com a performance de muitos indivíduos que alcançam a zona de sucesso e se acomodam, mas na Figura 4B pode ser vista a diferença de um indivíduo que busca melhoria contínua e está em constante evolução. Ele alcança a zona de sucesso e nela se mantém de maneira sustentável e contínua. Os indivíduos que buscam melhoria contínua permanecem sempre acima da linha média de performance.

Figura 4 — Comparativo de pessoas comuns e pessoas de alta performance.

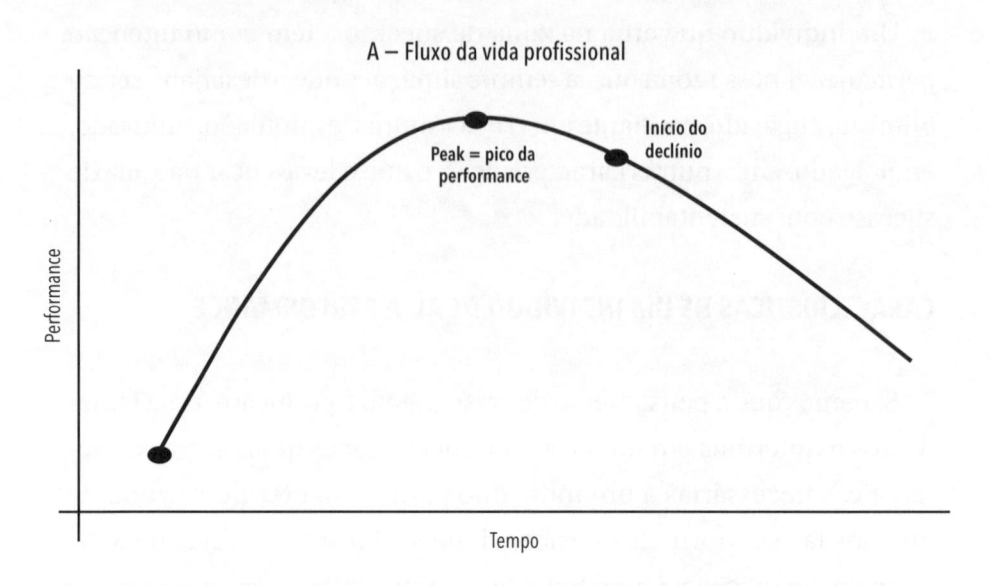

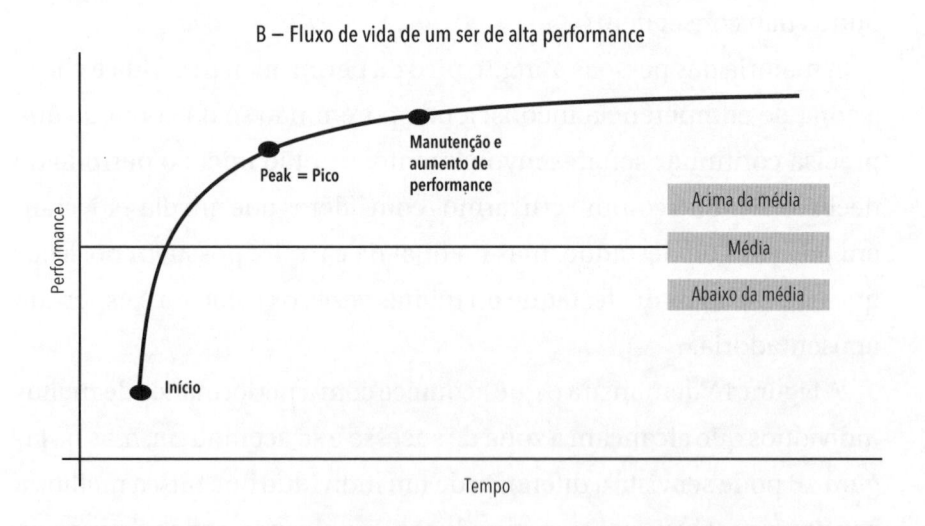

A — Fluxo da vida profissional

Peak = pico da performance

Início do declínio

Performance

Tempo

B — Fluxo de vida de um ser de alta performance

Peak = Pico

Manutenção e aumento de performance

Acima da média

Média

Abaixo da média

Início

Performance

Tempo

No fim, o que é necessário para um indivíduo alcançar e se manter em uma zona de performance?

- **Visão motivadora e engajadora.** Uma visão de futuro, uma missão bem definida e uma direção transparente são cruciais para estimular e alcançar o pico da performance, pois ela atua com uma imagem do futuro desejado. Essa visão deve sempre ser revisitada para que um novo futuro seja criado o tempo todo, motivando assim a busca da melhoria contínua.

- **Ações pensadas que gerem resultado**. Pessoas que alcançam um alto nível de performance não desperdiçam tempo. Todas as ações são pensadas de forma a levar para mais perto do objetivo almejado. Cada ação produz resultado efetivo. Se olhar suas ações diárias, quantas levam você para mais perto do objetivo que almeja?
- *Roadmap* **(mapa) para alcance dos objetivos**. As pessoas que atingem níveis elevados de performance possuem um bom planejamento estratégico, que contém todas as ações necessárias para o alcance dos objetivos. Para finalizar o mapa, é importante pensar nos diferentes caminhos para alcançar um objetivo e escolher o que leva menos tempo com menos consumo de recurso.
- **Conexões e rede de relacionamentos**. As pessoas que estão acima da linha média de performance estabelecem conexões genuínas em todas as áreas da vida. Elas têm consciência de que ninguém chega ao sucesso sozinho. Ao desenvolver relacionamentos saudáveis e consistentes no nível pessoal, familiar e profissional, se cria um ambiente positivo do qual se extrai apoio e concede suporte à quem precisa.
- **Autogestão**. Os indivíduos com nível elevado de performance têm uma grande capacidade de autogestão, automotivação e autoengajamento. Ter autoliderança e autogestão é administrar suas fontes e origens de recursos, bem como suas emoções e comportamentos. Esses indivíduos têm uma grande capacidade de superação, de ir além dos limites autoimpostos e de buscar melhoria contínua. Não se trata de ser melhor do que os outros, mas sim superar as próprias expectativas. A comparação é com

sua própria performance. Esse indivíduo busca ser hoje melhor do que foi ontem, e amanhã melhor do que foi hoje.

MATRIZ DO DESENVOLVIMENTO

Gostaria de fechar este capítulo com um último tema que está relacionado ao tipo de competência que devemos desenvolver e às atividades que nos motivam. Durante o dia, temos diversas atividades. Dentre elas, aquelas que gostamos de fazer e sabemos fazer por termos competência, e também aquelas que não gostamos de fazer. Muitas vezes, as atividades que não gostamos de fazer esgotam nossa energia quando temos que executá-las. Nem todas as atividades são prazerosas, mas é importante descobrirmos quais são as que nos energizam. Também é importante saber para a execução de quais atividades mais necessitamos de dedicação e energia extra. Podemos classificar as nossas atividades, de forma geral, em 4 diferentes tipos:

1. **Atividades que executa bem e gosta.** Temos atividades que gostamos de fazer e sabemos fazer bem. Elas possivelmente serão suas forças e suas motivações, ainda mais se as atividades forem de alto impacto. Como são engajadoras e motivadoras, devemos evitar delegá-las. Veremos as atividades de impacto no capítulo de gerenciamento de tempo.
2. **Atividades que não executa bem e gosta.** A seguir vêm as atividades que gostamos de fazer, porém ainda não as dominamos. Possivelmente, estaremos na fase de incompetência consciente ou competência consciente. Essas atividades são aquelas que podem e devem ser desenvolvidas no futuro e contribuirão para a motivação, a evolução e o desenvolvimento, além de gerarem engajamento. Neste caso, o colaborador e o líder precisam alinhar o tempo disponível para desenvolver tal competência.

3. **Atividades que executa bem e não gosta.** Essas atividades provavelmente fizeram parte do processo de decisão em sua contratação por ter competências para executá-las. Você também foi contratado para executá-las, porém elas podem ser a causa de sua desmotivação. Como você tem competência para exercê-las, elas podem gerar resultados rápidos, porém, em longo prazo, procure delegá-las para não gerar desmotivação, ensinando alguém a executá-las.
4. **Atividades que não executa bem e não gosta.** Essas são atividades que dificilmente serão motivadoras. Buscar desenvolver competências para executá-las consumirá muita energia. Elas devem ser delegadas, e possivelmente você não foi contratado para executá-las. Claro que, se forem atividades cruciais para a realização do trabalho, devem ser reconsideradas.

No final, trata-se de analisar os tipos de atividades que fazemos ao longo do dia e as competências que temos para executá-las e buscar desenvolver competências para executar as que gostamos e para as quais ainda não estamos em um nível de performance ou excelência adequados. Essas atividades gerarão engajamento e aumentarão nosso nível de energia.

CONCLUSÃO

- Competência é a capacidade de coordenar de modo eficaz diferentes conjuntos de conhecimentos, habilidades e atitudes que levam a um desempenho superior.
- Existem 4 fases de desenvolvimento de uma competência:
  » Incompetência inconsciente – não sei que não sei.
  » Incompetência consciente – sei que não sei.
  » Competência consciente – conhece, mas ainda demanda atenção.
  » Competência inconsciente – conhece e não precisa de atenção.

- A melhoria contínua elimina a incompetência habilidosa.
- Indivíduos de alta performance conseguem explicar o sucesso e manter sua sustentabilidade por meio de melhoria contínua e pensamento de evolução e crescimento.
- O *mindset* de crescimento eleva a performance e mantém alto o nível de entrega e performance.
- Problemas, na maioria das vezes, são temporais e pontuais.
- Indivíduos de alta performance se mantêm acima da média e têm visão motivadora de futuro, possuem ações pensadas que geram resultados, têm um *roadmap* com planejamento das ações, estabelecem conexões e têm autogestão.

CAPÍTULO 7

CRIATIVIDADE, A COMPETÊNCIA MAIS REQUISITADA DO PROFISSIONAL ATUAL

Diante de um mundo de grandes mudanças, complexo e de necessidades de competências específicas para vivermos nesta era da informação, com inteligência artificial e um mundo 4.0, existe uma competência que é a mais requisitada no mundo dos negócios, e possivelmente também na vida pessoal, que é a criatividade.

Como já comentado, a criatividade é a competência mais procurada no LinkedIn e isso se deve ao avanço do mercado como um todo e a necessidade de adaptação das empresas. Com a revolução da indústria 4.0 avançando, as empresas estão, cada vez mais, demandando profissionais com um espectro de competências mais amplo. O avanço da tecnologia, como automação e criação de algoritmos, criou uma necessidade de inovação jamais vista, de modo que as empresas que não inovarem nem se adaptarem à nova realidade fatalmente deixarão de existir em um curto espaço de tempo (CHARLTON, 2019).

No século passado, o conhecimento era o principal bem, pois sem o conhecimento não se podia chegar a um nível de tecnologia e automação que temos hoje, nem mesmo ao nível de qualidade dos produtos. O mundo está mudando em uma velocidade exponencial, e a criatividade é demandada em todos os processos de nossa vida, sendo ela o bem do século atual.

Segundo a pesquisa *Barômetro da Inovação*, realizada pela GE (2016) com 2.748 CEOs em 23 países, incluindo o Brasil, a prática que os CEOs consideraram a mais importante para promover e acelerar a inovação na empresa de maneira confiável é justamente ter um processo claro e estruturado para o gerenciamento da inovação, com 49% de menções. É esse processo que tentaremos analisar neste capítulo.

São apresentadas a seguir as 3 principais práticas para promover e acelerar uma inovação radical; e, na sequência, quais foram apontadas como as mais difíceis de serem implementadas.

Segundo a pesquisa da GE, as 3 melhores práticas para promover e acelerar a inovação sustentável e confiável são:

1. Ter um processo claro e estruturado para gerenciamento da inovação.
2. Encorajar e recompensar pessoas inovadoras.
3. Criar uma cultura conectada, na qual a ideia de compartilhamento seja facilitada e todas as partes que contribuíram para algo sejam reconhecidas e recompensadas.

As 3 práticas mais difíceis de implementar são:

1. Criar uma cultura conectada, na qual a ideia de compartilhamento seja facilitada e todas as partes que contribuíram para algo sejam reconhecidas e recompensadas.
2. Desenvolver uma série de métricas para decidir quais produtos ou serviços devem ser criados ou abandonados.
3. Ter um processo claro e estruturado para gerenciamento da inovação.

Como a criatividade é a competência mais procurada no LinkedIn e é o bem do século atual, decidi dedicar um capítulo inteiro para falar do processo criativo e da inovação. Assim, vamos relembrar o Capítulo 1, no qual analisamos o cenário em que estamos inseridos.

CENÁRIO EM QUE ESTAMOS INSERIDOS

Quando estava escrevendo este capítulo, me deu vontade de tomar café. Então, fui prepará-lo em minha cafeteira automática. Tenho uma máquina moderna, de marca conhecida no mercado, que inovou as cafeteiras caseiras. Eu tive que escolher o café que queria tomar, inserir a cápsula do tipo escolhido na máquina, escolher o tamanho de café que desejava e apertar um ou outro botão. Em menos de 20 segundos a máquina esquentou, e com mais 20 segundos o meu café estava pronto. Tomei o café e fiquei pensando na quantidade de opções que eu tinha para tomar este café e na simplicidade do processo como um todo. Há alguns anos, simplesmente era impossível pensar que eu poderia ter diversas opções de café em cápsulas de forma individual e um processo de dois botões extremamente simples. As máquinas de café antigas possibilitavam fazer apenas um tipo de café. Fazer um café individual era muito trabalhoso. Tinha que colocar a água, o pó, o coador, ligar, esperar esquentar, passar o café, para só então degustá-lo. Porém, sem a qualidade que temos nos cafés caseiros atuais, em que as máquinas trabalham com 19 *bars* de pressão. Outra característica das máquinas atuais é a simplicidade do funcionamento. Geralmente elas têm um ou dois botões, e basta escolher o café e apertar o botão desejado. Uma imensa inovação em um período curto de tempo. Imaginem o manual de instrução de uma máquina antiga e de uma máquina nova!

Estamos em um mundo de infinitas escolhas, mas com necessidade de ser o mais simples possível. Estamos cada vez mais complexos nas escolhas e exigindo soluções cada vez mais simples. Complexo, não? Complexo vem do latim *complexus*, palavra resultante da junção de *complecti* (abraçar e rodear, ou seja, junto) e *plectere* (tecer e entrelaçar). Isso significa que a palavra "complexo" tem por origem tudo junto e entrelaçado. Logo, quando temos um problema relativamente complicado que exige uma solução simples, ambos estão juntos e entrelaçados. A demanda entrelaçada com a oferta, onde a demanda atual exige mais opções com mais simplicidade e a oferta precisa se adaptar a esta demanda. Mais possibilidades com simplicidade em um ambiente de competição globalizado em evolução exponencial.

Como vimos no Capítulo 1, estamos vivendo em um mundo de evolução extremamente acelerada e exponencial. As empresas têm seus valores definidos pelo mercado de acordo com a capacidade de geração de valor, portanto capital intangível, e não mais como era nos anos 1980, em que os valores de mercado das empresas eram medidos por prédios, bens e equipamentos, que são capitais tangíveis.

No mundo de hoje, nós, seres humanos, temos algumas necessidades diferentes das que tínhamos em um passado não muito distante. Hoje precisamos ter uma competência intrapessoal desenvolvida e bem aprofundada, pois precisamos entender do que somos capazes, do que gostamos, do que não gostamos e o que desejamos ou não fazer. Possivelmente, nossos antepassados também precisavam, mas não com tanta profundidade como o mundo atual exige. Além disso, também devemos ter a competência interpessoal e de relacionamento extremamente desenvolvida, pois precisamos nos comunicar bem, ter compaixão, influenciar os outros a nos ajudar e a colaborar conosco em busca de um objetivo comum, bem como nos relacionar bem, o que é intrínseco da raça humana. Até este momento, as competências são conhecidas, pois em nossa história sempre tivemos a necessidade de interagir com nós mesmos e com os outros. Porém, atualmente, há um terceiro elemento com o qual temos que conviver e até então não tínhamos, que é a tecnologia. A tecnologia certamente é um terceiro elemento da equação, e isso gera a necessidade de o ser humano não só desenvolver o conhecimento intrapessoal e interpessoal, mas também o interartificial. Isso muda tudo em nossa relação e em nossas atividades diárias. Antes usávamos a nossa capacidade quase infinita de seres humanos para fazer atividades rotineiras e sem sentido. A tecnologia nos substituiu nessas atividades, mas gerou uma gama imensa de novas necessidades e, principalmente, a de nos adaptarmos a esta nova realidade. Em um TED Talk de 2017, David Roberts, fundador da Singularity University, nos leva a concluir que a automação não tirou o emprego de ninguém, mas trouxe a nossa humanidade de volta.

Tivemos que ser mais criativos, e foi necessário criar novos empregos, novas competências, novos produtos. A cada dia que passa, é necessária uma imensa gama de energia e dinheiro investido em inovação, gerada apenas por uma empresa que tem colaboradores criativos. Se não fosse a inovação, eu talvez não tivesse tomado o meu café, mas eu quero tomar o café de forma simples. Esse meu desejo de ter as coisas simples juntamente com a possibilidade de escolha, somados a todos os desejos dos quase 8 bilhões de pessoas no mundo, gera uma necessidade imensa de inovação constante e uma complexidade jamais vista.

Uma pessoa criativa é capaz de gerar novas soluções para os problemas existentes conectando diferentes conhecimentos, fazendo associações, quebrando paradigmas e inovando. Ela não se apega ao passado e imagina novos cenários. Não se apega ao conhecido e cria o mundo desconhecido. As pessoas criativas experimentam novas ideias, concedem espaço para errar, correm riscos e são as protagonistas da construção do futuro. Foi porque uma pessoa criativa decidiu criar, inovar, solucionar um problema existente com uma nova solução e tecnologia, correu o risco e não se apegou às máquinas de café do passado que eu pude começar a escrever esta parte do livro tomando o meu café. É por conta da criatividade que eu estou escrevendo isso e você está lendo, pois alguém criou a prensa de impressão e hoje temos acesso a milhares de livros com conhecimentos diversos (ou pela internet).

CRIAÇÃO DE VALOR E DIFERENCIAÇÃO

Como as empresas estão buscando criar valores para seus clientes? Para quem for curioso, vale a pena olhar qual é a lista de melhores hotéis para se hospedar em Los Angeles, segundo o site TripAdvisor. Se pesquisar por hotéis e classificar por avaliações, encontrará o hotel Magic Castle Hotel. Ele é um dos mais avaliados do TripAdvisor com 3.481 avaliações na data de pesquisa (25/7/2020) e está em 4º lugar no ranking, com mais de 2.500 avaliações como excelente, porém é um hotel extremamente simples e o mais barato da lista dos 5 melhores, custando quase metade do preço do segundo mais barato. É um hotel sem nenhum luxo e muito menos conforto extra. Eu não tive a experiência de ficar hospedado nele, mas, olhando as fotos pela internet, lembra muito aqueles hotéis simples de praia, com paredes de blocos ainda aparentes, apenas pintadas de amarelo, com decoração extremamente simplista e sem nenhum luxo. A piscina é pequena e bem apertada e, como o prédio é em U, me parece bater sombra sobre ela na maior parte do tempo. Definitivamente não é um hotel que atrairia pelas fotos. Talvez o preço seja um atrativo, mas ele não é bem avaliado quando se classifica a lista por custo-benefício. No entanto, está bem avaliado quando o quesito é a classificação concedida pelos próprios hóspedes. O Castle, inclusive, está mais bem classificado que hotéis tradicionais como Waldorf e Intercontinental, que oferecem um serviço bem mais requintado que o Castle Hotel. Já que não é um hotel tradicional e tampouco oferece o luxo dos hotéis mais caros, o que o faz ser tão bem avaliado entre os usuários do TripAdvisor? A diferenciação é a proposta de valor que ele entrega.

Apesar de o Castle ser um hotel bem simples, é focado na família, entregando de forma excepcional a sua proposta de valor, que é justamente ser simples. Os colaboradores atendem a todos com a maestria descrita pelas avaliações e estão sempre dispostos a ajudar. O hotel é confortável e oferece exatamente o que se propõe a oferecer: quartos grandes, equipados para a família, muitos deles com cozinha acoplada. O que faz dele o hotel mais avaliado da lista de melhores hotéis de Los Angeles e com boas avaliações que o colocam na lista dos 5 melhores hotéis não é o preço, mas sim a proposta de valor que está disposto a entregar, e nisso ele é diferente. É um hotel focado em entregar o melhor que pode, com diferenciações, sem foco no luxo ou no conforto de um hotel mais tradicional. Abaixo segue um exemplo do que os clientes falam do hotel em suas avaliações no TripAdvisor:

> O Magic Castle é um hotel bem diferente do que se está acostumado em Los Angeles. Começa pela arquitetura, pois os quartos ficam em locais com diferentes alturas, voltados para o centro do hotel, onde há uma piscina aquecida (e roupões para aproveitá-la). A localização é excelente, a uma quadra da Calçada da Fama, mas numa rua muito tranquila, sem agitação. Várias lojas, mercados e restaurantes nas proximidades. Dá para fazer tudo a pé. A Universal fica a 4 km do hotel, e o Hollywood Bowl é muito perto também. O hotel oferece chá com biscoitos na portaria o tempo todo, *snacks* e doces à vontade sem custo adicional e ainda pede a comida para *delivery*, caso você precise. A equipe é sensacional, sempre pronta para ajudar e muito solícita. O café da manhã é simples, mas tem o essencial: pães, cereais, algumas frutas, iogurte etc., e ainda show de mágica todos os dias. O ambiente do café é pequeno, mas mostrou-se suficiente, sem filas ou espera. Em dias frios, fica um pouco incômodo tomar café, porque o local é aberto, embora possua aquecedores. O quarto é enorme, com uma cama e um sofá-cama bastante bons, aquecimento e uma cozinha completa, com tudo o que você precisa. Muito bom. Tem ainda, como bônus, refrigerantes em máquina, sem custo. (Usuário Rogerio_px, em dez. 2018)

Além das entregas citadas acima, como o hotel é focado na família, tem um telefone vermelho na área da piscina que eles chamam de *popsicle hotline* (linha direta do picolé). Basta uma criança ou um adulto tirar o fone do gancho para solicitar um picolé de sabor à sua escolha. Em alguns minutos, um colaborador do hotel, sorridente e vestido em trajes que comportam até luvas brancas, leva o picolé até a área da piscina para servir a quem pediu. Este serviço é um imenso diferencial e recebe elogios de quase todas as pessoas que se hospedam no hotel com criança. Veja o que outro hóspede disse a esse respeito.

> Atendimento ao cliente excelente. Bebidas para recepcionar os hóspedes, *popsicle hotline*, "ligue e receba o seu sorvete com um sorriso", e outros mimos. Eles lavam e passam a sua roupa sem custo. O hotel é muito charmoso, em estilo anos 1960. À noite, o Magic Castle é lindo, os quartos são grandes e muito confortáveis! Toda a magia de Hollywood em um só lugar! Muito bem localizado. (Usuário MeireSantos, em set. 2017)

Como nos ensinou Steve Jobs, olhe e analise os seus concorrentes, para saber o que você fará de diferente.

Esses serviços fazem a diferença para o hotel, de modo que um hotel que não é tão bom passa a ser ótimo, pois nenhum outro oferece esses diferenciais. E, quando recebemos um serviço diferenciado, como nos sentimos? Diferenciados. Esse exemplo leva a pensar que não é necessário se posicionar exatamente onde estão os seus concorrentes, mas sim onde eles não estão ou onde o seu propósito é diferente do deles. Isso faz diferença para o cliente. Para gerar valor para os seus clientes, as empresas devem se posicionar em uma zona única de valor, (em inglês, *unique value proposition*). É aí que se encontram o sucesso, a criação de valor e a diferenciação. Na Figura 5, podemos ver com mais clareza esse conceito. A posição na qual você oferece o melhor produto, mas o público não o deseja, é uma perda de tempo. A posição na qual seu concorrente oferece um produto melhor que o seu é perda. A posição na qual você e seu concorrente oferecem o melhor produto e há o desejo por parte do cliente é risco, pois nessa posição não há diferenciação. A posição na qual você oferece o melhor produto e há desejo por parte do cliente é a posição do sucesso. É exatamente nessa posição que você deve estar, de forma a criar uma proposta única de valor para seu cliente e gerar diferenciação, fazendo seu cliente se sentir diferenciado.

Figura 5 — Intersecção da proposta única de valor.

Fonte: Adaptado do conceito de Rosser Reeves.

O cenário atual nos exige criar uma diferenciação. Vivemos em uma era de fácil acesso às informações com a tecnologia. A tecnologia um dia foi diferencial, mas atualmente é uma ferramenta comum nas empresas. Mesmo em um mundo instável, as pessoas ainda buscam por estabilidade. Isso gera complexidade, e para problemas novos e complexos não adianta muito usarmos soluções antigas. É preciso criar soluções novas, inovar e se diferenciar no mercado. No livro *A whole new mind*, Daniel Pink comenta que não podemos resolver problemas de hoje ou do futuro com formas de pensar do passado. Precisamos inovar e pensar nos problemas complexos que virão pela frente. Para resolvermos esses problemas complexos, precisaremos de adaptação e criatividade. Mais uma vez lembro da frase de Darwin, de que o mais adaptável sobrevive.

O MITO DA CRIATIVIDADE

Mas criatividade não é coisa de artista, arquiteto, inventor, diretor de cinema, humorista, escritor, entre outras profissões que exigem mais do nosso lado mais criativo? Seria mesmo a criatividade para apenas essas profissões? Seria um dom dessas profissões? Se assim fosse, o *smartphone*, a máquina moderna de café que mencionei, a linha direta do picolé, entre outros, deveriam todos ter sidos inventados por esses profissionais, mas felizmente não foi o que aconteceu. Isso nos mostra que pensar que a criatividade é somente para essas profissões é um grande equívoco.

Abraham Maslow dizia que "o homem criativo não é um homem comum a quem se acrescentou algo. O homem criativo é o homem comum do qual nada se tirou". Se pararmos um pouco para refletir, teremos que concordar com a frase de Maslow, pois, quando somos crianças, uma caixa de papelão vira inúmeros brinquedos diferentes, sendo ela até um foguete que nos leva para a lua. Porém, quando nos tornamos adultos, ela é apenas uma caixa de papelão que vai virar lixo ou vai servir para guardarmos algo; não passa de uma caixa de papelão. Se tratássemos dessa maneira apenas a caixa de papelão não seria problema, mas é assim que tratamos tudo em nossa vida. As crianças resolvem seus problemas de maneira fácil, descontraída e sem medo do equívoco. Elas experimentam e se sujeitam a errar, mas os adultos têm medo do erro.

No dia em que escrevi este trecho do livro, eu estava caminhando e encontrei um menino de 5 anos. Paramos para conversar um pouco e estávamos perto de um lago. Ele começou a contar que estava aprendendo inglês com toda a descontração e extrospecção de uma criança. Então me disse como se falava *peixe* em inglês, pois no lago havia peixe. Também me falou *lago* em inglês, e algumas outras palavras. Conversamos um pouco, e ele, na hora de se despedir, me cumprimentou batendo em minha mão. Foi então que perguntei como era o nome daquele cumprimento em inglês (quando se bate na mão um do outro para cumprimentar). Ele parou alguns segundos para pensar e me respondeu com um sotaque americanizado e em alto e bom som "touque acqui". Claro que quem estava ao redor caiu em gargalhadas, mas ele experimentou e se permitiu errar. Eu não hesitei e dei risada também, mas logo lhe ensinei que era "*give me five*" e então ele saiu sorridente, com um novo aprendizado. Ele tinha um problema, foi extremamente criativo em sua resposta, com uma chance de erro de 50%. Ele errou, o erro não custou absolutamente nada; pelo contrário, rendeu algumas risadas, e no final saiu com o problema dele resolvido e um novo aprendizado. Isso é facilmente encontrado em uma conversa ou relação com uma criança, mas, quando chegamos à vida adulta, respondemos a essa pergunta com um "não sei" sem graça. E talvez tenhamos até vergonha de não saber, o que pode nos bloquear de aprender algo novo. Se fosse só um cumprimento, tudo bem, mas fazemos isso com tudo em nossa vida adulta.

As crianças são criativas e encontram soluções para quase todos os seus problemas. Criatividade é inerente ao ser humano. No livro *Zig Zag: The surprising path to greater creativity*, Keith Sawyer diz: "Criatividade não é um mistério. Há técnicas comprovadas que estão ao alcance de todos". Ele acrescenta: "Independentemente do tipo de criatividade que eu estudei, o processo era sempre o mesmo. A criatividade não descia como um raio de luz que acendia o mundo em um único e brilhante *flash*, mas vinha em pequenos passos, alguns *insights* e mudanças incrementais". Segundo Ketih, a criatividade é um processo que tem regras e precisa ser seguido. Todos somos capazes de ser criativos, basta termos o desejo, a necessidade, a vontade e seguir o processo para a criatividade.

MAS, AFINAL, O QUE É CRIATIVIDADE?

Eu não sou um *expert* em criatividade, mas é uma competência que o líder obrigatoriamente precisa ter e eu aprendi a ser criativo ao longo de minha carreira, ainda a área de finanças não tenha muita margem para criatividade. Eu sempre tive uma válvula de escape para deixar a criatividade fluir. Foi por isso que estudei gastronomia e fiz curso de *chef* de cozinha; pratiquei vários esportes diferentes, como paraquedismo, mergulho, *rafting*, e fiz a peregrinação pela rota francesa do caminho de Santiago de Compostela. Tudo isso me inspirava a ser criativo. Essa rota me rendeu o livro *O caminhar da liderança*, no qual traço um paralelo da caminhada de mais de mil quilômetros com a liderança atual. Sempre precisei extrapolar essa criatividade que era presente em mim e nunca deixei se esgotar. Isso me gerou alguns empreendimentos, dentre eles uma *startup* que causará uma grande mudança na forma de olharmos as economias locais, que neste momento está em desenvolvimento. Afinal, ao longo de 20 anos de profissão atuando na área financeira, como eu poderia ser criativo? Eu tinha muitos problemas, como todo mundo. A nossa profissão não deveria ser executivo, gerente, diretor etc. Deveria ser solucionador de problemas de finanças júnior, pleno, sênior e *master*, pois, quanto mais crescemos em nossa carreira, mais problemas temos que resolver, sendo que cada departamento tem um problema específico. Karl Popper (2001) lançou um livro cujo título é *All life is problem solving* ("a vida toda é solucionar problemas", em tradução livre). Se refletirmos sobre a vida, vamos perceber que passamos grande parte dela resolvendo problemas. A nossa vida como líder pode ser vista como um grande problema que precisa ser resolvido. Ao longo dos nossos dias, temos muito mais problemas do que soluções; e os problemas estão cada vez mais complexos. Soluções antigas não servem mais neste mundo dinâmico e VUCA. E como resolvemos nossos problemas atuais?

Em uma matéria para uma revista nacional, o comediante Murilo Gun (2019) afirmou: "Criatividade é imaginação aplicada para solução de problemas". Temos problemas todos os dias de nossas vidas, assim como as empresas, e a imaginação é a competência-chave para que os solucionemos. Mas, afinal, como funcionam o nosso processo de pensamento e o processo criativo?

PROCESSO DE PENSAMENTO

Para entendermos o processo criativo, precisaremos entrar um pouco na categorização da informação e no nosso processamento de dados. O nosso cérebro funciona como um grande computador que recebe dados, processa, transforma em conhecimento e age. Primeiramente, recebemos uma série de dados todos os dias. O que são dados? Dados são observações da realidade que nada dizem; são facilmente obtidos por computadores e facilmente quantificados e transferidos. Por exemplo: "No segundo semestre de 2019 foram vendidos para o consumidor final 367 milhões de unidades de *smartphones* no mundo". Isso é apenas um dado. Davenport e Prusak (1998) têm a seguinte definição sobre dado:

> É entendido como um elemento da informação não tratada, descrição exata de algo ou de algum acontecimento. Os dados tomados isoladamente não têm relevância, propósito e significado claro, não transmitindo nenhum conhecimento. A sua importância reside no fato de constituírem a matéria-prima essencial para a criação da informação.

Os dados são fatos que se tornam informação quando combinados em uma estrutura compreensível. Exemplificando: quando você realiza uma pesquisa de mercado, é feita uma coleta de dados.

Os dados não servem para muita coisa se não os convertermos em informação, e para isso é necessária intervenção do ser humano. A inteligência artificial precisa ser programada para nos trazer resultados de dados para informação analítica. Informação se constitui de dados com relevância e propósito, que requerem alguma análise, têm algum significado e exigem mediação humana. Por exemplo: "Dos 367 milhões de unidades de *smartphones* vendidas no mundo no segundo semestre de 2019, 134 milhões (cerca de 50%) foram vendidos por empresas que não fazem parte das 5 maiores, ou seja, há um grande mercado pulverizado e não concentrado. A Samsung continua sendo a líder de vendas, com 75 milhões de unidades vendidas" (segundo pesquisa da Gartner). Para Rezende e Abreu (2000), a informação: "É todo dado trabalhado, útil, tratado, com valor significativo atribuído ou agregado a ele e com um sentido natural e lógico para quem usa a informação". Para Drucker (1994), "é uma mensagem com dados que fazem diferença, podendo ser audível ou visível e onde existem um emissor e um receptor".

A informação é quando o dado é consolidado de forma que passa a fazer sentido e faz diferença em nossa vida. São os dados tratados que nos ajudarão na tomada de decisão. Podemos nos orientar com as informações, mas é quando as informações viram conhecimento que fazemos a verdadeira diferença. O conhecimento já é uma informação valiosa e vem de nosso cérebro humano incluindo reflexão, síntese e contexto. O conhecimento precisa de uma estruturação e é difícil ser capturado por uma máquina. Há formas de transferir conhecimento, sendo eles tácitos, transferidos muitas vezes na experiência; e explícitos, que exigem racionalidade e razão e são transferidos em aulas, palestras, livros etc. Tomemos como exemplo a seguinte notícia: "A Samsung continua com 20,4% de *market share* nas vendas de aparelhos *smartphone* no primeiro semestre de 2019, que é expressivamente maior que a segunda colocada no ranking, a Huawei, que tem 15,8% do tamanho do mercado. A Apple vem apenas em terceiro lugar, com 10,5% do mercado, mas a marca Xiomi vem ganhando mercado e já está próxima da Apple, com 9% de *market share"*. Tuomi (1999) define conhecimento da seguinte forma:

> É quando a informação é colocada em um contexto e nos leva a tomar decisões, com possibilidade de ser usada para fazer previsões e podendo ser transmitido de geração em geração. Assim, uma informação é convertida em conhecimento quando um indivíduo consegue ligá-la a outras informações, avaliando-a e entendendo seu significado no interior de um contexto específico.

Para processarmos dados, precisamos apenas de uma máquina, mas para transformarmos esses dados em informação e, posteriormente, em conhecimento, precisamos ter o cérebro humano colocando as informações em contexto. O ser humano consegue trocar informações por conhecimento, distinguindo uma coisa da outra; é capaz de colocar isso em um sistema organizado, identificar as consequências e analisar a lei de causa e efeito. Ao adotar uma perspectiva de um certo ponto de observação, todo esse processo acontece ao mesmo tempo e o tempo todo.

Vou exemplificar o processo em um simples ato de abrir uma porta. Imagine que temos um problema, que é passar de uma sala para outra através de uma porta apenas encostada pela maçaneta. Para isso, devemos:

1. **Distinguir uma coisa da outra.** Quando olhamos para a porta, com base em nossa referência e no que aprendemos ao longo da vida, sabemos o que é parede, o que é porta, o que é maçaneta e distinguimos uma coisa da outra.

2. **Organizar o sistema.** Colocamos isso em um sistema organizado e em menos de um segundo, com base nas nossas referências, analisamos todo o cenário, e se nos direcionarmos para a maçaneta podemos tentar abrir a porta.
3. **Identificar a consequência.** Mais uma vez, com base em nossas referências, sabemos que, se a porta não estiver trancada com a chave, podemos girar a maçaneta, movimentando a porta para abri-la.
4. **Adotar uma nova perspectiva.** Ao abrir a porta, adotamos uma nova perspectiva e entramos em uma nova fase.

O grande problema é que até o terceiro passo avançamos com base em nossa perspectiva e em nossas referências. Se não tivermos referência, não conseguimos avançar para uma nova perspectiva. Só é possível avançarmos para uma nova perspectiva por meio de experimentação, tentativas e erros. Para avançarmos para a nova perspectiva, devemos esquecer as referências que tínhamos, pois, se ficarmos presos nas referências anteriores, não seremos capazes de criar. Não adianta termos o desejo de solucionar problemas novos com soluções antigas.

Vamos pensar no processo de evolução dos meios de transporte. Se na época Henry Ford tivesse perguntado para os usuários de cavalo o que eles desejariam, talvez todos dissessem "um cavalo mais rápido", pois a referência era limitada ao conhecimento do cavalo como meio de transporte. O mesmo acontece com o trem. Quem desejaria voar, sendo que o meio de transporte conhecido era o trem? Não havia referência para escolhermos o avião ou termos o desejo de voar.

Assim também deve ser o processo criativo. É preciso esquecer as referências, pois os problemas que estamos tendo são novos e complexos e exigem novas referências. Não há referência para eles nos conhecimentos que acumulamos até agora. É preciso criar novas perspectivas. É preciso esquecer as referências antigas e criar novas referências.

E as empresas? O que são empresas inovadoras? Empresas inovadoras são, nada mais, nada menos do que seres humanos criativos e organizados combinados. Mas de nada adianta ter a ideia e não colocá-la em prática. Portanto, inovação é a ideia somada à ação de inovar que gera resultados. Esse é um dos motivos que fazem da diversidade um fator crucial na formação das equipes. Quanto mais diversa for a equipe, maior a chance de que ela seja criativa.

COMBINAÇÃO, CRIAÇÃO E CRIATIVIDADE

Não há inovação sem combinação. Steve Jobs, um líder que ficou à frente da Apple e da Pixar, reconhecido pela inovação, disse: "A inovação geralmente é o resultado de conexões entre experiências pessoais. Se você tiver as mesmas experiências que todas as outras pessoas, é improvável que consiga olhar em outra direção". Esta frase resume o que expliquei anteriormente sobre referências. Se tivermos sempre as mesmas referências, teremos sempre o olhar direcionado para a mesma direção e não teremos condições de olhar em direções distintas. Dessa forma, não é possível criar novas perspectivas. Jobs ainda complementa, dizendo que "criatividade é apenas conectar coisas".

Em um discurso que fez para os formandos de Stanford, em 2005, Steve Jobs deixou a questão da conectividade muito clara. Eu fortemente lhe recomendo ouvir o discurso completo, pois é uma aula, mas destaco a seguir alguns trechos que se conectam com o tema que estamos tratando.

> Se eu nunca tivesse largado o curso de graduação, nunca teria frequentado aulas de caligrafia e os computadores poderiam não ter a maravilhosa caligrafia que eles têm. É claro que era impossível conectar esses fatos olhando para a frente quando eu estava na faculdade. Mas aquilo ficou muito, muito claro olhando para trás 10 anos depois. [...] De novo, você não consegue conectar os

fatos olhando para a frente. Você só os conecta quando olha para trás. Então tem que acreditar que, de alguma forma, eles vão se conectar no futuro. Você tem que acreditar em alguma coisa – sua garra, destino, vida, *karma* ou o que quer que seja. Essa maneira de encarar a vida nunca me decepcionou e tem feito toda a diferença para mim. (Discurso transcrito por Fischmann, 2008)

Se analisarmos a grande inovação da Apple, em 2001 e 2002, que foi o tocador de MP3 denominado iPod, podemos observá-lo como uma evolução do antigo *walkman*, que foi inventado pela Sony. O *walkman* evoluiu junto com a tecnologia, saindo do rádio AM/FM e da fita cassete para o *discman*. Aproveitando a evolução da tecnologia de fita cassete, que precisava ser rebobinada e trocada de lado, para o CD, o *discman* foi um sucesso por um período curto de tempo. Com o avanço da tecnologia, houve uma junção do *discman* com a tecnologia MP3 e o *chip* de memória, de modo que o tocador de MP3 substituiu rapidamente o *discman*, fazendo com que a Apple lançasse a primeira versão do iPod, com apenas 5 GB de memória. Pura combinação através de metodologia.

No livro *Zig Zag*, Keith Sawyer propõe um sistema diferente de nos tornarmos criativos, mudando o método linear do processo de criatividade para um que consiste em diferentes etapas, mas considera de certa forma todas as etapas do método linear tradicional, que veremos a seguir com suas respectivas explicações.

O processo linear, que é mais conhecido e mais tradicional, é ilustrado na Figura 6. Ele começa com a identificação da necessidade ou do problema e termina com a implementação da solução. As etapas do processo linear consistem em:

Figura 6 – O processo linear de criatividade.

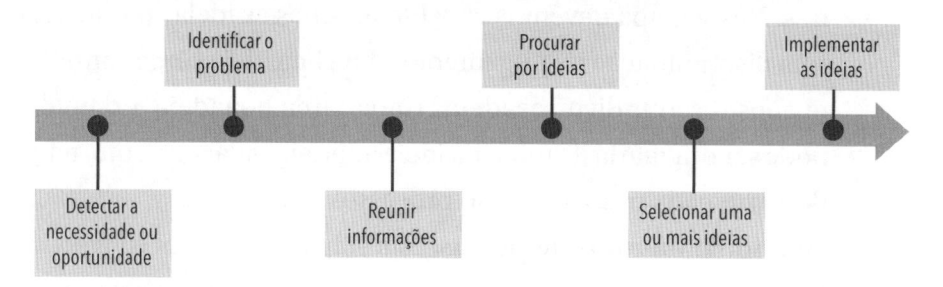

```
Detectar a            Identificar o       Reunir           Procurar          Selecionar uma      Implementar
necessidade ou        problema            informações      por ideias        ou mais ideias      as ideias
oportunidade
```

Fonte: Adaptado do modelo de Graham Wallas de 1926.

1. **Detectar a necessidade ou oportunidade.** Nesta etapa devemos identificar uma oportunidade ou necessidade existente, mas de fato ainda não se tem o problema a ser solucionado. Há uma situação que pode ser uma necessidade ou uma oportunidade, mas ainda é uma hipótese. É preciso identificar o verdadeiro problema para de fato dar início ao processo criativo. Isso acontece na próxima etapa.
2. **Identificar o problema com o máximo de informações possível.** Nesta etapa, a discussão do problema vem à tona. Ele deve ser claramente identificado e não deve ser intuído. As soluções, em geral, pecam no momento de discutir o problema, pois às vezes criam-se soluções para o problema errado.
3. **Reunir informações.** Nesta etapa devemos reunir o máximo de informações possíveis: avaliações, opiniões, constatações de fatos e todas as informações que estejam disponíveis para solucionar a necessidade identificada na primeira etapa (ou aproveitar a oportunidade).
4. **Procurar por ideias.** Nesta etapa devem ser usadas todas as ferramentas disponíveis para gerar ideias. Fazer *brainstorming* ("tempestade de ideias", na qual todos colocam o que pensam abertamente), *brainwriting* (escrever as ideias que vêm à cabeça

sem filtro), técnica de divergência para convergência, entre outras. Nessa etapa devemos considerar todas as ideias possíveis, sem discriminação ou julgamento. Uma boa ideia surge somente após discutir diversas ideias ruins. Uma boa ideia, no final, pode ser originária de uma má ideia aperfeiçoada; portanto, não descarte nada nessa etapa do processo.

5. **Selecionar uma ou mais ideias.** Esta etapa consiste em convergir todas as ideias para as melhores. Inicia-se o processo mais racional da discussão da ideia, como discussão de orçamento para implementação, viabilidade, recursos necessários etc.
6. **Implementar a ideia.** Não adianta ter uma excelente ideia se ela não for colocada em prática.

Já no método *Zig Zag* de criatividade, o processo é composto por 8 etapas que, de certa forma, englobam aquelas do processo linear. Essas etapas são ilustradas na Figura 7 e consistem em:

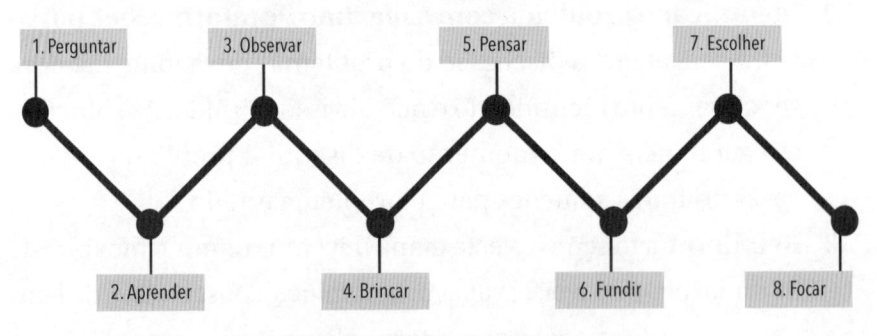

Figura 7 — Processo *Zig Zag* de criatividade.

1. Perguntar   3. Observar   5. Pensar   7. Escolher
     2. Aprender   4. Brincar   6. Fundir   8. Focar

Fonte: KEITH SAWYER, 2013.

1. **Perguntar.** Na etapa de perguntar somos capazes de identificar uma necessidade, uma oportunidade ou um problema; podemos também identificar a principal causa de um problema, caso façamos as perguntas corretas. Através de perguntas, pode-se mudar a perspectiva ou encontrar uma nova direção para uma determi-

nada situação. As perguntas também nos ajudam a buscar inspiração, de modo que melhoram o nível das questões seguintes.
2. **Aprender.** Com o aprendizado, aprimoramos ou adquirimos novos conhecimentos e habilidades, de modo que conseguimos praticar estes conhecimentos com mais habilidade. Além disso, nos tornamos especialistas, com conhecimentos mais aprofundados em determinado assunto. Com o aprendizado, aumentamos o repertório, o que é essencial para gerarmos combinações para as soluções dos problemas.
3. **Observar.** Através da observação podemos adquirir consciência sobre algo e também podemos nos aprofundar nos detalhes. Com a observação, podemos enxergar o novo, o incomum e o que pode nos surpreender. Teremos mais condições de avaliar algo e de ser estimulados a ter novas experiências.
4. **Brincar.** Brincar liberta a mente, cria fantasias e permite que o inconsciente nos guie. Através das brincadeiras, exploramos territórios desconhecidos e imagens. Inclusive, com brincadeiras, podemos enxergar como o "novo futuro" pode ser, ou como o cenário desejado pode ser. Com brincadeiras criamos mundos alternativos.
5. **Pensar.** Através do pensamento, é possível gerar possibilidades, ter ideias e fazer associações e conexões, o que é extremamente importante no processo criativo. Nada se cria, tudo se combina.
6. **Fundir.** Fundir significa juntar as coisas; é fazer combinações inesperadas e, por meio dessas combinações, melhorar ideias já existentes ou ter novas.
7. **Escolher.** Escolher é fundamental, pois muitas ideias serão inviáveis. O processo avalia e valoriza a simplicidade das ideias, definindo os critérios e identificando os benefícios de cada ideia. Deve-se testar e discutir a viabilidade das ideias.
8. **Fazer.** De nada adianta ter a melhor ideia do mundo se ela não for colocada em prática, portanto faça. O sucesso está na execução.

Implemente a ideia, teste e experimente. Somente a prática leva ao sucesso. Faça a diferença e faça a ideia acontecer.

A Tabela 6 mostra um comparativo entre o processo de criatividade linear e o processo *Zig Zag*. Podemos ver que os processos de alguma forma se fundem.

Tabela 6 – Comparativo do processo linear *versus* processo *Zig Zag*.

Processo tradicional	Zig Zag
Detectar a necessidade ou oportunidade	Perguntar
Identificar o problema	Aprender
Reunir informações	Observar
Procurar por ideias	Brincar
Selecionar uma ou mais ideias	Pensar
	Fundir
Implementar a ideia	Escolher
	Fazer

Fonte: Adaptado de KEITH SAWYER, 2013.

Ambos os métodos são eficientes para estimular a criatividade. Para simplificar, estabeleci 5 etapas que podem ajudar em ambos os processos de criatividade e serão abordadas a seguir. Elas consistem em:

1. **Identificar o problema.** Deve-se entender o verdadeiro problema.
2. **Ampliar as soluções.** Deve-se obter variedade de *input* e entender a importância de ser generalista.
3. **Não se contentar com a primeira solução.** Deve-se explorar as respostas, pois a primeira solução pode não satisfazer.
4. **Testar e experimentar.** Uma inovação ainda não foi testada e precisa ser experimentada.

5. **Ser autêntico.** É importante ser você mesmo, pois somos únicos. Temos com exclusividade um conjunto de conhecimentos, habilidades e atitudes que nos fazem ser quem somos; este é o nosso valor.

Identificando o problema

O primeiro passo para o processo de criatividade é o de identificação do problema. O problema pode estar relacionado com: gerar melhoria de um processo existente, solução de problemas, inovação ou aproveitamento de uma oportunidade. Identificar e explorar o problema (ou oportunidade) e ter clareza do que precisa ser solucionado gerará foco na solução. Não foque o problema, mas explore e identifique o que está ocorrendo, para ter total clareza do que é necessário resolver de fato. Muitas vezes, temos a solução correta para o problema errado. Isso acontece porque não existe um foco no problema, mas sim uma ansiedade em solucioná-lo, não ocorrendo identificação e investigação claras e corretas do que está acontecendo de verdade.

Problema não se imagina, mas se investiga. É preciso entender o verdadeiro problema, a oportunidade ou o que se deseja melhorar.

Aliás, por acaso você sabe como o espelho foi parar nas paredes do elevador?

Imagine subirmos 50, 60 e até 100 andares de elevador quando estamos atrasados para uma reunião, ou mesmo sem estarmos atrasados para a reunião. É claro que este tempo dentro do elevador gerava inquietação e a sensação de que o tempo não passava. Esta suposta demora do elevador começou a gerar muitas reclamações, e então o problema começou a ser pesquisado. Dentre as questões relatadas, foi considerado o tempo que o elevador demorava para subir os respectivos andares de acordo com o prédio, mas, por mais que se tornasse o elevador rápido, ele ainda levaria um tempo razoável que jamais seria reduzido a zero em razão da limitação técnica. Foi então que, ao explorarem a fundo o problema, perceberam que não era o tempo que o elevador demorava para subir os andares, mas sim a percepção do tempo. A sútil palavra *percepção* mudou a solução. Assim, começaram a pensar em solucionar o problema de como reduzir a percepção do tempo que as pessoas gastavam dentro do elevador, e então a ideia do espelho surgiu. Ao instalar espelhos dentro do elevador, reduz-se a percepção de tempo, e muitas vezes até pensamos que chegou rápido. Por quê? Porque quando se entrava no elevador sem espelho não tinha nada para fazer. Agora, com espelho, tem como arrumar a aparência, dar a última olhada na maquiagem antes de chegar ao destino final, acertar a gravata, arrumar o cabelo e dar a última conferida no visual. Isso mudou a percepção das pessoas dentro do elevador. Claro que hoje em dia nem sequer reparamos nesse detalhe – todos nós aproveitamos para dar uma última arrumadinha no visual. Como tudo se combina, o tempo que estamos dentro do elevador é um tempo em que estamos com a cabeça livre. Aproveitando a ideia do espelho e usando o conceito da combinação de ideias, algumas empresas de marketing de elevador aproveitaram e a aperfeiçoaram, instalando televisões com propagandas e notícias. Isso reduziu ainda mais a percepção de tempo, pois, com estas alterações no interior do elevador, mudou-se de um tempo improdutivo para um tempo produtivo.

Nesse caso, só foi possível chegar à solução por conta da clareza do problema. Caso contrário, os engenheiros estariam até hoje pensando em como reduzir para mais próximo de zero o tempo gasto para o elevador subir os andares. No caso do elevador, encontrou-se uma solução extremamente simples para um problema que poderia ser muito complexo se pensarmos pelo lado da engenharia e da mecânica.

Somente para exemplificar, compartilho mais um relato de identificação do problema. Nos dias de hoje, entramos em algumas drogarias e ficamos perdidos, pois antigamente elas tinham apenas remédios e hoje têm muitos produtos que chamam a nossa atenção até chegarmos ao que de fato desejamos. Nos Estados Unidos, as drogarias parecem supermercados. Eu, quando entro em uma drogaria, sou recebido por uma atendente me oferecendo ajuda. Esta pessoa está sendo paga diariamente para ficar à disposição, sendo que muitas vezes os clientes não precisam de ajuda, pois já sabem o que desejam comprar. E é aí que entra a invenção de uma drogaria criativa: duas cores de cestas de compras. A azul, para aqueles clientes que desejam ajuda, e a vermelha, para os que não desejam, e posicionou essas cestas na entrada da loja. Uma ideia viável que não só economizou dinheiro com uma colaboradora que teria que ficar oferecendo ajuda em tempo integral, como também deve ter gerado satisfação em muitos clientes que não precisam e podem se sentir importunados quando alguém oferece ajuda.

Mais uma vez, foi preciso entender o problema a fundo e encará-lo como uma oportunidade de gerar uma solução simples para o que talvez fosse um problema complexo.

O último problema que vou dar como exemplo é algo que já foi citado anteriormente: as longas filas que tinham os parques de Orlando. Quem já teve a oportunidade de ir aos parques da Disney, Universal, entre outros, que ficam em Orlando, sabe que algumas atrações possuem filas enormes, que podem chegar facilmente a 2 horas de espera dependendo do dia. Essas longas filas geravam a insatisfação dos clientes, e então os parques começaram a pensar como poderiam resolver o problema. Após muitas discussões, chegou-se a um produto pago chamado de *FastPass* (passagem rápida), um cartão adquirido no momento da compra do bilhete (ou comprado ao longo do dia dentro do parque) que possibilita pegar filas mais rápidas, ou seja, compra-se uma prioridade na fila. Há dias em que mesmo a fila do *FastPass* é demorada. Isso gera mais insatisfação, pois, apesar de o cliente ter pago pelo serviço, por conta da quantidade de pessoas no parque essas filas podem ficar demoradas também. Além disso, com essa implementação, as filas comuns ficaram ainda mais demoradas, gerando mais insatisfação. A questão do *FastPass* foi uma solução para uma parte do problema, mas ainda faltava algo. Foi então que começaram a estudar as filas. Existia um gargalo de um lado que era a própria capacidade da atração, portanto não se podia pensar em fazer com que a fila andasse mais rápido. Foi então, nessa exploração do problema, que associaram a ideia do elevador e descobriram que o problema real era a percepção das pessoas da demora da fila enquanto estavam esperando a atração principal. Decidiu-se, então, implementar em algumas atrações uma maneira de entreter os clientes durante a espera da atração principal, como tirar foto com algum personagem, fazer brincadeiras com o público, entre outras. Em atrações modernas como a do Harry Potter, a fila começa dentro da própria atração, dando a sensação de que estamos fazendo o caminho percorrido pelo próprio Harry. Parece que estamos vivendo aquela cena verdadeiramente. Assim também acontece dentro de outras atrações, como a montanha-russa do Hulk, na Universal.

Um problema complexo, mas de solução simples, ainda mais quando podem ser feitas associações com problemas similares já resolvidos, mesmo que não pareça existir relação alguma. Por isso, ter claro qual é o problema é essencial e o primeiro passo para resolver qualquer situação.

Para descobrir o problema, basta querer saber a opinião de mais pessoas e, a partir das respostas, começar a trabalhar nos passos seguintes.

1. **Identificação do problema.** Qual é o problema de verdade? Nesta fase é preciso perguntar mais de uma vez e para diferentes pessoas qual é o problema real. Quanto mais pessoas com perfis diferentes forem envolvidas, mais diversificada será a definição do problema e maior será a chance de descobrir o verdadeiro problema, se é que existe mesmo.
2. **Depuração do problema.** Devem-se avaliar as variáveis do problema e o que está ocorrendo de fato. Nesta fase, é preciso depurar a questão e pensar sempre sob os pontos de vista físico e subjetivo. O problema do elevador começou como físico, com

as avaliações dos engenheiros sobre como fazê-lo subir mais rápido, mas terminou com algo subjetivo. É importante avaliar todas as possibilidades.
3. **Criação de soluções reais.** Devem-se avaliar alternativas reais e possíveis. Não adianta criar soluções que são inviáveis, como, por exemplo, duas atrações nos parques de Orlando para reduzir o tempo de fila.
4. **Avaliação das soluções percebidas.** Devem-se avaliar as percepções causadas. Não adianta resolver o problema e não causar uma percepção de solução do problema no cliente. Nem o caso dos elevadores e tampouco o dos parques de Orlando resolveram o real problema, mas mudaram a percepção do cliente.

O primeiro passo é sempre entender o problema. Deve-se entendê-lo com profundidade e deve-se lembrar de que não existe problema subentendido; tudo deve ser esclarecido. "Não existe nada mais ineficiente do que fazer de forma eficiente o que não precisa ser feito". Essa frase acompanhou minha carreira, e eu abusei do uso dela. Em empresas multinacionais, muitas vezes surgem demandas cuja real necessidade é questionável. Eu sempre perguntava o motivo. Com frequência, quando eu fazia esse questionamento, a atividade acabava não sendo executada, simplesmente porque não havia uma justificativa.

Há uma técnica que pode ser usada para a fase de identificação do problema, que é a técnica dos 10 porquês. Se você tem um problema qualquer a ser resolvido, faça um *brainstorming* com algumas pessoas, de modo que cada uma tenha que responder 10 vezes por que esse problema precisa ser solucionado. Assim, serão obtidas muitas respostas distintas, que o ajudarão a entender com profundidade o problema.

Ampliando as soluções

O segundo grande passo para ser criativo consiste em ampliar os seus conhecimentos para gerar mais combinações. Este conceito é bem simples. Entendemos ao longo deste capítulo que criatividade é impossível sem combinação. É preciso fazer combinações para se tornar criativo. Vimos que a combinação foi utilizada no caso dos elevadores, dos parques em Orlando e na evolução do iPod. Toda criação é uma combinação; dificilmente algo será criado sem uma combinação. Combinamos tudo o tempo todo usando a lei de causa e efeito. Para isso, é preciso ter uma enorme gama de conhecimentos gerais.

Eu lembro das discussões que tínhamos com alguns professores quando eu ainda estava na universidade. O professor de contabilidade, por exemplo, defendia que os profissionais deveriam ser especialistas, e não generalistas. Sim, todos os profissionais deveriam ser especialistas naquilo que se propõem a fazer, porém o acesso ao conhecimento especializado todos têm. Esse conhecimento especializado pode ser adquirido e não torna ninguém mais ou menos competente. Não gera diferenciação para o quesito criatividade. A especialização em determinado assunto pode ser adquirida em um curso, o qual pode ter mais de 100 pessoas inscritas, de modo que todos terão acesso à mesma informação, criando 100 especialistas no assunto com o mesmo conhecimento. Após a finalização de um curso qualquer, haverá 100 pessoas que possivelmente serão competentes naquele tema, mas ao tratar de criatividade é preciso conectar e combinar coisas. Essas 100 pessoas terão critérios de combinações diferentes de acordo com o grau de conhecimentos gerais que cada uma tiver. E são essas combinações que farão a diferença.

Para isso, é preciso apreciar, sem exceção, todas as informações que nos chegam, pois nunca sabemos quando e como iremos usar aquela informação. Como visto nos tópicos anteriores, Steve Jobs, em seu discurso para os formandos em Stanford, comenta que ele foi para a aula de caligrafia, mas nunca pensou onde poderia usar aquele conhecimento. No final, ele o usou para desenvolver os estilos das letras dos computadores da Apple. Naquele discurso, ele associa as letras dos computadores com as aulas que ele teve.

É preciso aumentar o nível de informações gerais e ser curioso com tudo. Sendo generalista, será possível conhecer mais assuntos do que sendo especialista, e isso possivelmente aumentará a quantidade de conexões prováveis, de combinações, além do fato de que fatalmente ampliará a capacidade de gerar soluções simples para os problemas complexos que poderão surgir.

A Singularity University tem um conceito para mostrar essas combinações de forma bem simples. Esse conceito, eu já tinha visto em uma aula que assisti em um curso de liderança de Harvard e até mesmo em materiais das aulas de criatividade que tive no MBA, mas vem sendo difundido, hoje em dia, pela Singularity.

Pensamos que nossos conhecimentos têm um traço horizontal de informações gerais e um traço vertical de especialista. Informações específicas nós adquirimos com estudo, cursos, pós-graduações, prática de trabalho na área etc.; mas informações gerais, nós só adquirimos com curiosidade e generalidades. É através da curiosidade que aumentamos nossas informações gerais, e são elas que nos permitirão fazer o maior número de combinações possíveis. Se os engenheiros dos parques de Orlando ou mesmo dos elevadores ficassem discutindo somente em cima dos conhecimentos específicos, talvez estivessem tentando resolver esses problemas até hoje. É preciso aumentar ao máximo a quantidade de informações gerais para ampliar a possibilidade de combinações. Podemos ver na Figura 8 o que isso significa de forma mais visual.

Figura 8 — Demonstrativo de combinações possíveis em cenário com pouco conhecimento genérico e conhecimento genérico ampliado.

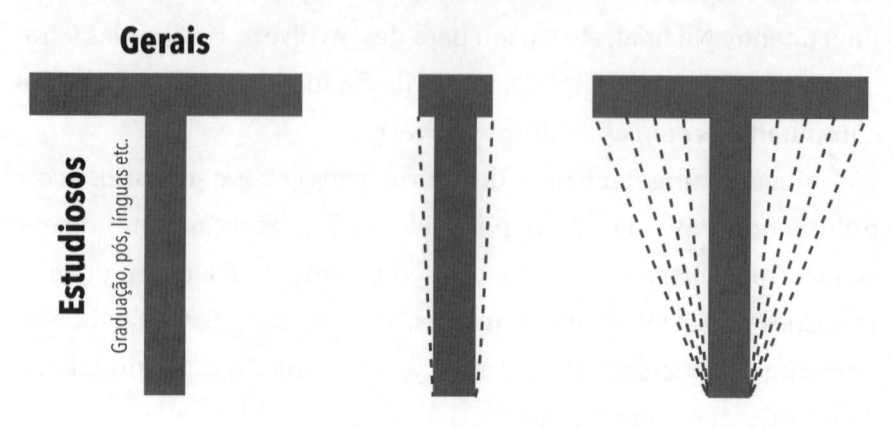

Fonte: Adaptado de AMABILE (1998).

Quanto maior é a barra horizontal de conhecimentos gerais, maior será a possiblidade de combinações para soluções de problemas. Como já mencionado, Steve Jobs disse que criatividade é conectar coisas, logo, quanto maior for a barra de conhecimentos gerais, maior será a quantidade de conexões possíveis (Figura 9). O ideal é acumular o máximo de informações gerais.

Figura 9 — Quanto maior a barra de conhecimentos gerais, maior a possibilidade de criação e combinação.

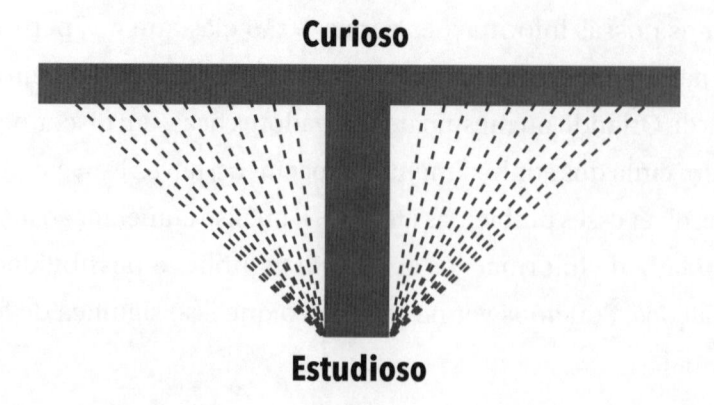

Durante a minha carreira, fiz todos os cursos que podia, e sempre tentei, de alguma forma, fazer aqueles que fossem alinhados aos meus gostos, pois isso me gerava motivação. Fiz curso de *chef* de gastronomia, que me ajudou em dois negócios que foram extremamente lucrativos em minha trajetória.

Para acumular conhecimentos específicos, devemos estudar, fazer pós-graduações, aprender outras línguas, entre outros cursos que estão disponíveis para todos e que são como *commodities*. Especializei-me em finanças com duas pós-graduações e um MBA. Para aumentarmos nossos conhecimentos gerais, precisamos ler, combinar diferentes assuntos, pensar o tempo todo e gerar aprendizado em tudo que fazemos, de modo a apreciar a curiosidade. Tudo isso nos torna únicos.

No livro *The ten faces of innovation* ("as dez faces da inovação", em tradução livre), Tom Kelly cita o exemplo dos médicos de prontos-socorros dos Estados Unidos que precisavam melhorar o tempo de atendimento para salvar vidas e então foram assistir a uma corrida da Nascar para entender como as equipes de corrida agiam quando um carro parava no *pit stop*. Segundo Kelly, tempo é essencial para os dois casos: médicos de pronto-socorro e mecânicos de *pit stop*. Os médicos ficaram impressionados com o alto nível de preparação e coordenação dos mecânicos de *pit stop* da Nascar. O autor explica que, enquanto as equipes da Nascar são perfeitamente sincronizadas e atuam de forma planejada, levando até o veículo, quando ele para no *pit stop*, todas as ferramentas e peças de que elas precisam para trabalhar o mais rápido possível, os médicos frequentemente entram nas salas de emergências e, somente após entrarem, começam a pedir equipamentos e remédios para as enfermeiras, na medida do necessário. Kelly ainda esclarece que, apesar de existir uma grande diferença de atuação em ambas as situações, após essa visita um dos hospitais passou a adotar procedimentos diferentes, criando uma espécie de pré-*kit* para as situações mais comuns de um pronto-socorro. Também houve um movimento para tentar minimizar o tempo de atendimento de todos os médicos que fizeram a visita, gerando mais sincronização entre os médicos e as enfermeiras.

Tempos depois, essa prática também passou a ser adotada no Great Ormond Street Hospital, na Inglaterra, o qual tomou lições do *pit stop* do time da Ferrari de Fórmula 1. Segundo narrativa dos próprios médicos do estabelecimento, a emergência do hospital era caótica, barulhenta e sem muita sincronização. O time da Ferrari gravou a equipe de médicos em ação no hospital e estudou as imagens. Segundo narrou o médico Nick Pigott para o jornal italiano *il Giornale*, eles acreditaram por anos que estavam fazendo a coisa certa e trabalhando de forma coordenada, mas, quando olharam as filmagens gravadas pelo time da Ferrari, perceberam que havia muito espaço para melhorias, principalmente para a falta de coordenação. O time da Ferrari conseguiu contribuir, sugerindo diferentes disposições, treinamento de pessoal, disposição da equipe, sincronização e como adotar procedimentos e rotinas de modo a reduzir o tempo investido no atendimento. Segundo o médico Elliott, eles transformaram o centro de terapia intensiva do hospital em um centro de precisão silencioso, onde as complicações foram reduzidas de forma substancial (KELLY, 2016).

Esses dois casos são exemplos de possíveis combinações. Para isso, é preciso aumentar os conhecimentos gerais. Compor o time com diversidade de estilos, pessoas, conhecimentos, habilidades e atitudes pode ser um grande diferencial, pois, quanto mais diverso for, maior será a diversidade de conhecimentos. Diversidade de pessoas é diversidade de repertório de informações. Quanto mais diversificado for o time, maior será a possibilidade de combinações.

Uma frase atribuída a Albert Einstein (1879-1955) diz: "*I have no special talents, I am only passionately curious*" ("eu não tenho talentos especiais, eu sou apenas apaixonadamente curioso", em tradução livre). Portanto, seja curioso e explore as diferentes informações disponíveis. Mas como podemos nos tornar curiosos e aprender cada vez mais? Para isso, devemos:

- **Conversar com pessoas diferentes.** Quanto mais diversificadas forem as pessoas com quem conversarmos, maior será o nosso repertório.
- **Viver experiências diferentes.** Provar um novo prato, arriscar-se na cozinha ou viver uma nova experiência, como um esporte radical, entre outras diversas situações possíveis.
- **Ler diferentes livros e revistas de assuntos diversos.** Eu gosto de mergulho e Jeep, além de gastronomia, e quanto mais eu leio sobre algum assunto diferente, mais diversificadas são minhas alternativas para os problemas nas empresas em que atuo.
- **Assistir filmes e documentários.** Os documentários nos ensinam muito, ainda mais quando relacionados à natureza. Temos muito que apender com a natureza, basta prestarmos a atenção.
- **Ouvir *podcasts* e palestras.** Os *podcasts* e palestras muitas vezes contam histórias vividas por outras pessoas, de modo que podemos usar a experiência de outrem para o nosso aprendizado.
- **Fazer cursos diversos.** Como comentei, fiz gastronomia e este curso me deu base para empreender em dois diferentes negócios. Ampliar o nosso conhecimento com cursos diversos aumenta nosso conhecimento geral. Assisti a uma aula de artes renascentistas e aprendi a diferença entre arte e ciência, segundo a visão daquela época. Se não fosse esse curso, jamais entenderia o verdadeiro significado da frase "a arte de viver".[2]
- **Ser curiosos sobre assuntos distintos.** É importante ter curiosidade e buscar novos conhecimentos, nem que seja no Google.
- **Fazer viagens e peregrinações.** Aprendemos muito com viagens e peregrinações. A peregrinação pela rota francesa do caminho de Santiago de Compostela me rendeu um livro cheio de associações.

---

2. Arte é o conhecimento que temos para produzir e/ou colocar em prática; ciência é o conhecimento em demonstrar os fatos. Quando falamos na arte de viver ou na arte de amar, isso significa viver na prática e amar na prática.

- **Ensinar.** Por último, é ensinando que absorvemos a maior parte das informações e de fato aprendemos. Quando ensinamos, absorvemos mais do que lendo ou fazendo um curso, segundo William Glasser, psiquiatra estadunidense que desenvolveu a pirâmide de aprendizado.

Siga essas orientações para adquirir o máximo de conhecimento possível. Eu garanto que você terá maior amplitude de combinações e, possivelmente, encontrará melhores (e mais simples) soluções para diferentes problemas complexos.

Vimos, então, que aprender sobre o problema é o primeiro passo. O segundo é ter conhecimentos gerais que possibilitam combinações diversas. Agora que sabemos qual é o problema e temos repertório de combinações para solucioná-lo, vamos entender as possíveis soluções.

Não se contente com a primeira solução

Temos uma tendência de seguir um padrão de repetições com base em nossas referências. Isso é inerente do ser humano, para ter menos esforço possível e solucionar rapidamente um determinado problema. Ocorre por diversos motivos, mas o principal é que pensar gasta muita energia e o nosso corpo é feito para economizar energia. Portanto, temos uma tendência a nos acomodar com uma primeira solução. O novo sempre gera esforço e, consequentemente, gasto de energia. Isso nos leva, muitas vezes, a aceitar a primeira solução que temos, sem criar muitos obstáculos ou dúvidas. Qual é o problema de aceitarmos a primeira resposta ou solução para o problema? É que, quando aceitamos a primeira solução, temos uma solução baseada em nossas referências sem pensar "fora da caixa". Se tivermos apenas uma solução para um problema, não temos criatividade, mas sim repetição de padrões. Devemos ter distintas soluções para o mesmo problema, de modo que possamos escolher a mais viável. Nunca devemos aceitar a primeira resposta como única, ainda que tenhamos essa tendência.

Isso acontece por diversos fatores, mas o principal é o fisiológico, que é a economia de energia do cérebro. Devemos superar esse desafio racionalmente e buscar outras soluções para os problemas, além da primeira.

Temos medo da criatividade e, por diversos motivos, aceitamos a primeira solução. Vejamos o que nos leva a ter medo de ser criativos e de tentar encontrar diferentes soluções para os problemas:

- **Acomodação e conformismo.** Temos uma tendência a nos acomodar no cenário que é mais confortável; e criar algo novo dá muito trabalho. Gostamos de nossa zona de conforto.
- **Medo de ser criticado.** Quando estamos na zona de conforto, temos uma tendência de seguir padrões. Afinal, se esses padrões não foram criticados até determinado momento, dificilmente o serão no futuro. Porém, criar algo novo e encontrar novas soluções nos coloca em situações de vulnerabilidade, nas quais podemos ser criticados; e temos medo de críticas.
- **Ameaça, insegurança e manutenção do *status*.** Criar algo novo significa sair da zona de conforto e entrar em uma zona que desconhecemos completamente; significa entrar em um cenário que nos oferece ameaça, inclusive, de perder o que já conquistamos. O que conquistamos até determinado ponto de nossa vida nos passa uma falsa confiança; falsa pois nos coloca na zona de conforto.
- **Falta de autodisciplina e resiliência.** Quando estamos em uma zona de conforto, tudo já foi testado e a possibilidade de erros é infinitamente menor. Porém, quando escolhemos o novo, temos chance de errar, e quando erramos precisamos persistir até encontrarmos o caminho correto. Muitas vezes, alguns projetos deixam de serem finalizados devido à falta de resiliência.
- **Burocracia, normas e padrões.** Em alguns segmentos, como na indústria farmacêutica, as políticas, os procedimentos e os

padrões são bem rigorosos, de modo que cumprir com todos eles pode barrar a criatividade. Quando seguimos procedimentos, normas e padrões, temos uma tendência a reduzir nossa capacidade criativa significativamente. É preciso quebrar padrões para a criatividade aflorar. Para isso, devemos quebrar paradigmas. Em finanças também temos estes bloqueios, pois há inúmeras regras.

- **Humildade.** Ao entrarmos em um cenário novo, deixamos um cenário de conforto para trás e caminhamos em direção ao desconhecido. Temos que ter a consciência da falta de domínio deste cenário desconhecido. Quando encontramos uma solução para um determinado problema, temos uma tendência a achar que aquela é a melhor solução, nos fechando para novas propostas, mas temos que ter humildade para reconhecer que existem outras possibilidades e que, em um novo cenário, não temos domínio total. Portanto, pode haver diferentes respostas para um problema. É preciso humildade para reconhecer isso.
- E, por último, uma pergunta. **Quantas soluções há para um determinado problema?** Sempre há diversas soluções para um problema, porém é preciso discutir as soluções, e não aceitar a primeira resposta como verdadeira. Mais uma vez, menciono os exemplos do elevador e dos parques de Orlando. Se tivessem parado na primeira solução, possivelmente não teriam causado a percepção de solução do problema por parte dos clientes.

Como nossa vida é uma eterna solução de problemas, de modo que, quanto mais subimos em nossa carreira, mais problemas vamos tendo, devemos nos tornar um solucionador de problemas sênior e buscar sempre a melhor solução, e não apenas a primeira. É preciso discutir, trocar experiências e buscar melhores soluções para os problemas. Há muitas técnicas para fazer isso, e uma delas é a matriz de reestruturação, de Michael Morgan (1993). A base desta matriz surgiu no livro *Creating workforce innovation: turning individual creativity into organizational innovation* ("criando inovação na força de trabalho: transformando a criatividade individual em inovação organizacional", em tradução livre). A abordagem é que pessoas diferentes com ideias diferentes percebem o problema de forma diferente.

A técnica consiste em, quando se tem um problema, discuti-lo com base em diferentes perspectivas. O problema pode ser discutido em grupo, no qual cada um terá um papel diferente (se o grupo for muito grande e o problema for muito complexo, cada subgrupo composto por algumas pessoas terá um papel diferente), ou individualmente, com distintas perspectivas. O problema deve ser discutido a partir de 4 perspectivas:

1. **Sonhador.** O sonhador deve ter ideias sem limitações, como se pudesse fazer qualquer coisa sem se preocupar com os meios. Pode sonhar e descrever que soluções se encaixam nos seus sonhos. O sonhador deve pensar como seria o mundo sem o problema e pensar apenas no que é bom.
2. **Engenheiro.** O engenheiro é um pouco mais pragmático e deve pensar em como tudo funciona. Deve refletir sobre os aspectos envolvidos e o que está faltando para que tudo funcione. O engenheiro é mais metódico e deve pensar na ordem de tudo. Como tudo deve funcionar e quais são os passos necessários para que tudo dê certo.
3. **Pai.** O papel do pai é mostrar os riscos envolvidos nas soluções e como é possível minimizá-los. O pai deve evidenciar quais fatores devem ser considerados para que tudo dê certo.
4. **Boêmio.** O boêmio é o mais profundo no quesito individualista. Ele deve refletir sobre o que os outros indivíduos querem de fato executar. É responsável por fazer perguntas do tipo: queremos mesmo fazer isso? Será que estão pedindo para fazer isso sem ter um porquê? Vai ser bom fazer isso? Estamos sendo verdadeiros com os valores do grupo?

Esta matriz de reestruturação é muito útil para discutir o problema e a solução sob diferentes pontos de vista. Ela pode ser feita em grupo ou individualmente, mas ajudará a não se contentar com uma primeira resposta, pois veremos que, com a sua utilização, a primeira solução possivelmente terá falhas em um dos papéis da matriz. Serão necessárias discussões mais profundas para se encontrar a melhor solução.

Dividir a ideia é sempre uma boa solução, portanto, se fizer a matriz com outras pessoas, possivelmente, o resultado será melhor. Quando uma pessoa tem uma pepita de ouro e a troca por um relógio, uma fica com uma pepita e outra fica com um relógio, mas quando uma pessoa tem uma ideia, outra tem outra ideia e elas trocam ideias, ambas ficam com as duas ideias. Portanto, dividir ideias soma as combinações nas soluções de problemas.

Outra técnica que pode ser usada para solucionar problemas é a da geração de ideias chamada *brainwriting*. Nas referências bibliográficas do livro há duas fontes que podem ser consultadas a respeito dessa técnica (LUCIDCHART, s.d.; MEIER, 2020), mas ela consiste em gerar o máximo de ideias possíveis para determinado problema. O ideal é que as ideias sejam escritas sem ter autor, eliminando assim qualquer possibilidade de julgamento, discriminação ou bloqueio. Pode-se escrever em um *post-it* e colar em um quadro para facilitar o próximo passo da técnica. No mínimo, cada um deve escrever 10 ideias, mesmo que possam parecer não aplicáveis. Este é um exercício de divergência de ideias, pois surgirão as mais mirabolantes que possam existir.

Após os participantes escreverem suas ideias, faz-se um exercício de convergência das ideias. Neste momento, pode-se gerar discussão das ideias ou usar a matriz de reestruturação descrita anteriormente. O importante é ter sempre alguém que defenda a ideia e outro que a ataque. A raridade de eventos como este é ter um advogado do anjo; já o advogado do diabo aparecerá em todas as reuniões.

Há muitas boas ideias e soluções que surgiram por conta de fracassos melhorados, por isso as ideias não devem ser julgadas. O *post-it*, que mencionamos há pouco, é uma das ideias que surgiu a partir do fracasso. O inventor dele, Art Fry, criou uma cola que era tão ruim que não aderia a nada e, portanto, não tinha utilidade. Mas, ao não ter medo de fracassar e tentar pensar sobre em que situação essa cola poderia ser usada, ele inventou o *post-it*. Em entrevista concedida para a revista *Exame*, ele diz que:

> Tente tudo; as pessoas mais bem-sucedidas são as que acumulam a maior quantidade de fracassos. Desenvolva muitas ideias. Às vezes, os obstáculos que te impedem de contornar algum problema de criação podem ser resolvidos quando você está trabalhando em outra coisa. Então, se mantenha ocupado e continue sempre aprendendo.[3]

Uma última razão para não aceitarmos a primeira solução é a impulsividade. O sistema que age de forma impulsiva está preocupado com a nossa sobrevivência. Agimos assim, mais uma vez, por causa do nosso cérebro, que de certa forma é preguiçoso e prefere economizar energia a consumi-la. A parte do cérebro associada a racionalidade, planejamento e execução é o córtex pré-frontal. O uso do córtex pré-frontal tem alto nível de gasto energético e queima metabólica, por isso muitas vezes as pessoas tomam decisões instintivas e não planejadas. Essas decisões, na maior parte das vezes, são justificadas de forma racional para si mesmas, mas no fundo não são racionais. Quando isso ocorre, não é a razão que gera a decisão, mas sim a decisão tomada que gera a razão para justificar a decisão. A ordem é inversa e deveria ser o contrário disso, ou seja, a razão deveria gerar a melhor decisão, mas isso requer gasto metabólico e dá muito trabalho.

No livro *Rápido e devagar*, de Daniel Kahneman, ele destaca os dois diferentes sistemas que nos fazem tomar decisões (Tabela 7).

---

3. Disponível em: <https://exame.com/tecnologia/inventor-conta-historia-por-tras-do-lendario-post-it/>. Acesso em: 19 nov. 2020.

Tabela 7 – Nossos dois sistemas de pensamento.

Sistema 1: ascendente	Sistema 2: descendente
Rápido	Lento
Automático	Consciente
Simplista	Analítico
Paralelo	Serial
Associativo	Custoso
Processo límbico e reptiliano	Processo do córtex frontal
Reação, condicionamento e sobrevivência	Ação e escolha

Fonte: KAHNEMAN, 2012.

O Sistema 1 é mais rápido e feito para tomarmos decisões de sobrevivência. É um sistema instintivo e não requer tanto gasto energético, por isso temos uma tendência natural de tomar decisões usando este sistema rápido e simplista. Fazemos isso por intuição. Para as decisões que tomamos na atualidade, o Sistema 1 pode não ser tão eficiente quanto o Sistema 2. Quando tínhamos que escapar de onças e leões, o Sistema 1 funcionava muito bem, mas hoje não precisamos mais sobreviver a este tipo de perigo, muito pelo contrário, precisamos tomar decisões pensadas e analisadas, razão pela qual devemos usar mais o Sistema 2.

Exemplificando: um taco de golfe mais uma bola custam juntos R$ 510,00. O taco custa R$ 500,00 a mais do que a bola. Quanto custa a bola? Qual alternativa você escolheria?

a. R$ 10,00.
b. R$ 15,00.
c. R$ 5,00.
d. R$ 20,00.
e. R$ 500,00.
f. Nenhuma das alternativas.

Uma grande parte das pessoas não acerta esta pergunta, porque o sistema que é usado para respondê-la é o Sistema 1.

Com base nesses ensinamentos, não devemos nos contentar com a primeira resposta. Devemos questionar e pensar em alternativas para a solução do problema ou na oportunidade com mais soluções do que a primeira resposta. Certamente existem soluções que serão mais simples, mais racionais e eficientes do que a primeira resposta, mas para encontrarmos essas soluções é preciso dedicação, planejamento, método, pensamento e raciocínio em cima do problema e da solução. Não se contente com a primeira resposta, libere e incentive a imaginação para pensar fora da caixa e ter soluções diferentes para o problema.

Teste e experimente

Em meu livro *O caminho da liderança*, comento sobre o domínio do medo e os motivos pelos quais fazemos as coisas. Podem até existir outros, como necessidade, mas por trás dos outros motivos, ao depurá-los, sempre haverá medo ou amor. Muitas vezes, o que guia as nossas decisões é o medo, pois tememos mais errar do que de acertar. As nossas decisões diárias, na grande maioria das vezes, são baseadas no medo de errar, porém deveria ser o contrário: nossas decisões deveriam ser baseadas na esperança de um cenário melhor no futuro. Mas por que isso ocorre? Simples. Porque o novo ainda não foi testado.

Vamos pensar na grande invenção do brasileiro Alberto Santos Dumont, o avião. Na época em que foi inventado, havia um meio de transporte comum que já tinha sido testado em diferentes hipóteses e até hoje é muito usado em países desenvolvidos, como na Europa, que é o trem. O avião pode até ser um uma evolução enorme nos meios de locomoção, mas ainda não havia sido testado. Santos Dumont precisou inventar o avião, testar e correr o risco de errar, arriscando, inclusive, a própria vida. Ele tomou a decisão de testar muito mais pelo amor à sua invenção e com esperança de que desse certo do que o contrário. Ele focou suas ações na esperança do sucesso, e não no medo do fracasso.

Se tivesse medo do fracasso, o avião, ou qualquer outra ideia inovadora e disruptiva, não teria sido colocado em prática.

É preciso testar, errar, testar novamente, errar, aprender com os erros e testar de novo. Experimentar várias vezes. Uma boa ideia só surge a partir de diversas outras ideias ruins ou fracassadas. Vimos isso na fala de Art Fry. É preciso testar e experimentar para se chegar ao sucesso, sem medo do erro.

Gosto muito da história da marca de lubrificante WD 40. Este produto precisou de 40 tentativas e experimentações para se chegar à fórmula correta. Inclusive, essas 40 tentativas deram o nome ao produto, que significa *Water Displacement 40th* (deslocamento de água 40ª tentativa). Uma nova ideia não significa fracasso, mas sim que não foi testada ainda e precisa ser experimentada. É preciso experimentar diversas ideias para se chegar a uma ideia boa.

Como falamos no início do livro, o mundo está em evolução exponencial, e inovação é essencial para a sobrevivência das empresas. Portanto, o que é mais arriscado? Não experimentar o que ainda não foi testado, porém tem alto nível de inovação, ou só executar as ideias que já foram testadas, porém têm baixa inovação? Certamente escolher apenas o que foi testado tem um risco imensamente superior do que testar e experimentar novos cenários, novas ideias e implementar mudanças e inovações.

Testar novas ideias e inovar é arriscado, mas permanecer na zona de conforto é a materialização do risco.

Testar pode ser arriscado e sujeito a erros e perdas, mas há uma possibilidade de acerto. É essa possibilidade de acerto que buscamos com a experimentação; é essa possibilidade que gera inovação. Isso é tomar decisões com base na esperança; mas, claro, com toda a racionalidade que uma decisão exige. Permanecer na zona de conforto, por outro lado, é o risco materializado. Neste segundo caso, não há chance nem possibilidade de acerto.

A falta de inovação só leva a um caminho: a extinção.

É muito mais arriscado permanecer na zona de conforto do que testar novas ideias. Aliás, é colocando em prática que aprendemos novas competências. Portanto, experimente novas ideias. Este é o único caminho para a evolução. Tenha coragem de testar e errar.

Temos muito que aprender com a natureza. Quando um pássaro sai do ninho, ele ainda não sabe voar. Ele ainda não desenvolveu essa competência, portanto voar não é uma questão de competência, mas sim de coragem. As águias, que geralmente fazem seus ninhos no alto das montanhas, empurram os filhotes para a beirada do ninho quando eles atingem uma certa maturidade, mesmo com sentimentos conflitantes e o coração acelerado. Ao mesmo tempo que a mãe empurra os filhotes, sente a resistência dos mesmos, que desejam permanecer no ninho. Para eles, a emoção de voar começa com o medo de cair, mas é assim que aprendem. O medo faz parte, mas se não tiver coragem para o novo a ideia jamais sairá do papel.

Para encerrarmos este capítulo sobre criatividade, não podemos deixar de falar em ser único, com competências únicas, exclusivas que, somadas à diversidade de ideias, podem fazer a diferença.

Seja autêntico

Este é o último tópico deste capítulo e, é claro, é um dos mais importantes. Poderia ser resumido na simples frase: seja você mesmo. Você é um ser único, com experiências únicas que geram competências exclusivas e isso faz total diferença quando somado a outras pessoas e ideias. A autenticidade é um dos fatores críticos para o sucesso de grandes executivos, que chegaram aonde chegaram porque são quem são. Confuso, certo? Mas é isso mesmo. Eles são autênticos e possuem alto grau de autoconhecimento.

Eu gosto muito de TED Talks. Há uma TED do Lama Michel na qual ele comenta que, quando ainda era jovem, a avó o levou para conversar com o rabino Nilton Bonder, e o rabino disse o seguinte para ele:

> Se eu sou eu porque você é você, e se você é você porque eu sou eu, eu não sou eu e você não é você, e neste caso não faz sentido conversarmos, mas se eu sou eu porque eu sou eu, e se você é você porque você é você, aí sim faz sentido conversarmos porque somos verdadeiros.[4]

Esta frase descreve bem a autenticidade. Só faz sentido se você for você; isso o faz único e exclusivo, e você tem valor por isso.

Queria apenas recapitular os 5 passos que destacamos para solucionar um problema e aproveitar uma oportunidade com inovação e criatividade:

1. **Identificar o problema.** Entenda o verdadeiro problema. Não fique preso em suas referências e pense diferente e "fora da caixa".
2. **Ampliar as soluções.** Obtenha variedade de *input* e entenda a importância de ser generalista. Isso ajudará a gerar combinações. No final, a criatividade é apenas conectar coisas, como disse Steve Jobs.
3. **Não se contentar com a primeira solução.** Explore as respostas, pois a primeira solução pode não satisfazer. Lembre-se: reagimos de forma a tomar a primeira decisão como certa e isso é feito para economizar energia, mas nem sempre é a melhor resposta.
4. **Testar e experimentar.** Uma inovação ainda não foi testada e precisa ser experimentada. Não inovar é certeza de insucesso e extinção da empresa, mas o futuro é garantido com a inovação. Aceite a chance de errar e experimente novos cenários. Teste diferentes ideias, mesmo que exista possibilidade de perda. A

---

4. TEDx Talks Sentido da Vida. Lama Michel. Disponível em: <https://www.youtube.com/watch?v=g-Vi8PgmSY0>. Acesso em: 13 nov. 2020.

ação deve ser guiada pela esperança de dar certo, e não pelo medo da perda.
5. **Ser autêntico.** Seja você mesmo, pois somos únicos.

> "A criatividade é tão importante na educação quanto a alfabetização e nós devemos tratá-la com o mesmo *status*." Sir Ken Robinson

CONCLUSÃO

- Cenário atual extremamente instável, volúvel e complexo, com muitos desafios.
- As empresas não valem mais o seu capital tangível, e sim intangível. A percepção de valor está acima do capital tangível da empresa.
- A criação de valor é justamente o que o consumidor entende que gera valor a ele.
- Tenha a sua proposta única de valor (UVP).
- Criatividade não é para artistas, e sim para todos os seres humanos.
- Criatividade é a imaginação aplicada à solução de problemas.
- Criar é combinar. Quanto mais combinar, maior será o poder de criação.
- Entender o problema de forma clara é o primeiro passo para solucioná-lo.
- Quanto maior for a curiosidade, maior será o repertório de combinações. Portanto, seja curioso.
- Não se contente com a primeira resposta, pois soluções melhores podem ser deixadas de fora.
- Não há criatividade se não houver prática. Teste, erre, experimente e teste novamente.
- Seja você mesmo, pois isso te faz único.

CAPÍTULO 8

O QUE É ENGAJAMENTO E COMO SER UM LÍDER ENGAJADOR?

Criatividade é uma competência primordial para um líder, pois sem inovação as empresas não sobreviverão. Consequentemente, os líderes que não forem criativos deixarão de ter valor para o mercado, ficando assim obsoletos. Criatividade é um fator essencial para a liderança. Vimos que motivar os colaboradores em direção a um objetivo comum também é função do líder. Mas será que apenas motivar é suficiente para manter os colaboradores com a mesma energia e entusiasmo, em busca de um objetivo em comum?

Vimos que temos dois tipos de motivação, que são a intrínseca e a extrínseca. A intrínseca é mais forte do que a extrínseca, pois é uma motivação interna; ao contrário da extrínseca, que é externa. Mas no final, será que as pessoas trabalham por uma motivação interna? Existem algumas profissões que comprovadamente são mais engajadas na causa e no propósito, como as ligadas a religiões (pastores, monges, freiras etc.), que particularmente não sei se podemos chamar de profissão, mas talvez de ocupação. Há também aquelas profissões que estão relacionadas ao cuidar de outro ser humano, como médicos, enfermeiras, psicólogos, entre outras. Esses profissionais tendem a ser mais motivados intrinsecamente e mais engajados em seus propósitos. Portanto, o motivo que os faz trabalhar todos os dias pode ser diferente do da maioria dos colaboradores assalariados de corporações. Assim também ocorre com pesquisadores, cientistas e inventores, que exercem suas atribuições pensando majoritariamente no propósito, tendo a necessidade de pertencimento sanada e se sentindo úteis para a sociedade. Isso os coloca em uma posição diferente de apenas estarem motivados, ainda que intrinsecamente. Eles possuem um sentimento ainda mais forte em relação à sua causa, que podemos chamar de engajamento.

Esta força que leva ao engajamento com o propósito é tão intensa que pode levar até ao desenvolvimento de indícios de depressão. Em alguns casos, pode gerar até mesmo suicídio por distorção de propósito, como é o caso de Santos Dumont. O inventor do avião tinha um propósito claro com sua invenção, que era servir à humanidade com um meio de transporte mais rápido e ágil. Porém, uma das hipóteses é que ele se suicidou enforcado na própria gravata em 23 de julho de 1932, no Guarujá, após ver sua invenção sendo utilizada para fins militares. Fato verídico ou não, é comum que profissionais que trabalham pelo propósito coloquem como prioridade o objetivo final, e não simplesmente um objetivo intermediário, que muitas vezes é o dinheiro. Um exemplo que está presente em nosso dia a dia são os médicos que atuam em instituições públicas. Muitas vezes sem recursos, eles fazem o impossível para poder salvar vidas, com um salário, em boa parte dos casos, baixíssimo. O mesmo acontece com doutores que recebem bolsas para pesquisas. Mas, afinal, por que as pessoas trabalham, então? Umas por propósitos e outras por dinheiro? As pessoas trabalham por:

- **Dinheiro.** A grande maioria das pessoas trabalha por dinheiro e por necessidade. Há uma parcela muito importante da sociedade que não teve chance de escolher sua própria profissão por ter de suprir as necessidades básicas desde o começo de suas vidas profissionais. Essas pessoas atuam em profissões que apenas pagam o seu salário, de modo que o dinheiro é sua principal motivação. Podemos associar esta necessidade ao primeiro e ao segundo nível da pirâmide de Maslow, que são as necessidades fisiológica e de segurança.

- **Estruturação do tempo e da rotina.** O segundo fator que motiva as pessoas a trabalhar está relacionado à ocupação e à organização do tempo. Quando não se trabalha por dinheiro, o motivo que vem a seguir é justamente a estruturação da rotina diária, afinal o ser humano necessita de rotinas.
- **Contato social e senso de pertencimento.** O terceiro motivo já começa a entrar em uma necessidade mais subjetiva, que não o dinheiro e o tempo. Trata-se da necessidade de ter contato social e senso de pertencimento. Ambos liberam ocitocina, que é o hormônio social responsável pela empatia e pela sensação de bem-estar decorrente de estar entre amigos; também ajudam na produção de serotonina e dopamina com abraços, conversas e olho no olho. Esta necessidade pode ser associada ao terceiro nível da pirâmide de Maslow, que é a necessidade social.
- *Status* **e identidade.** O quarto motivo pelo qual as pessoas trabalham é o fato de ter *status* e identidade. Nos meus 20 anos de vida corporativa, tive o privilégio de conhecer muitos executivos e todos eles se apresentavam com o nome, seguido de cargo e empresa em que trabalhavam. Isso era parte da apresentação pessoal. Eu me apresentava, por exemplo, como André Rezende, executivo da CVC ou da Novartis. *Status* é reconhecimento e contribui para a autoestima. Esta necessidade profissional pode ser associada ao quarto nível da pirâmide de Maslow, que é a estima.
- **Propósito.** O quinto fator que motiva as pessoas a trabalhar é o senso de propósito, que consiste em ter um objetivo acima das necessidades vistas até aqui e colocar o propósito antes das demais

necessidades. Eu tenho um projeto que quero desenvolver, que é o de reinclusão social de penitenciados. Esse projeto está mais ligado ao propósito de vida do que a qualquer outra necessidade. Cientistas que inventam novas curas, enfermeiras e médicos geralmente são guiados pelo senso de propósito.

- **Atividade que satisfaz todos os níveis.** O sexto fator de necessidade é a junção e o equilíbrio de todas as anteriores, cada qual com a sua importância. Este nível gera engajamento.
- **Sentir-se útil e pertencer.** Este é o último nível de necessidade, que faz com que as pessoas não apenas tenham senso de pertencimento, mas também se sintam úteis e ouvidas. Este nível também gera engajamento.

Os dois últimos níveis da pirâmide das necessidades que motivam as pessoas a trabalhar e geram engajamento estão ilustrados na Figura 10. Eles consistem no equilíbrio de todas as necessidades associado ao fato de se sentirem úteis, também satisfazendo a necessidade de pertencimento.

Existem muitas empresas que fazem seus planejamentos de longo prazo e então os apresentam aos líderes, para que sejam validados. Esta ação, sem dúvida, gera senso de pertencimento, mas não gera pertencimento. Pertencer é de fato fazer parte da construção do todo, de modo que só então podemos chamar um funcionário de colaborador. Quando ele pertence ao todo, ajuda a construí-lo e colabora para o objetivo comum. Quando se tem isso, pode-se chamar o funcionário de colaborador e o superior de líder.

Figura 10 – Motivos pelos quais pessoas trabalham.

- Sentir-se útil e pertencer
- Ter uma atividade em todos os níveis
- Ter senso de propósito
- Ter *status* e identidade
- Ter contato social e senso de pertencimento
- Estruturar tempo e rotina
- $$$$$$

Fonte: adaptada da pirâmide de necessidades de Maslow.

As necessidades de trabalho de hoje em dia são bem diferentes das que tínhamos há alguns anos. Não muito tempo atrás, as empresas tinham que suprir as necessidades básicas dos colaboradores e o trabalho era mais físico do que intelectual. Hoje em dia temos muito mais demanda intelectual do que física, o que altera as necessidades dos colaboradores.

Vamos imaginar um ambiente de trabalho há 50 anos. Pense em um ambiente fabril ou uma metalúrgica. Agora pense nos ambientes de trabalho que encontramos hoje, como aqueles altamente tecnológicos e confortáveis. Apenas pense em ambientes como Google ou Facebook. As fábricas metalúrgicas ainda existem, mas a tecnologia mudou o cenário. No lugar de torneiros que precisam fazer a troca de produção da máquina, temos engenheiros especialistas nos *softwares* que operam as máquinas. No cenário antigo, provavelmente teríamos trabalhadores com esforço físico, tensão, sacrifício e suor; no cenário mais moderno, temos pessoas mais criativas, pensando em produtividade, desafios e se desenvolvendo, com uma visão mais atual e positiva. O cenário mudou, os trabalhos mudaram e os ambientes mudaram. Hoje temos um cenário bem diferente de antigamente. Para facilitar o entendimento, a Tabela 8 apresenta as principais mudanças no mundo do trabalho.

Tabela 8 — Mudanças no mundo do trabalho. Tradicional *versus* atual.

Mundo tradicional	Mundo atual
Estabilidade	Mudança constante
Monocultura	Diversidade cultural
Hierarquia vertical	Hierarquia horizontal
Supervisão e controle por chefia	Autocontrole e empoderamento
Dependência da organização	Responsabilidade e empregabilidade
Tarefas fixas e padrões de trabalho predefinidos	Sem barreiras entre atividades
Demandas físicas	Demanda mental e emocional
Trabalho mais individual	Trabalho em equipe
Descrição de trabalho mais detalhada	Criação da própria demanda de trabalho

Fonte: Adaptada de SCHAUFELI, 2020.

O mundo mudou, vem mudando e mudará ainda mais. Com novas necessidades, automaticamente novas atividades surgirão, e algumas atividades deixarão de existir. Por isso, ter colaboradores engajados nos propósitos, que enxerguem as mudanças como oportunidades necessárias para evolução e crescimento, é um fator essencial para a continuidade das empresas. Hoje em dia, as organizações não só precisam da mão de obra, mas precisam do corpo, da alma e da mente dos colaboradores, pensando a todo momento em soluções de problemas e geração de oportunidades, inovando, inventando, testando, experimentando e aprendendo. A modernidade está trazendo uma nova necessidade para as organizações, que precisam cada vez mais de capital intelectual. A força de trabalho deve estar engajada na causa e no propósito. Mas, afinal de contas, o que é engajamento?

O QUE É ENGAJAMENTO?

E se eu te perguntasse no que você está engajado, o que me responderia? Será que está engajado na causa ou no propósito do seu trabalho? É isso que mantém sua energia cerebral alta? Se sim, podemos dizer que está engajado no trabalho. O engajamento não só é um combustível para fazermos o que fazemos, mas é um estado de energia plena que nos faz estar completamente envolvidos com o que estamos fazendo. A motivação é um pretexto para agirmos, mas o engajamento é a relação afetiva que temos com o que estamos fazendo, e isso nos mantém energizados. Wilmar Schaufeli (2013), especialista no assunto e professor da Utrecht University, na Holanda, define engajamento como "estado de realização afetivo-emocional positivo, caracterizado por vigor, dedicação e absorção".

- **Vigor.** Alto nível de energia e resiliência à disposição para investir esforço no trabalho, não se cansar facilmente e persistir diante das dificuldades.
- **Dedicação.** Forte envolvimento no trabalho, acompanhado por sentimentos de entusiasmo, de significado e de orgulho e inspiração.
- **Absorção.** Agradável estado de imersão total no trabalho, caracterizado pelo "passar do tempo rapidamente" e incapacidade de separar a entrega do trabalho, que se tornam uma coisa só.

Segundo Schaufeli, quando estamos com a energia carregada, estamos em um estado de alto engajamento. Engajamento é um estado de alta energia mental. Mas o contrário é verdadeiro: quando estamos com uma energia mental baixa, estamos próximos à zona de *burnout* (alto nível de estresse).

Ainda segundo Schaufeli, engajamento é uma zona de alta energia, com absorção e promoção de foco na atividade que se está exercendo, de motivação intrínseca e capacidade de identificação das necessidades de forma segura. Engajados, temos segurança e direcionamento, agindo com proatividade e forte comprometimento com a alta performance. Entre a zona de engajamento e a zona de *burnout*, que são extremos, temos duas fases: *workaholic* (viciado em trabalho) e satisfação no trabalho. As fases apresentam níveis de envolvimento diferentes com o trabalho, como pode ser visto com mais detalhes nas Tabelas 9-12, nas quais há uma escala de energia de 1 a 4, onde *burnout* tem nível 1 e engajamento tem nível 4, ou seja, nível máximo de energia.

Tabela 9 — Resumo de uma pessoa na crise de *burnout*.

Burnout	Nível de energia = 1
Características	› Exaustão › Distanciamento mental › Foco baixo ou inexistente › Perda de motivação intrínseca
Sentimentos	Triste; cansado
Resumo	Desprazer; ausência de energia para qualquer atitude; depressão; e baixa produtividade

Fonte: Adaptada de SCHAUFELI, 2013.

Tabela 10 — Resumo de uma pessoa *workaholic*.

Workaholic	Nível de energia = 2
Características	› Motivação baixa ou inexistente › Insegurança › Sem foco › Sempre se depara com regras › Próximo ao nível de exaustão › Próximo ao *burnout* › Cansaço mental
Sentimentos	Tenso; chateado
Resumo	Desprazer; baixa energia, embora não esgotada a ponto de não ter atitude; depressão; e baixa produtividade

Fonte: Adaptada de SCHAUFELI, 2013.

Tabela 11 – Resumo de uma pessoa que está satisfeita com o trabalho.

Satisfação no trabalho	Nível de energia = 3
Características	› Saciado › Reativo › Fraca relação com a performance › Segue o *status quo*
Sentimentos	Contente; calmo
Resumo	Sensação de prazer; boa energia, embora não tão alta quanto a de uma pessoa engajada; e conformismo

Fonte: Adaptada de SCHAUFELI, 2013.

Tabela 12 – Resumo de uma pessoa engajada no trabalho.

Engajamento	Nível de energia = 4
Características	› Alta energia › Absorção e promoção de foco › Motivação intrínseca › Identificação de necessidades › Segurança › Direcionamento › Proatividade › Forte relação com a performance
Sentimentos	Animado; feliz
Resumo	Sensação máxima de prazer; realização; energia alta para atingir picos de performance; e busca por melhoria contínua

Fonte: Adaptada de SCHAUFELI, 2013.

Os profissionais engajados têm níveis mais altos de energia para tratar mudanças como oportunidades, são mais proativos e têm direcionamento. Esses profissionais se sentem animados e felizes, o que contribui para uma melhor performance. Os profissionais engajados apresentam uma performance melhor que aqueles apenas satisfeitos com o trabalho.

OS BENEFÍCIOS DE COLABORADORES ENGAJADOS

Como colaboradores engajados são mais proativos, têm alta energia e enxergam mudanças como oportunidades, obviamente esses comportamentos geram muitos benefícios para a empresa e para os próprios colaboradores. Profissionais engajados possuem:

- **Alto nível de energia.** Podemos olhar o engajamento como uma bateria carregada, sendo que o profissional engajado tem seu nível de energia alto, está sempre animado e enxergando mudanças como oportunidades.
- **Senso de necessidade.** Um profissional engajado tem senso de necessidade mais apurado, e por isso consegue julgar melhor as atividades e suas respectivas prioridades.
- **Foco no resultado, no trabalho e no que precisa ser feito.** Foco é um dos fatores mais importantes para alcançar um objetivo, e quando um colaborador está engajado ele tem foco no objetivo principal.
- **Proatividade.** O indivíduo engajado é proativo para a inovação. Ele tem energia para o novo e busca sempre novos caminhos e novos cenários. Ele não é reativo e sim proativo, buscando alternativas e oportunidades.

Vou tomar a liberdade de compartilhar uma história que para mim define bem o que é foco. Um general de guerra precisava ter a seu lado o melhor arqueiro de seu exército para protegê-lo. Com a finalidade de recrutar o melhor arqueiro, ele chamou todos os arqueiros da tropa para um teste, posicionou o desenho de uma águia a uma certa distância e pediu que os arqueiros se posicionassem para atirar suas flechas e acertar exatamente o olho do desenho da águia. O alvo era acertar o olho da águia. Então, antes de o primeiro arqueiro atirar sua flecha, já em posição de concentração, o general perguntou a ele o que estava vendo. O arqueiro respondeu que estava vendo a figura de uma águia, com bicos, penas e asas. Antes mesmo de ele atirar a flecha, o general já o reprovou e chamou o próximo da fila. Então o segundo arqueiro se posicionou e o general perguntou a ele o que estava vendo. Ele respondeu que estava vendo a figura de uma águia, com bicos, penas e asas. Antes de o arqueiro terminar de falar e sem sequer atirar sua flecha, o general também o reprovou e assim sucessivamente, até que chegou um arqueiro engajado na missão de acertar o olho da águia. O general perguntou a esse arqueiro o que estava vendo, e então o arqueiro respondeu: só estou vendo o olho da águia e não tenho olhos para mais nada a não ser para o meu objetivo. Esta história é apenas para ilustrar o foco de um indivíduo que colabora e está engajado na causa. Ele só tem olhos para o propósito em comum.

Sempre que falo de proatividade lembro de um conto do mundo corporativo que me acompanhou ao longo da carreira, mas confesso que não lembro a sua origem. Um colaborador queria um aumento e entrou na sala do superior pedindo revisão salarial. Era próximo da hora do almoço e então o superior, sabiamente, antes de conceder o aumento, pediu uma atividade para o colaborador, como teste e merecimento de tal aumento. O superior comentou que queria servir frutas no refeitório da empresa como sobremesa e pediu para o colaborador ir até uma banca de frutas que ficava perto da empresa para ver se tinha banana. O colaborador, com a finalidade de receber o aumento, fez o que o superior pediu e foi até a banca de frutas ver se tinha banana, uma tarefa relativamente simples. Voltando à sala do superior, o colaborador trouxe a informação de que sim, tinha banana na banca de fruta. Então o superior perguntou a ele se havia bananas suficientes para servir todo o refeitório. O colaborador respondeu ao superior que não tinha perguntado isso mas poderia voltar na banca para perguntar, e assim o fez. Quando regressou da banca comentou com o superior que não, não tinha banana suficiente para servir todo o refeitório. Então o superior perguntou se tinha outra fruta que poderia substituir a banana. O colaborador teve que voltar à banca e assim passou a hora do almoço, com idas e vindas à banca sem terem conseguido servir a fruta naquele dia. O superior encerrou o assunto comentando que iria pensar sobre o aumento salarial.

No dia seguinte, perto do mesmo horário, o superior chamou o colaborador novamente em sua sala e pediu para que assistisse a uma cena. Chamou um membro de sua equipe que era engajado e proativo e deu a mesma tarefa a ele, com as mesmas explicações. O colaborador engajado foi até a banca. Em seu regresso, o superior perguntou se eles tinham bananas suficientes para servir todo o refeitório, e foi aí que o engajamento e a proatividade fizeram toda a diferença.

O colaborador engajado respondeu que não havia bananas suficientes, mas que ele havia perguntado sobre outras frutas. A banca tinha maçãs, peras e ameixas. O colaborador também sugeriu que, ao comprarem um pouco de cada fruta, cada colaborador poderia escolher o que mais gostasse. Além disso, comprando frutas diferentes, a dúzia das frutas sairia por um preço mais acessível e o pagamento poderia ser feito em até 30 dias. O colaborador por fim afirmou que o preço já havia sido negociado e que o dono da banca estava só aguardando o sinal verde para enviar as frutas. Por fim, naquele dia, as frutas foram servidas como sobremesa no refeitório.

No final do dia, o superior chamou novamente o colaborador que estava almejando incremento salarial e perguntou que conclusão ele tirava da história, e ele mesmo chegou à conclusão de que precisava melhorar sua proatividade para receber o aumento.

Podemos concluir que um colaborador engajado apresenta:

- **Alto nível de motivação intrínseca.** A motivação intrínseca é parte integrante de um indivíduo engajado. Ele ama o que faz e se sente animado e feliz por ter responsabilidade. Ele tem motivo para fazer as atividades.

- **Pensamento no coletivo/pró-social.** Ele tem objetivos compartilhados com a equipe e pensa no todo e não apenas em seu próprio benefício, lembrando sempre do objetivo em comum.
- **Busca constante da superação.** Ele não se contenta com resultados medianos ou com zona de conforto. Busca melhoria contínua e se superar a cada dia, bem como o resultado que ninguém ainda está visualizando. Ele vai além e supera as expectativas.
- **Relação saudável com o trabalho.** O colaborador engajado não será um *workaholic*, pois consegue equilibrar os motivos pelos quais trabalha. Ele não entra na zona de risco para *burnout* e cria limites para o trabalho.

Esses aspectos tornam os profissionais engajados mais motivados, mais produtivos e mais comprometidos com os resultados da empresa, e isso é refletido nos números, como demonstra uma pesquisa de Benjamin Schneider (2018), professor da Stanford University, em Connecticut, nos Estados Unidos. Essa pesquisa foi conduzida em 4.199 empresas, sendo 102 do *ranking* da *Fortune* e também empresas inseridas no *ranking* de *best place to work* (melhores lugares para trabalhar). A Tabela 13 compara as empresas de menor para maior nível de engajamento e seus respectivos retornos financeiros.

Tabela 13 – Quanto maior o engajamento dos colaboradores, maior a rentabilidade.

Quartil	Nível de engajamento	Retorno sobre ativos (ROA, *return over assets*)
1º	73,4	-2,5%
2º	77,4	-0,5%
3º	78,2	-0,4%
4º	79,4	2,0%

Fonte: SCHNEIDER, 2018.

Uma segunda pesquisa da Gallup (2020) com 152 empresas, 32.394 unidades de negócios e mais de 955 mil colaboradores mostrou que o engajamento impacta os principais indicadores dos negócios. Podemos ver na Figura 11 os principais indicadores das empresas pesquisadas e como o maior engajamento impactou positivamente os resultados das empresas.

Figura 11 – Melhores resultados em diferentes aspectos foram apresentados pelas empresas que tinham maior nível de engajamento.

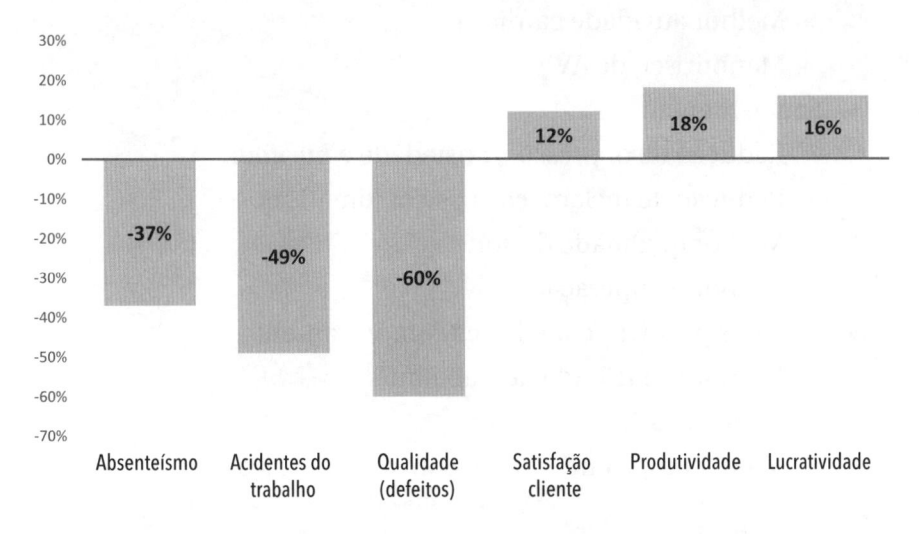

Indicador	Variação
Absenteísmo	-37%
Acidentes do trabalho	-49%
Qualidade (defeitos)	-60%
Satisfação cliente	12%
Produtividade	18%
Lucratividade	16%

Fonte: HARTER et al., 2002.

O engajamento se inicia por meio do equilíbrio entre a demanda e os recursos de trabalho. Este tema será aprofundado no próximo tópico, mas é necessário ter um trabalho equilibrado. Esse equilíbrio gerará um estado psicológico de satisfação, engajamento e envolvimento. Esses estados psicológicos resultarão em maior comprometimento, uma busca constante pela superação e, principalmente, o aumento da performance. Este ciclo virtuoso do engajamento pode ser uma constante, se incentivado e mantido o equilíbrio entre a demanda e os recursos de trabalho.

O engajamento pode gerar muitos benefícios não só para as empresas, mas também para o colaborador, afinal, trabalhar com energia, prazer e entusiasmo é benéfico para todos. Diversas pesquisas sobre engajamento mostram esses benefícios, dentre eles:

Para o colaborador:

- Saúde física:
    » Redução do estresse.
    » Melhor atividade cardíaca.
    » Menor risco de AVE.
- Saúde mental:
    » Redução de depressão, ansiedade e *burnout*.
    » Redução de reclamações psicossomáticas.
    » Melhor qualidade do sono.
    » Melhor recuperação.
- Atitudes positivas e melhores comportamentos:
    » Melhor capacidade de trabalho.
    » Mais iniciativa.
    » Maior comprometimento com a organização.

Para a empresa:

- Redução de:
    » Custos com a saúde do colaborador e com novas contratações.
    » Absenteísmo.
    » Acidentes de trabalho.
    » *Turnover* intencional.
- Melhor desempenho:
    » Maior satisfação de cliente.
    » Melhor performance no trabalho.
    » Maior criatividade.
    » Comportamentos mais apropriados e adequados.

- Resultados superiores:
    » Melhores resultados financeiros.
    » Maior produtividade.
    » Maior lucratividade.

O engajamento gera muitos benefícios para ambos os lados, tanto para a organização como para os colaboradores. Mas como gerar engajamento? Qual é o caminho para o aumento do engajamento? Veremos nos próximos tópicos como as empresas podem contribuir para o aumento do engajamento, considerando que elas também serão beneficiadas.

MAPA DO ENGAJAMENTO

A liderança tem papel fundamental para o aumento do engajamento dentro da organização. Dentro do ambiente de trabalho, o líder é o responsável por desenvolvimento dos colaboradores, clima organizacional, motivação, responsabilidade do propósito da empresa, incentivar o colaborador a encontrar o seu próprio propósito, gerir o departamento ou a empresa, pensar na sustentabilidade do negócio, obter lucro, atendimento ao cliente, preocupação com meio ambiente, bem como diversas outras questões que também fazem parte da incumbência da liderança.

> **O líder é a liga do propósito da empresa com aqueles que colaboram com esse propósito.**

É o líder também que incentiva os colaboradores a gerir o negócio de maneira sustentável. Todo este processo requer um equilíbrio entre o que a empresa exige do colaborador e o que ela oferece para o colaborador. Os professores Taris e Schaufeli (2014), ambos da Utrecht University, na Holanda, estudaram o equilíbrio entre a demanda e a oferta de trabalho e suas respectivas relações com os resultados. Segundo eles, o recurso de trabalho equilibrado tem relação direta com o aumento da energia e do engajamento – e, consequentemente, com a redução da possibilidade de *burnout*. O aumento de energia gera mais comprometimento com o propósito, aumenta a proatividade e ajuda a criar um ambiente saudável e uma melhor performance. Já a demanda de trabalho desequilibrada contribui para a redução de energia; logo, contribui para a proximidade da zona de estresse ou *burnout*. Além dos fatores da demanda e do recurso de trabalho, os professores também destacam a importância da existência de características individuais positivas dos colaboradores e da atuação da liderança. Ambos os fatores contribuem para o aumento ou redução dos recursos de trabalho e da demanda de trabalho. Dessa forma, ambos impactam diretamente o nível de energia dos membros da equipe e, consequentemente, os resultados, sejam eles positivos ou negativos. Resumindo, temos:

- **Recurso de trabalho equilibrado com a demanda** de trabalho gera mais energia, reduz a possibilidade de estresse e *burnout* e, consequentemente, gera resultados positivos, pois os colaboradores estarão mais engajados, proativos e comprometidos com a performance.
- **Demanda de trabalho desequilibrada com o recurso de trabalho** gera mais estresse, aproximação da zona de *burnout*, redução da energia, redução do engajamento e, logo, ausência de comprometimento com a performance, causada pela ausência de energia.
- **A atuação da liderança** é fundamental para equilibrar o recurso e a demanda de trabalho.
- **Recursos individuais**, ou seja, características positivas de cada indivíduo da equipe, contribuem para o ambiente de trabalho e, logo, também influenciam na demanda e no recurso de trabalho.

E quais são os principais recursos e demandas de trabalho? Quais características individuais contribuem para eles?

Recursos de trabalho

É tudo que a empresa pode oferecer para seus colaboradores como ferramenta para que as atividades sejam executadas, desde recursos físicos até psicológicos, como suporte social. Taris e Schaufeli destacam 4 grandes grupos de recursos de trabalho, que são:

Social:

- **Suporte social ao colaborador,** como muitas empresas oferecem apoio de psicólogo, psiquiatra e até advogados para causas pessoais.
- **Bom clima de trabalho** em equipe contribui fortemente e é um ótimo recurso. Não adianta o colaborador ser um profissional de alta performance e ser inserido em uma equipe de baixa performance. Ele certamente será contaminado.
- **Transparência e clareza nas atividades** a serem exercidas. É essencial ter uma delegação de atividades de forma clara e transparente, pois ninguém consegue executar algo se não souber o que precisa ser executado.
- **Reconhecimento por parte da empresa**. O líder, como representante da empresa, precisa reconhecer um bom trabalho e gratificar o colaborador por isso. Celebrar as conquistas cria um clima favorável, e é extremamente importante para a equipe se motivar cada vez mais para alcançar os objetivos.

Trabalhista:

- **Controle adequado e equilibrado do trabalho,** sem microgerenciamento e tampouco ausência de gerenciamento.

- **Ter as pessoas certas no lugar certo**, fazendo trabalho com propósito e com sentido.
- **Variedade de atividades, com trabalhos que desenvolvem diferentes competências** do colaborador, como relacionamento, conhecimento técnico, organizacional e principalmente atividades que gerem crescimento.
- **Atividades nas quais os colaboradores possam usar suas competências**, pois esta é uma das necessidades básicas e um fator motivacional, segundo a teoria da autodeterminação já destacada nos capítulos anteriores.
- **Ter as ferramentas de trabalho adequadas** à demanda de trabalho. Não adianta o líder cobrar um resultado sem proporcionar as ferramentas adequadas.
- **Participação nas decisões**. Os colaboradores devem participar das decisões, e não apenas executá-las.

Organizacional:

- **Boa comunicação** por parte dos líderes gera confiança e transparência. A ausência de comunicação é a causadora de grande parte dos problemas atuais.
- **Confiança na alta administração** é um grande recurso de trabalho. Para isso, os líderes precisam conquistar a confiança com ética, fazer o que discursam (*walk the talk*) e principalmente inspirar, sendo exemplos a serem seguidos.
- **Alinhamento** entre a estratégia global da empresa, o plano tático e as atividades operacionais do dia a dia. Além do alinhamento de tarefas, é importante haver um alinhamento entre departamentos, líderes e colaboradores. Todos devem buscar o mesmo propósito.
- **Congruência de valores** entre os colaboradores e a empresa. Sem propósitos e valores alinhados, dificilmente os níveis de motivação e engajamento serão satisfatórios.

- **Procedimentos justos**, sem exagero na burocracia e tampouco sem controle. Políticas e procedimentos são importantes para todos os níveis da organização.

Crescimento:

- *Feedback* **constante** para direcionar os colaboradores, incentivá-los e reconhecer um bom trabalho. O *feedback* ajuda no autoconhecimento. Este tema será abordado no Capítulo 20.
- **Acompanhar a performance do colaborador** por meio de avaliações de desempenho é fundamental para haver comprometimento com resultados e melhoria contínua.
- **Ter uma possibilidade de carreira e crescimento**. Todos os colaboradores são impulsionados e buscam melhorar a performance se houver possibilidade de crescimento.
- **Possibilidade de aprendizado e desenvolvimento** e com visão de futuro. Morrem aqueles que param de aprender. O líder e a empresa precisam criar uma estrutura de aprendizado e desenvolvimento contínuo.

Demandas de trabalho

É tudo que a empresa demanda dos colaboradores, e deve estar alinhado e equilibrado com os recursos de trabalho. As demandas de trabalho são destacadas em 3 grupos, segundo Taris e Schaufeli:

Quantitativas:

- Ter uma **velocidade adequada para as mudanças** do trabalho e das prioridades. Mudar as prioridades com frequência altera o ritmo de trabalho, aumenta o estresse e modifica o foco.

- A **quantidade de trabalho** também é essencial para ajudar no equilíbrio entre a demanda e os recursos de trabalho. Ter muito trabalho e pouco espaço de tempo para realizá-lo também contribui para o desequilíbrio e gera pressão, ou seja, estresse.
- Muitas **mudanças no ambiente de trabalho** com pouco tempo para adaptação. Algumas empresas fazem reestruturações constantes, projetos distintos ao mesmo tempo, e isso muda muito o ambiente de trabalho. Essas mudanças constantes aumentam a demanda de trabalho.

Qualitativas:

- **Alta demanda emocional** em ambientes de trabalho estressantes. Muitas vezes a busca por resultados de curto prazo aumenta a demanda emocional. Existem empresas que têm um ambiente mais agressivo que outras, de modo que alguns segmentos, como o de bens de consumo, tendem a ser mais dinâmicos devido à concorrência acirrada e à necessidade de mudanças.
- **Demandas cognitivas**, como altos desafios e dificuldades de decisão, podem também causar desequilibro na demanda de trabalho. Algumas estruturas matriciais contribuem para esse desequilíbrio, pois podem causar dificuldade nas decisões devido à quantidade de alinhamento necessário para se chegar a uma conclusão.
- **Equilíbrio entre trabalho, vida pessoal** e qualidade de vida é uma demanda que precisa ser controlada dentro das organizações. Em momentos de implementação de projetos ou alteração de estruturas, é comum ter um desequilíbrio dessa demanda, mas isso precisa ser rapidamente controlado em prol dos colaboradores.

Organizacionais:

- **Mudanças organizacionais** como fusão, cisão, compra ou venda de negócios aumentam a demanda de trabalho, pois exigem um esforço enorme para integração ou adaptação ao novo modelo.
- **Conflitos interpessoais** também podem desequilibrar a demanda de trabalho. Conflitos sempre desperdiçam energia, e o líder deve atuar de forma a minimizar os conflitos quanto puder e sempre tratá-los de forma profissional.
- O mesmo ocorre com os **conflitos de atividades**. Algumas atividades ficam sem responsáveis dentro das organizações, e isso causa conflitos entre departamentos.
- **Excesso de burocracia** também demanda energia desnecessária.
- **Insegurança e ausência de autonomia** também contribuem para o desequilíbrio da demanda de trabalho. Dar autonomia é empoderar os colaboradores, o que também é uma das necessidades segundo a teoria da autodeterminação.

Recursos pessoais

Recursos pessoais também ajudam no equilíbrio e na geração de engajamento. Eles são características positivas e individuais que se conectam à resiliência e à habilidade de promover impacto positivo no ambiente de trabalho, levando à alta performance. As características apontadas pelos professores Taris e Schaufeli são: estabilidade emocional, extroversão, consciência e lucidez, otimismo, autoestima equilibrada, resistência, foco e esforço para o alcance dos objetivos, autoeficácia, proatividade e perfeccionismo. Os colaboradores que possuem essas características bem desenvolvidas contribuem para o aumento dos recursos de trabalho e a diminuição da demanda de trabalho, gerando equilíbrio entre os dois e, como consequência, colaboradores mais engajados. Um líder engajador deve atuar de forma a contribuir para equilibrar a demanda e a oferta de trabalho, além de incentivar o desenvolvimento desses recursos pessoais nos membros da equipe.

O LÍDER ENGAJADOR

O líder engajador deve atuar de forma a equilibrar a equação entre demanda de trabalho, os recursos de trabalho e os recursos pessoais. Neste tópico vou retomar a teoria explicada no Capítulo 4, a da autodeterminação, que leva em consideração três necessidades básicas:

- **Autonomia.** Consiste em estar no controle e agir em harmonia com os seus valores.
- **Competência.** Capacidade de lidar de modo eficaz com o meio que o cerca.
- **Relacionamento.** Desejo de interagir, de se conectar com as pessoas e de fazer algo em benefício dos outros.

Essas são as três necessidades básicas que os professores Edward Deci e Richard Ryan (1985) estudaram e definiram como necessidades básicas para o ser humano se sentir motivado, com energia para crescer e se desenvolver e engajado na busca por melhoria contínua e alta performance. Para ampliarmos ainda mais a linha de raciocínio dos professores e acrescentarmos uma pitada de motivação e engajamento nos colaboradores, que tal pensarmos em mais uma necessidade? Por exemplo, **ter propósito.**

Todo ser humano tem o desejo de realizar atividades significativas. Ao fazemos as coisas simplesmente por fazer, não passamos do nível de funcionário, no qual sou pago para fazer algo e em contrapartida do salário eu faço o que me pedem, sem proatividade e de forma reativa. Quando sabemos o porquê das coisas e há um motivo maior do que a atividade propriamente dita, nos sentimos parte integrante de algo maior, e assim nos sentimos como uma engrenagem importante, de modo que, sem o nosso trabalho, a "máquina" não funciona. Isso nos faz sentir mais importantes, com motivação para fazer algo e engajados no propósito. Ter propósito faz diferença e gera engajamento.

Isso muda significativamente a forma de liderar. O líder precisa mudar a forma de estimular as ações e não apenas motivar, mas manter os colaboradores engajados, com alta energia e performance, além de comprometidos com os resultados. Para que isso ocorra, os líderes precisam satisfazer as 4 necessidades do colaborador, sendo 3 da teoria da autodeterminação somadas ao propósito. E como fazer isso?

- Inspirando, motivando e promovendo alinhamento de propósito.
- Realçando forças que estejam alinhadas à necessidade de competência.
- Incentivando conexões, questão atrelada ao relacionamento.
- E, por último, empoderando os colaboradores, questão relacionada à autonomia.

Propósito: inspirar e motivar

É responsabilidade do líder engajador:

- Ajudar o colaborador a encontrar a sua missão e seus propósitos, bem como conectá-los à missão e aos propósitos da empresa.
- Incentivar e contribuir para a implementação de planos e novas ideias.
- Mostrar ao colaborador o propósito do trabalho, além de como ele é importante para o todo.

Competências: realçar as forças

É responsabilidade do líder engajador:

- Delegar tarefas e responsabilidades de acordo com a competência de cada indivíduo, levando em consideração os planos de futuro dos colaboradores.
- Encorajar o uso de forças e talentos, criando o ambiente para incentivá-las e mostrando aos colaboradores como as características de cada um são únicas.
- Desafiar os colaboradores para que não fiquem na zona de conforto e busquem sempre a melhoria contínua.

Relacionamento: incentivar a conectividade

É responsabilidade do líder engajador:

- Encorajar a colaboração entre os membros da equipe, incentivando a troca de características positivas e experiências.
- Promover espírito de equipe e a contribuição mútua, já que uma equipe unida sempre trabalhará melhor que um indivíduo sozinho.
- Gerenciar os conflitos, que podem ser positivos, visto que ampliam os pensamentos e tiram os envolvidos da zona de conforto; mas é importante gerenciá-los para que não saiam do controle.

Autonomia: empoderar

É responsabilidade do líder engajador:

- Reconhecer e encorajar o senso de dono nos colaboradores, bem como dividir as responsabilidades, levando em consideração o equilíbrio entre a demanda e os recursos de trabalho.

- Estimular a liberdade e a responsabilidade, que, como costumo dizer, devem caminhar lado a lado.
- Estimular a exposição de opiniões, mesmo que discordantes, pois em uma opinião divergente pode estar uma grande oportunidade.

Com essas atitudes, um líder contribui para resultados positivos, se tornando um líder engajador. Um líder engajador é aquele que equilibra a demanda e os recursos de trabalho, desenvolve um processo motivacional, com aumento do engajamento, que terá como consequência o comprometimento e a alta performance dos colaboradores, bem como a redução do risco de *burnout*. O aumento de engajamento leva ao aumento da performance, da empregabilidade, dos resultados para a empresa e o indivíduo, da lucratividade e do comprometimento, além de reduzir o absenteísmo, a ociosidade e o *turnover*.

Para incentivar e promover o engajamento, há diversas intervenções. Dentre as intervenções individuais, podemos destacar as comportamentais, as cognitivas e as motivacionais.

Intervenção comportamental

- Ter um estilo de vida saudável, praticando exercícios físicos regularmente e exercitando a mente.
- Praticar virtudes, conhecendo, usando e desenvolvendo as forças e os talentos individuais e da equipe; expressar gratidão; se comprometer e gerar comprometimento com ações de bondade.
- Fortalecer o relacionamento social, compartilhando boas notícias; nutrir relacionamentos sociais; e exibir comportamentos pró-sociais.

Intervenção cognitiva

- Contar as coisas boas que aconteceram no dia; cultivar o otimismo; comemorar as vitórias.

- Abster-se de comparações sociais.
- Tomar decisões e ser racional (a razão deve sempre superar a emoção).

Intervenção motivacional

- Definir objetivos alinhados com as competências e o propósito de cada indivíduo.
- Encontrar o estado de *flow* (estado de alto nível de energia e satisfação com o trabalho; estado de êxtase com a atividade que está sendo exercida).
- Aumentar a resiliência e o empoderamento dos colaboradores.
- Desenvolver as carreiras dos respectivos membros da equipe e ser visionário.

A organização também pode intervir para gerar mais engajamento e motivação nos colaboradores da intervenção organizacional.

Intervenção organizacional

- Realizar uma pesquisa de clima por times ou para toda a empresa anual ou bianualmente.
- Ter melhores práticas de recursos humanos, com plano de desenvolvimento individual (PDI) e comunicação clara das estratégias, metas e objetivos empresariais e departamentais.
- Aumentar os recursos de trabalho por meio do redesenho do trabalho e da *job rotation* (rotação das atividades entre os colaboradores).
- Realizar treinamentos para que os colaboradores possam adquirir novas competências e habilidades, reforçando a definição de uma política de aprendizado contínuo.
- Estabelecer de o processo de *check-in*, ou *feedbacks* rápidos (de no máximo 5 minutos), imediatamente após uma determinada

atividade. Uma das gigantes farmacêuticas na qual trabalhei tem este processo bem implementado, de modo que, todas as vezes que um colaborador faz uma determinada atividade, é comum o superior tomar um café com este colaborador para dar suas impressões rápidas a respeito de seu desempenho.
- Por último e mais importante, a organização precisa desenvolver e incentivar a liderança engajadora.

CONCLUSÃO

- Pessoas trabalham para se sentirem úteis e pertencerem a um propósito maior.
- O mercado de trabalho mudou, e os colaboradores estão muito mais interessados em propósito do que em ter apenas um emprego.
- Engajamento é o estado mental com "bateria cheia", de realização afetivo-emocional positiva, caracterizado por vigor, dedicação e absorção.
- Colaboradores engajados são mais felizes, têm mais vigor, mais envolvimento com o trabalho, mais energia, são mais dedicados e apresentam melhores resultados.
- Engajamento é gerado por meio do equilíbrio entre os recursos e a demanda de trabalho. O líder exerce uma função crucial na manutenção desse equilíbrio.
- O excesso de demanda de trabalho pode levar ao *burnout*, e o excesso de recursos de trabalho pode levar à ausência de desafios.
- Líder engajador é o que busca atender às necessidades de autonomia, competência, relacionamento e propósito do colaborador.
- Dentre as intervenções que aumentam o engajamento estão: conhecer e praticar virtudes, manter e incentivar o estilo de vida saudável e equilibrar a demanda e os recursos de trabalho.

CAPÍTULO 9

APRENDENDO A SER RESILIENTE

Vimos nos capítulos anteriores que a criatividade foi a competência mais procurada no LinkedIn em 2019. Também vimos que o engajamento aumenta o nível de energia, proatividade e comprometimento com o resultado e com a alta performance. Nem sempre temos momentos que nos engajam ou momentos de criatividade. Ao longo de nossa carreira profissional, e mesmo em nossa vida, passamos por muitos momentos desafiadores, com os quais mesmo sendo criativos e engajados podemos nos frustrar. Nem sempre o resultado estará alinhado com a nossa expectativa. Em um mundo em constante mudança, frustrações podem até ser mais comuns do que incomuns. Muitas vezes, empresas lançam produtos com a expectativa de que sejam inovadores e, no entanto, simplesmente não vendem; ou mesmo nós, como profissionais, fazemos uma apresentação linda sobre determinado tema e não convencemos o nosso superior. Essas situações, inevitavelmente, geram frustrações. Há uma energia e uma motivação para fazermos uma determinada atividade, e quando o resultado não alcança nossas expectativas é normal nos sentirmos frustrados. Não há nada de errado nisso, contanto que essa frustração não permaneça conosco por mais tempo do que o necessário. Quando passamos por momentos de frustração, devemos refletir sobre os aprendizados, sobre onde podemos melhorar e como superar este momento para termos energia para os novos desafios.

Como falamos no Capítulo 7, devemos nos arriscar mais e experimentar novas ideias. Experimentações, em geral, estão sujeitas a erros. Os erros nunca são o que esperamos, pois sempre temos a esperança de acertar. Contudo, a partir desses erros, devemos extrair os aprendizados e seguir em frente, com a mesma energia de antes.

Em meu livro *O caminho da liderança*, no qual narro minha peregrinação pela rota francesa do caminho de Santiago de Compostela, traçando um paralelo com a liderança, conto uma história de um dia em que acordei cedo para caminhar e ainda estava escuro. Eram pouco mais de 5 da manhã. Acendi minha lanterna e segui, sendo ela minha melhor amiga neste momento do dia. Cheguei em uma bifurcação e não encontrei a placa amarela. Decidi seguir o caminho da direita. A partir do primeiro passo que dei após a passagem do limite da bifurcação, comecei a pressentir que estava no caminho errado. A cada passo que avançava por esse caminho, maior era o meu pressentimento de que estava errado. Segui nesse caminho por 3 quilômetros, até que um senhor que estava saindo para trabalhar me avisou que eu estava no caminho errado. Andei mais de 6 quilômetros adicionais nesse dia por um erro, 3 para ir e 3 para voltar, e mais de uma hora de caminhada desnecessária. Erros são normais e são o único caminho para o acerto. Nesse dia, mesmo após esse erro, tive que tomar o caminho correto com o mesmo nível de energia, afinal ainda tinha mais de 30 quilômetros para percorrer naquele dia – e esse foi apenas um dos erros que cometi ao longo dessa caminhada.

Errar é a única forma de acertar, mas como voltar para o mesmo nível de energia em que estávamos antes do erro? Isso poderia ser resiliência? Afinal, o que é resiliência? Seria resiliência uma competência?

Vimos que competência é a capacidade que temos de coordenar de modo eficaz diferentes conjuntos de conhecimentos, habilidades e atitudes que permitem um desempenho superior; e que conhecimento está relacionado ao o que deve ser feito, às habilidades de como fazer e à atitude de querer fazer. Mas e a resiliência, seria um conhecimento, uma habilidade ou uma atitude?

Na física, a resiliência é descrita como a capacidade que alguns materiais têm de acumular energia quando submetidos à pressão e, depois de absorver o impacto, voltar ao estado original sem deformação, como se fossem elásticos. O elástico volta ao seu estado normal após ser esticado, mas e o ser humano? Ele volta ao seu estado normal depois de um erro ou uma dificuldade? Se ele for resiliente, saberá como fazer isso, o que faz da resiliência uma habilidade.

Devemos levar em conta que existem a resiliência física, à qual o exemplo trazido pela física nos ajuda claramente a entender, e a resiliência emocional e psicológica, que o evento da física explica parcialmente.

- **Resiliência física**. Pensemos em uma bola de tênis nova ou sem defeitos. Se apertarmos essa bola, ela voltará ao estado normal sem nenhuma intervenção.
- **Resiliência emocional ou psicológica**. Agora pensemos em uma bola de massinha de modelar. Se apertarmos essa bola, ela terá condições de voltar à sua forma redonda, mas provavelmente será necessária alguma intervenção.

Ambas são variáveis e momentâneas, ou seja, de acordo com o momento que estamos passando na vida, podemos ser mais ou menos resilientes. Elas se modificam de acordo com a nossa história de vida. Imagine um paciente que acaba de descobrir que está com câncer aos 30 anos. Ele lutará pela vida até a última gota de suor, mas se esse mesmo paciente descobrir uma recidiva aos 65 anos, talvez a resiliência não seja a mesma, a não ser que seja estimulada. A resiliência não é estática e sim um processo, portanto há necessidade de aprendê-la e incentivá-la.

A resiliência, tanto física como emocional ou psicológica, é a habilidade de superar adversidades e desafios, sem ser afetado por eles de modo negativo e permanente. Uma pessoa resiliente tem energia e disposição para enfrentar as dificuldades, é capaz de atuar com competência mesmo sob forte pressão, de antecipar crises, de prever obstáculos e de se preparar para lidar com eles. Uma pessoa resiliente conhece seu valor, tem atitudes positivas, porém realistas, e firmeza em seus objetivos, recuperando-se rapidamente após sofrer algum revés. Uma pessoa resiliente não muda a sua essência depois de passar por experiências difíceis.

Fazendo uma comparação incomparável, uma pessoa resiliente é como uma nota nova de cem reais. Esta nota sai da Casa da Moeda e vai para o mercado. Quando ela começa a passar de mão em mão, pode ser lavada no bolso da calça, cair no chão, ser amassada, eventualmente até rasgada e colada com fita adesiva, mas continua com a finalidade dela: valer cem reais. Ela pode passar por percalços, mas não perde seu valor nem o seu objetivo.

Há inúmeros benefícios em ter resiliência. Os colaboradores que aliam a resiliência como habilidade à competência do fazer são muito mais procurados e valorizados pelas empresas. Uma organização resiliente tem a capacidade de prever riscos e administrar crises de modo a evitar danos permanentes para a empresa. Em caso de momentos desafiadores, a organização se recupera rapidamente. Uma organização resiliente é aquela que responde de modo rápido e eficaz a imprevistos, como crises e fatalidades. Empresas resilientes avaliam seus riscos e oportunidades de modo ético e realista; aproveitam as oportunidades; reduzem os riscos com criatividade; encorajam experimentações; possuem planos bem estruturados para lidar com contingências e também com opiniões públicas em períodos de crise; e, por fim, possuem propósitos, missão, visão e valores sólidos e compartilhados com e por todos os colaboradores.

Construir resiliência organizacional requer novas maneiras de olhar as mudanças, aproveitar as oportunidades e resolver problemas complexos. Os líderes devem ser visionários e trabalhar incansavelmente em direção ao futuro desejado, sempre com equilíbrio entre demanda e recurso de trabalho e uma cultura envolvente, que engaja no propósito.

O primeiro passo para uma empresa construir resiliência organizacional é criar uma cultura dinâmica e engajadora. A partir da cultura da organização é que se alcançam as metas estabelecidas, o sucesso operacional sustentável e a inovação. Não há empresa inovadora sem uma cultura inovadora. Para enfrentar os desafios futuros e construir uma organização resiliente, os líderes devem mudar a forma de pensar (o *mindset*), atuando com previsibilidade e percepção, assumindo riscos e aprendendo com as experiências.

A cultura e o propósito são o coração de uma empresa. Os líderes devem criar uma cultura de prosperidade e otimismo. A organização nada mais é do que a capacidade coletiva de seus colaboradores de entregar valor para seus clientes.

O papel do líder na criação da cultura organizacional é fundamental, já que a cultura é uma iniciativa de cima para baixo e de baixo para cima; é a base para o sucesso de qualquer organização. Além da cultura da empresa de aceitar riscos, aprender com os erros, ser visionária e ter otimismo, ou seja, esperança, é fundamental ter uma execução com disciplina. A execução é a dor de muitos presidentes de empresas. As empresas de sucesso e seus executivos têm a execução disciplinada como um dos fatores de sucesso. Em um cenário complexo e com muitas mudanças, uma organização resiliente é aquela que se adapta às mudanças e inova, apostando em alternativas e novas ideias. O ambiente atual requer adaptação para a sobrevivência, de modo que uma organização resiliente deve ter a capacidade de fazer uma leitura do cenário externo, olhar o horizonte, prever o futuro e explorar as oportunidades, usando sua capacidade de inovação.

Uma organização resiliente deve também encorajar seus funcionários a expor suas ideias e opiniões. Os líderes precisam escutar diferentes pontos de vista e opiniões divergentes e diversas. Também devem entender a situação atual da empresa e desenvolver uma consciência situacional correta e alinhada com as necessidades atuais. Eles devem criar um ambiente no qual os funcionários possam falar livremente para expor suas opiniões, relatar problemas, erros e preocupações. É por meio das opiniões dos colaboradores que se pode mudar o pensamento de uma empresa convencional para uma empresa resiliente. Os líderes são os músculos da organização e devem ser utilizados frequentemente. Eles devem sempre rever os processos, aprender com as falhas e encorajar a inovação, além de estar alinhados com a estratégia, a cultura, o propósito e os valores da empresa. Os líderes devem enfatizar os aprendizados com as falhas e os sucessos, praticar a curiosidade, desenvolver seu time e fortalecer os pontos positivos.

COMO SER RESILIENTE?

Somos resilientes quando temos uma estrutura pessoal e profissional equilibrada e temos consciência da nossa intenção e valor. Segundo Diane Coutu, diretora de comunicação com o cliente da Banyan Family Business Advisors, em artigo para a revista *Harvard Business Review*, há muitas evidências de que a resiliência pode ser aprendida. Coutu menciona nesta entrevista 3 características de pessoas resilientes que podem ser aprendidas:

- **Aceitação da realidade.** Pessoas resilientes não são conformadas nem acomodadas, mas possuem um profundo senso de realidade. Elas podem ser otimistas, mas sempre têm os pés no chão. O excesso de otimismo também pode ser prejudicial para as empresas. É preciso ter senso de realidade apurado, visto que o excesso de otimismo pode distorcer a realidade.

- **Crença no sentido da vida.** Pessoas resilientes acreditam no sentido da vida, mesmo diante de situações que podem levar a maioria a questionar isso. No livro *Em busca de sentido*, Viktor Frankl afirma que é o propósito que dá sentido à existência.
- **Capacidade de improvisar.** Pessoas resilientes são mestres na improvisação e têm a habilidade de tirar o máximo proveito dos recursos disponíveis. Pessoas resilientes respondem com rapidez e criatividade a todos os desafios.

Barbara Fredrickson (2003) também realizou um estudo com um grupo de estudantes para detectar a resiliência. Logo após o início do estudo, ocorreram os atentados do Onze de Setembro, de modo que o estudo foi interrompido e retomado após um certo tempo. Após a retomada dos estudos, ela percebeu que todos os estudantes foram afetados de alguma forma pelo atentado, mas os que apresentaram maior nível de resiliência tiveram maior capacidade de recuperação e menor incidência de estresse pós-traumático, depressão e ansiedade, enquanto o grupo de menor resiliência apresentou esses problemas com mais frequência. De acordo com Friedrickson, os estudantes com maior nível de resiliência apresentavam uma atitude mais positiva, como gratidão por estarem vivos e compaixão pelo próximo.

Além das características apresentadas por Coutu, Friedrickson também apresentou algumas características de pessoas resilientes, sendo que uma das principais o fato de essas pessoas apresentarem alto grau de sociabilidade e criatividade. Outras características foram:

- **Abertura para conhecimentos.** Pessoas resilientes são muito mais abertas a novos conhecimentos, mudanças e novidades.
- **Capacidade e autoconfiança.** Pessoas resilientes possuem grande capacidade de adaptação e autoconfiança.

- **Senso de autonomia.** Pessoas resilientes possuem alto senso de autonomia e de propósito, bem como encaram o mundo de forma realista e positiva.

Ambos os estudos mostram que pessoas resilientes apresentam certos comportamentos que podemos não só compreender, mas também aprender e implementar em nosso dia a dia. No livro *Em busca de sentido*, Frankl comenta sobre encontrar sentido e extrair aprendizados de um momento de sofrimento. É preciso entender esse momento como uma oportunidade de aprendizado, e não como uma punição. As pessoas resilientes têm a capacidade de superar os desafios enfrentados e aprender com eles, extraindo o melhor que a situação pode trazer, sempre com uma alta capacidade de adaptação a mudanças. Essas características são de extrema importância no período atual, em que o mundo sofre alterações a uma velocidade exponencial. Mas como podemos implementar ações em nosso dia a dia para nos tornarmos pessoas resilientes?

Assim como todas as competências, que são o conjunto de conhecimentos, habilidades e atitudes, podem ser aprendidas, visto que a resiliência é uma habilidade, também somos capazes de aprendê-la. Isso pode ser feito se alterarmos a nossa forma de pensar, sentir e agir, através de comportamentos e atitudes que podem facilmente ser aprendidos, desenvolvidos e transformados em hábitos. No livro *O poder do hábito*, Charles Duhigg descreve o processo de criarmos um hábito em nossa vida e comenta que podemos substituir a nossa rotina, no começo, de forma forçada e artificial, mas que logo ela se transformará em uma rotina natural, nos dando como recompensa a criação de um novo hábito.

As recompensas por nos tornarmos resilientes são inúmeras: manter o nível de energia alto, aumentar a capacidade de recuperação após um momento desafiador, ser profissionalmente valorizado pelas empresas, crer na própria capacidade, obter autoconfiança, entre outros benefícios. Esses benefícios serão as recompensas por nos tornarmos ainda mais resilientes. O mesmo processo de criar um hábito através de mudanças da rotina pode ser usado para o desenvolvimento de resiliência. Isso significa que devemos começar a ser resilientes por meio de atos pensados e forçados, de modo que, quando menos esperarmos, seremos naturalmente resilientes. Para que isso ocorra, podemos implementar algumas ações em nossas rotinas, como:

- **Superar emoções negativas.** Em vez de ser controlado por emoções negativas, saiba que, da mesma forma como surgiram, elas desaparecerão. Não devemos rejeitar essas emoções, mas tampouco devemos ser controlados por elas. Emoções negativas são passageiras.
- **Ser visionário.** Viver no passado pode nos causar depressão e arrependimentos. Devemos viver no presente, com o foco no futuro. Uma pessoa resiliente deve ser visionária e tomar decisões baseadas na esperança de dar certo e não no medo de errar.
- **Ter sonhos e objetivos.** Uma pessoa resiliente se mantém motivada, engajada e comprometida. Ter sonhos e objetivos o fará uma pessoa visionária, mas, mais do que isso, fornecerá motivos para agir, de modo que não terá tempo para arrependimentos e mágoas.
- **Cultivar relacionamentos.** Todo ser humano precisa se relacionar. Esta é uma necessidade segundo a teoria da autodeterminação. Uma pessoa resiliente cria conectividade, investe em relacionamentos e se apoia neles como fonte de energia e encorajamento.
- **Fazer coisas que dão prazer.** Ficar atento a nossas necessidades e a atividades que nos energizam é fundamental para manter não só o nível de resiliência, mas também o de motivação e engaja-

mento. Fique atento a suas necessidades e cuide da saúde do seu corpo e da sua mente.
- **Ser flexível.** Transforme o hábito de criticar e colocar defeito em tudo no hábito de mudar de opinião e ser mais flexível.
- **Praticar a compaixão.** Atente-se às necessidades alheias e contribua de forma construtiva para aqueles que estão ao seu redor. Contribuição e compaixão aumentam a resiliência.

Transforme essas ações em hábitos e mude a sua rotina para, de forma consciente, tornar-se uma pessoa mais resiliente, colhendo os frutos e benefícios que isso pode te trazer.

Em um mundo frenético de mudanças constantes e necessidade de experimentação, certamente a criatividade é uma das competências essenciais para os líderes. Essas experimentações gerarão, como deve ser o processo de inovação, erros e acertos. Os acertos são de fácil convivência, mas os erros exigirão mais dos líderes, de modo que a resiliência é crucial neste momento.

E quando os erros e as frustrações acontecerem ao mesmo tempo que a pressão por resultados e necessidade de inovação? Nesse caso, umas das consequências pode ser uma aproximação da zona de estresse ou até o *burnout*. É importante para o líder 4.1 saber administrar o estresse, tópico que abordaremos no Capítulo 10, pois podemos passar por momentos que nos levam mais próximo dele ao longo de nossa trajetória.

CONCLUSÃO

- Resiliência é a habilidade de superar adversidades sem ser afetado por elas de modo negativo e permanente.
- Uma pessoa resiliente tem energia, disposição, capacidade de atuar com competência, de antecipar crises, de prever obstáculos e de se preparar para lidar com eles.

- Profissionais resilientes são mais valorizados no mercado, pois são capazes de prever riscos e administrar crises.
- Encontrar o lado bom das coisas nos mantém entre a zona de performance e a de recuperação, evitando a zona de *burnout* e a de sobrevivência.
- Manter o foco no futuro e aceitar as situações reais, analisando o lado positivo, aumenta a resiliência.

CAPÍTULO 10

ADMINISTRANDO O ESTRESSE

Abordamos no Capítulo 9 a necessidade de experimentação para gerar inovação, que envolve a de ser criativo, o que pode causar erros e frustrações. Para lidar com eles, a resiliência é essencial. Neste cenário de necessidade de criatividade para gerar inovação e de resiliência para lidar com os erros, se adicionarmos a pressão por resultados, podemos chegar bem próximos da zona de estresse. Por esse motivo, é importante sabermos administrar o estresse para que possamos passar por essa zona, sem permanecer nela.

O estresse é uma doença da modernidade. A Organização Mundial da Saúde já reconheceu esta doença como uma epidemia global que afeta mais de 90% da população do mundo (OMS, 2019). Essa doença traz consequências para o nosso corpo e para a nossa mente, de modo que precisamos estar alertas a essas reações. Não podemos ser dominados pelas nossas emoções e sentimentos; em vez disso, devemos dominá-los, de forma a nos livrar rapidamente das emoções negativas. Inúmeros são os casos de profissionais que deixam as empresas no fim de seus expedientes, muitas vezes bombardeados por informações, pressionados pela necessidade de inovar e de apresentar resultados, com trabalho por fazer (quando não levam o trabalho para casa) e quando chegam em casa ainda enfrentam os problemas da vida pessoal, acendendo o pavio curto da bomba do estresse. Isso ocorre porque no trabalho temos mais controle emocional, por conta das consequências que uma perda pode resultar (por exemplo, o desemprego). Em casa, pensamos que temos mais flexibilidade e acabamos descontando o estresse do trabalho em nossos entes queridos.

Na maioria das vezes, é no trabalho que vivemos fortes situações de estresse e aumentamos o nosso risco de problemas cardíacos, segundo um amplo estudo que envolveu 10 mil funcionários públicos britânicos publicado no *European Heart Journal*. Foram realizados sete estudos por mais de 12 anos pelos pesquisadores do University College de Londres, e a conclusão a que chegaram foi de que trabalhadores com estresse crônico apresentaram probabilidade 68% maior de sofrer problemas cardíacos. Essa probabilidade é ainda mais alta entre pessoas com menos de 50 anos. Esse estudo também mostrou que os profissionais com maior nível de estresse assumiam comportamentos de risco, como fumar e ter uma alimentação menos saudável, além de maior índice de sedentarismo.

No Brasil, este problema é igualmente representativo. Segundo a própria OMS, o Brasil é o país com o maior número de pessoas que sofrem de ansiedade crônica, atingindo 9,3% da população. No mercado de trabalho, a cada 10 pessoas, 9 sofrem de algum nível de ansiedade. As pesquisas também mostram que 86% dos brasileiros sofrem de algum nível de transtorno mental, como ansiedade e depressão. A *startup* Vittude, plataforma que conecta psicólogos e pacientes, realizou uma pesquisa em seu portal entre outubro de 2016 e abril de 2019, e disponibilizou um teste de estresse que foi respondido por mais de 492 mil pessoas. O resultado foi alarmante. A pesquisa mostrou que 86% das pessoas que responderam vivem com algum tipo de transtorno mental, como ansiedade e estresse. Na pesquisa, foi possível observar que 59% dos avaliados estão em estado extremamente grave de depressão e 63% apresentaram ansiedade grave. Além disso, a pesquisa aponta que 37% das pessoas estão com estresse extremamente grave (PPTA SAÚDE, 2019).

Esses números refletem a realidade que estamos vivendo. Não temos tempo nem para assimilar o "novo" e já temos um novo cenário. A pandemia mundial causada pela Covid-19 em 2020 tornou esse cenário ainda mais caótico. É difícil dizer com certeza o que nos aguarda após a pandemia neste cenário que está sendo chamado de "novo normal". Estas mudanças geram angústia, ansiedade e crises de depressão.

O ambiente de trabalho é aquele em que, muitas vezes, passamos mais horas do nosso dia e é grande responsável por esses números. Uma pessoa normal geralmente gasta 90 mil horas no trabalho durante uma vida, segundo destaca Paul Zak no livro *Trust factor* (fator de confiança). Segundo o autor, um ambiente de trabalho pode ser uma fonte de satisfação, mas é necessário que a liderança crie uma cultura de confiança e propósito. Infelizmente, os números apresentados nos mostram que no Brasil estamos indo no caminho contrário.

Somos fortemente pressionados a apresentar resultados e aumento dos lucros. A pressão sofrida no trabalho compromete a saúde física e psíquica, resultando em queda de produtividade, aumento de absenteísmo e alto *turnover*. Segundo pesquisa da International Stress Management Association (ISMA-BR, 2019), cerca de 32% dos trabalhadores brasileiros sofrem com os efeitos do estresse, que é um predecessor da síndrome de *burnout*.

Ainda segundo a ISMA-BR, de cada 10 brasileiros no mercado de trabalho, 9 apresentam sintomas relacionados à ansiedade, e quase a metade deles sofre com algum tipo de depressão. Os dados apontam para um cenário de extrema preocupação, já que o brasileiro tem uma das maiores cargas de trabalho do mundo, com cerca de 12 horas de jornada por dia.

Todos esses números são preocupantes, pois, quanto maior o nosso nível de estresse, menor a nossa capacidade cerebral e, consequentemente, menor a nossa produtividade. Isso significa que estamos trabalhando mais, porém produzindo menos.

Mas, afinal, o que é estresse e como podemos combatê-lo?

O ESTRESSE E SUAS CAUSAS

O estresse é um mecanismo de sobrevivência. É uma resposta fisiológica, psicológica e comportamental que surge quando procuramos nos adaptar a pressões internas e externas. Essa resposta é necessária para enfrentar perigos, obstáculos e desafios. Porém, após passarmos por eles, deveríamos voltar ao estado normal de relaxamento para recuperar o equilíbrio. Se não voltarmos esse estado e não tivermos esta alternância, o estresse se torna crônico, o que resulta em consequências negativas que impactam nossa qualidade de vida.

O estresse apresenta sintomas musculares, vegetativos e mentais. Os sintomas musculares geram cansaço maior que o normal, dores no pescoço, ombro, costas, braços e pernas, além de bruxismo e até tremor nas pálpebras. Os sintomas vegetativos afetam as funções vegetativas, ou seja, o sistema nervoso, gerando palpitações no coração, dificuldades intestinais, transpiração abundante e até dificuldade de respirar. Os sintomas mentais afetam as funções cerebrais em geral, gerando impaciência, mau humor, irritação, inquietação, descontrole emocional, explosões de raiva e até crises de choro, além de distúrbios do sono.

As causas do estresse podem ser divididas em 5, sendo elas:

1. **Causas biológicas.** Desequilíbrio hormonal, gravidez, puberdade, sedentarismo e até esforço físico.
2. **Causas psicológicas.** Modo de perceber e interpretar os acontecimentos. Inclui conflitos internos, não resolvidos, baixa autoestima, frustrações, pessimismo, um padrão de comportamento ansioso e preocupação constante, bem como altas expectativas e perfeccionismo.
3. **Causas socioculturais.** Exigências externas entram em conflito com crenças e valores como, por exemplo, pressão para seguir ordens ou exibir certos comportamentos com os quais não se concorda.

4. **Causas ambientais.** Estressores de grandes cidades, como trânsito, poluição, barulho e superlotação.
5. **Causas eventuais.** Eventos traumáticos como demissão, problemas financeiros, separação, perda de um ente querido, mas também casamentos, nascimento de filhos. Em geral, grandes mudanças de vida.

O estresse não é causado somente por fatores externos. Ele também pode ser gerado por fatores internos como forma de interpretar acontecimentos, pensamentos pessimistas sobre a vida, conflitos internos por ausência de autoconhecimento, entre outros. As causas do estresse dependem da percepção de cada indivíduo, pois o que pode ser estressante para uma pessoa, pode não ser para outra.

Além disso, no ambiente de trabalho, onde temos uma gestão majoritariamente focada no lucro por parte das empresas e organizações, os trabalhadores têm prazos cada vez mais apertados, superiores imprevisíveis e muitas vezes estressados também pela pressão que recebem, tarefas intermináveis, além de exigência por inovação e intolerância ao erro ou à perda, o que parece ser incompatível.

O médico austríaco Hans Selye foi o primeiro cientista a usar o termo "estresse" na área da saúde, definindo um modelo trifásico de estresse. Posteriormente, sua teoria foi ampliada por outros estudiosos para 4 fases, sendo elas:

1. **Fase de alerta.** Nesta fase, o organismo se prepara para a reação de luta ou fuga, que é essencial para a preservação da vida. Ocorre uma produção de adrenalina para lidar com a situação. Há um momento de ação e reação e preparo do corpo e da mente para a preservação da própria vida. Se o estresse continua presente por tempo indeterminado, adentra-se a segunda fase.
2. **Fase de resistência.** É quando se inicia uma tentativa de adaptação por parte do organismo, devido à sua tendência de procurar a

homeostase (equilíbrio) interna. Nesta fase, as reações são opostas àquelas que surgem na primeira fase e muitos dos sintomas iniciais desaparecem, dando lugar a uma sensação de desgaste e cansaço. O organismo age para evitar o gasto de energia e tem dificuldade de relaxar e se concentrar. Se o estressor é contínuo e a pessoa não possui estratégias para lidar com o estresse, o organismo exaure sua reserva de energia adaptativa e a terceira fase se manifesta.

3. **Fase de quase exaustão.** Esta fase é mais recente na pesquisa e está entre a fase de resistência e a de exaustão. Nela, há um enfraquecimento do indivíduo que não mais está conseguindo se adaptar ou resistir ao estressor. As doenças começam a surgir, porém ainda não tão graves como na próxima fase. Nesta fase há desgaste, mas ainda é possível trabalhar e atuar na sociedade até certo ponto, o que difere um pouco da fase seguinte.

4. **Fase de exaustão.** Nesta fase, a pessoa para de funcionar adequadamente e não consegue, na maioria das vezes, trabalhar nem se concentrar. Há um profundo desequilíbrio. Ela não dorme e se sente esgotada; alterna apatia com irritação ou agressividade; tem redução da capacidade de se relacionar e se comunicar. Começam a aparecer doenças graves.

COMO ADMINISTRAR O ESTRESSE?

Mas se o estresse está tão presente em nossa vida, como eu posso eliminá-lo? Eliminar o estresse pode se tornar uma tarefa impossível, e o próprio objetivo de eliminá-lo pode ser um estressor. O estresse pode, contudo, ser administrado. Ele pode ser gerenciado com eficiência na fase de alerta, o momento inicial no qual seu corpo sofre alguma reação para responder a algum desafio. Essa é a melhor fase para identificar o estressor e já começar a colocar em prática o hábito de controlá-lo. Isso significa que podemos transitar por essa fase quando necessário, sempre tendo períodos de desaceleração para que o organismo possa recuperar o equilíbrio. Isso barra o estresse na primeira fase, mas como podemos fazer isso? Devemos criar as estratégias de recomposição, as quais podemos dividir em 4, sendo elas:

1. **Recomposição cognitiva.** Estratégias de recomposição cognitiva são o modo como respondemos a pressões e exigências do dia a dia. Essas respostas são baseadas em nossas crenças e pensamentos. Geralmente, temos uma tendência a lidar com as situações com mais pessimismo do que com otimismo, por isso, tenha consciência e desafie o pessimismo. Sempre se pergunte de que forma o pessimismo pode contribuir para solucionar o problema e substitua este pensamento por formas de solucioná-lo. Isso gerará mais otimismo.
2. **Recomposição física.** Atividades físicas e uma alimentação equilibrada e saudável são dois principais componentes para a nossa recomposição física. Mantenha uma dieta saudável, reduzindo o consumo de sal, açúcar, cafeína e álcool.
3. **Recomposição emocional.** Quais são as suas reações emocionais com os acontecimentos diários? Como você reage, por exemplo, quando cai a internet de sua casa ou está falando no celular e a ligação é interrompida abruptamente? Você fica calmo e se reconecta ou sente raiva e se estressa? Nesse caso, deve-se ter consciência e controlar as emoções.
4. **Recomposição de consciência.** Hoje em dia existem muitas técnicas para melhorar o relaxamento do cérebro. Podemos citar meditação, ioga, respiração consciente, entre outras.

O plano para reduzir o estresse deve começar com a consciência dos principais estressores, para depois identificá-los e passar a dominá-los. Existem muitos tipos de estressores, como:

- **Fatores emocionais.** Ou fatores internos, incluindo medos e ansiedades, perfeccionismo, pessimismo, desconfiança, sensação de impotência, entre outros.

- **Fatores familiares.** Problemas no relacionamento, problemas financeiros, filhos, separação, casamento, perda de um ente querido.
- **Fatores sociais.** Problemas com interações com pares no trabalho ou encontros desagradáveis. Há pessoas que têm medo de falar em público ou aversão a ambientes sociais.
- **Fatores químicos.** Algum tipo de droga, como álcool, cigarro, tranquilizantes e até cafeína.
- **Fatores pontuais.** Tomadas de decisões importantes, como escolha da faculdade, carreira, troca de emprego ou escolha do companheiro.
- **Fatores fóbicos.** Ligados ao medo, como o de andar de avião, de trem, de dirigir, de espaços apertados, de injeção ou agulhas etc.
- **Fatores físicos.** Estresses físicos que sobrecarregam o organismo, como ausência de sono, excesso de esporte, trabalhar longas horas sem descanso, má ou ausência de alimentação.
- **Fatores de saúde.** Relacionados com doenças, problemas de saúde ou dores agudas.
- **Fatores ambientais.** Barulho, ruído, trânsito, poluição, ausência de espaço, temperatura (como calor ou frio).

O segundo passo após a identificação do estressor é desenvolver um plano de reconstituição baseado na recomposição física, cognitiva, emocional ou de consciência. Como recomposição, cito: iniciar uma atividade física, programar uma viagem, começar ioga ou meditação, melhorar a alimentação, ter consciência das reações, passar a controlar as emoções, mudar a forma de pensar de pessimista para otimista, entre outras diversas maneiras de se recompor.

O terceiro passo é estimular a motivação intrínseca para combater o estresse. Lembre-se de que combater o estresse, de preferência com uma atividade que você ame realizar, melhorará sua qualidade de vida. Busque motivação para eliminar o estresse e use isso a seu favor.

Daniel Goleman (1996) cita que, como líder, existem ainda 3 regras simples que podem ajudar a combater o estresse no ambiente de trabalho. São elas: metas e expectativas claras e bem definidas, autonomia para os colaboradores fazerem suas atividades sem microgerenciamento e dar *feedbacks* constantes.

Também vimos no Capítulo 8 que demanda e recurso de trabalho devem ser equilibrados. O líder deve atuar para equilibrar não só as demandas e os recursos de trabalho, mas também conscientizar os membros de seu time sobre os recursos pessoais de cada um. Além disso, a nível organizacional, as empresas podem promover programas antiestresse que passam pelas fases de identificação de estressores, redução desses estressores, educação por meio de campanhas e programas para informar sobre estresse, suporte aos funcionários por meio de treinamento, cursos sobre estresse e, claro, gerar engajamento de todos na participação dos programas.

Um último ponto que queria abordar neste capítulo é o bombardeio de informações que recebemos ao longo do nosso dia. Quando atuava como executivo, ainda antes do uso excessivo do aplicativo WhatsApp, recebia aproximadamente 150 a 200 e-mails por dia. Após começar a usar o WhatsApp, passei a receber 150 mensagens por dia falando para eu checar os 150 e-mails que continuavam chegando. Além da carga de informação profissional, recebemos uma carga de informação pessoal brutal e precisamos nos atualizar em meio a tantas notícias falsas, que inclusive estão nos jornais diariamente. A carga de informação recebida certamente está na lista de estressores de muitos profissionais. Dito isso, administrar as informações de forma correta é essencial para ajudar no combate ao estresse. A segregação da informação é o primeiro passo para isso. Classificar as informações recebidas não só reduzirá o estresse, mas também ajudará na administração do tempo. As informações podem ser classificadas em 3 tipos:

1. **Lixo.** Trata-se de informações recebidas que não exigem ação nem arquivamento. São muitas mensagens de WhatsApp e e-mail que recebemos diariamente sem a menor necessidade. Essas informações devem ir diretamente para o lixo sem o menor ressentimento.
2. **Referência sem ação.** Constitui-se de informações recebidas apenas para referência, mas que não exigem nenhuma ação de nossa parte. Elas devem ser arquivadas ou, dependendo do assunto, lidas e jogadas fora também. Muitas vezes são apenas notificações.
3. **Ação.** Compõe-se de informações que exigem foco e ação de nossa parte. Essas são as informações a que devemos dar atenção e despender um pouco mais de tempo para analisá-las.

A classificação das informações recebidas é o primeiro passo para a organização do tempo e para focar o que realmente é necessário.

CONCLUSÃO

- O estresse causa prejuízos para a saúde do colaborador, bem como prejuízos financeiros para as empresas.
- O estresse é uma resposta fisiológica, psicológica e comportamental, que surge quando procuramos nos adaptar a pressões internas e externas.
- O estresse tem 4 fases, sendo alerta, resistência, quase exaustão e exaustão, que causa um profundo desequilíbrio.
- Combate-se o estresse identificando os estressores e estimulando a motivação intrínseca.
- Classificar as informações em lixo, referência sem ação e ação pode reduzir a quantidade de informação recebida e, logo, reduzir o estresse.

CAPÍTULO 11

A ARTE DE DELEGAR

A rotina de um líder ou empreendedor é extremamente desafiadora, complexa e com uma série de compromissos e desafios a serem cumpridos ao longo do dia, como reuniões e decisões a serem tomadas. Isso torna a jornada de trabalho, muitas vezes, mais longa do que deveria e reduz o tempo disponível para execução das atividades, diminuindo a capacidade de entrega. Os líderes não conseguem, sozinhos, dar vazão a todas as atividades que precisam ser entregues ao longo do dia. Além disso, algumas características como insegurança, ausência de confiança na equipe e despreparo fazem muitos líderes centralizar as atividades, com a crença de que realizam as atividades melhor que outra pessoa. Muitos gestores de grandes empresas ainda pensam que devem ser os responsáveis pela execução das tarefas e que têm capacidade de dar conta de tudo sozinhos, mas o grande problema é que este tipo de pensamento limita o desempenho não só do próprio gestor, mas também de sua equipe. Além de limitar o desempenho, a sobrecarga de trabalho gera estresse, desequilíbrio entre a vida pessoal e profissional, falta de tempo para focar em assuntos que podem trazer mais oportunidades para a empresa e ainda impede que os membros de sua equipe desenvolvam novas habilidades. Por esses motivos, delegar e trabalhar em equipe podem ser alternativas eficazes para resolver os problemas, já que delegar atividades é uma boa estratégia para alcançar os objetivos propostos e ganhar eficiência operacional.

Vimos no Capítulo 10 que o estresse é um dos fatores que impactam a nossa saúde mental, sendo que um dos estressores é justamente a imensa carga de informação recebida. Também vimos como podemos administrar o nível de estresse, gerenciando nossas emoções e classificando nossa carga de informação. Ao longo do livro a diferença entre colaborador e líder também foi esclarecida, de modo que definimos o primeiro como aquele que participa de um propósito em comum e o segundo como aquele que influencia as pessoas a agir em prol desse propósito. Neste capítulo abordaremos a arte de delegar. Por que isso é importante e complementa o que vimos até esta parte do livro?

Delegar é uma verdadeira arte. Muitos profissionais não têm treinamento suficiente para delegar uma atividade. O fato de não delegar corretamente uma atividade gerará centralização, acúmulo de tarefas e aumento do nível de estresse. Além disso, os colaboradores que auxiliam para um propósito em comum não conseguirão fazê-lo, pois as atividades não foram corretamente divididas. Delegar atividades significa estimular o aprendizado, aumentando a motivação, elevando a performance e maximizando resultados próprios, de sua equipe e da empresa. Delegar também significa usar corretamente os recursos humanos da organização e otimização do tempo para fazer outras tarefas que possam ser mais impactantes para a empresa ou o departamento.

Faça uma análise do seu dia a dia. Você é um profissional que sabe delegar ou acumula mais atividades do que consegue realizar? Primeiramente, vamos analisar o que é delegar. Eu já disse que delegar é uma arte, mas será que é uma arte na prática?

O QUE É DELEGAR?

Delegar é uma das atividades que integram o trabalho da liderança. Trata-se de transferir para uma pessoa um determinado nível de autoridade para que ela possa realizar atividades específicas relacionadas ao trabalho. Veja, estamos falando de transferir autoridade e não apenas a atividade. Saber delegar com eficácia é saber transferir corretamente as tarefas certas para as pessoas certas, levando em consideração as competências individuais de cada um, com o correto grau de liberdade, responsabilidade e autonomia. Delegar não significa transferir estas atividades e simplesmente se desligar delas, eliminado a responsabilidade como líder. Isso não acontece. Delegar é simplesmente transferir para alguém uma responsabilidade, atividade e ação, mas não exime a responsabilidade do líder. Por isso, delegar é uma arte e é preciso fazê-la com cuidado e conhecimento.

O ato de delegar permite que a equipe use e desenvolva plenamente suas habilidades e conhecimentos. O líder que não delega está desperdiçando o valor e o potencial de seu time.

Se delegar uma atividade proporciona tantos benefícios para o líder, a empresa e a equipe, por que é tão difícil delegar? No início da minha carreira, quando ainda era coordenador, com 23 anos, eu tinha um superior imediato que era o *controller* da empresa. Ele recebeu um convite para ser expatriado e a posição ficou vaga. Fui cotado para assumir a posição dele, mas só não fui o escolhido, segundo o *feedback* que recebi na época, porque não sabia delegar e era muito centralizador. Esse foi, na época, um critério de desempate para escolherem outra pessoa para a posição. Jamais vou esquecer desse *feedback*, pois na época eu sabia do meu potencial para ser executivo. Como sabia do meu potencial, corrigi rapidamente esta falha e acabei migrando de empresa. Com 24 anos, assumi a posição gerencial de uma gigante farmacêutica. Naquela época, escutei do meu superior imediato no novo trabalho que, se eu delegasse mais, teria condições de assumir a posição sênior da América Latina. Não hesitei e aprendi rapidamente a delegar. Não passou muito tempo, assumi uma posição acima da que eu estava e já tinha aumentado o escopo do meu trabalho. Isso só aconteceu porque aprendi a delegar.

Ainda que o fato de não delegarmos nos prejudique, por que é tão difícil praticá-lo? O principal motivo para não delegarmos é que pensamos ser mais capazes do que os outros. Pensamos que, por estarmos em uma posição de liderança, temos mais capacidade que os membros da equipe. Isso não é verdade. Para chegarmos à posição de liderança, apenas desenvolvemos competências diferentes no momento exato em que a empresa ou organização precisou dessas competências. Se não nos atualizarmos, em pouco tempo nossas competências estarão obsoletas e possivelmente membros de nossa equipe estarão mais capacitados que nós mesmos. Esse é o principal motivo que nos impede de delegar, mas existem outros que demandam atenção, os quais chamarei de "mitos do ato de delegar":

- **Mais fácil fazer do que explicar.** Pensamos que, quando sabemos fazer algo, é mais fácil fazer do que explicar para alguém. Muitas vezes, erroneamente, admitimos que a pessoa à qual iremos ensinar não será capaz de aprender o trabalho; que será mais rápido e mais fácil nós mesmos o fazermos. Esse é um erro primário, pois as capacidades das pessoas, se incentivadas, são praticamente iguais às nossas.
- **Trabalho melhor sozinho.** Há muitos líderes ou "chefes" que pensam que trabalham melhor sozinhos. Quando temos confiança em nosso potencial, sem dúvida acreditamos que somos capazes de executar atividades sozinhos, mas jamais trabalharemos melhor sozinhos do que com um colaborador ao nosso lado. Duas cabeças sempre pensarão melhor que uma.
- **Os colaboradores não sabem fazer sozinhos.** Esse é um mito que parte do líder. Isso só acontece se aculturarmos a nossa equipe a ser dependente da liderança. No começo da minha carreira, eu realmente era centralizador, mas por questão de insegurança. Eu gostava de deixar minha equipe dependente de mim, pois assim me sentia mais seguro. Claro que com o amadurecimento

isso foi mudando, mas durante minha carreira identifiquei esse comportamento em diversos outros pares com quem trabalhei. Quando se delega corretamente, os colaboradores não só sabem fazer sozinhos, como também são capazes de fazer melhor que o líder, por se dedicarem de modo exclusivo à atividade.

- **Um bom líder tem que dar conta de tudo.** Um bom líder precisa saber liderar corretamente e extrair de cada membro da equipe o seu melhor. Ele precisa dar conta do que é sua responsabilidade, e não de tudo. Um bom líder tem um bom equilíbrio. Esse mito está presente em muitas instituições, mesmo nos dias de hoje, e por isso tantos líderes se encontram à beira da zona de *burnout*.
- **Preciso ter certeza de que nada vai dar errado.** Essa insegurança acompanha muitos profissionais ao longo da carreira. Relaxe, nada está sob controle. Não adianta tentarmos ter tudo sob controle; algumas coisas vão, sim, dar errado. Só assim será possível ter aprendizado e experiência. É errando que se aprende. Isso vale para os líderes e também para os membros da equipe.

Delegar gera muitos benefícios. Você já parou para pensar em quanto tempo economiza depois que explica uma atividade para alguém fazê-la em seu lugar? Já pensou em quanto você poderia melhorar se pudesse contar com o tempo e a ajuda dos membros de sua equipe? Você dedicará seu tempo apenas uma vez para delegar uma atividade, que gerará conhecimento ao colaborador, e terá tempo para se dedicar a outras atividades, dentre elas focar no que gera mais resultado para a empresa e até mesmo para sua carreira. Como os membros de sua equipe aprenderão se não tiverem oportunidades? É preciso dar oportunidade para todos aprenderem, se desenvolverem e errarem para acertarem. Se os indivíduos não têm oportunidade de crescimento, não terão engajamento para continuar na equipe ou na empresa. E suas atribuições como líder? Quais são suas prioridades? O líder precisa desenvolver a equipe e priorizar o que gera desenvolvimento para ele próprio, para a equipe, para a empresa e para cada indivíduo. O líder tem outras prioridades além de simplesmente executar as tarefas do dia a dia. Ele precisa focar em gerar oportunidades. E você, quais estão sendo as suas prioridades como líder?

MAS COMO PODEMOS DELEGAR?

Para delegar atividades, há diversas possibilidades, mas a melhor delas é criar uma metodologia e segui-la até que se torne um hábito. Eis os passos que podem ser usados para criar o hábito de delegar.

Identifique o que pode ser delegado

- Faça uma lista das atividades que possui ao longo do dia e classifique-as.
- Separe o que só você pode realizar e justifique cada escolha para si mesmo. Seja criterioso e sincero na análise.
- Revisite os motivos e as atividades e se pergunte:
    » Esta atividade é realmente minha?
    » Esta atividade é uma atribuição do meu cargo?
    » Esta atividade está entre minhas prioridades?
    » Esta atividade é de gestão, de liderança ou estratégica?

Se as respostas para essas perguntas forem *sim*, essas atividades não podem ser delegadas. Todas as outras tarefas podem e devem ser delegadas.

Planeje e estabeleça as prioridades

A rotina do líder já é bastante atribulada, com compromissos, responsabilidades e preocupações excessivas relacionadas a gestão e liderança, porém nem todas têm o mesmo grau de importância e complexidade. Cabe ao líder definir quais são as atividades que geram mais resultados e têm um maior nível de prioridade diante dos desafios diários e organizá-las conforme relevância, complexidade e eficiência da equipe.

O segundo passo, portanto, é listar todas as atividades que devem ser delegadas ou executadas pelo líder, após identificá-las, e definir, de maneira criteriosa, as atividades prioritárias e quem as executará. Para um bom resultado do ato de delegar, as atividades devem ser repassadas para os colaboradores levando em consideração as competências, o plano de desenvolvimento e a necessidade de aprendizado de cada membro da equipe. Para que as atividades sejam delegadas a partir desses três critérios, o líder deve conhecer a sua equipe e ter ciência das competências e habilidades técnicas de seus colaboradores. Sempre temos em nossas equipes indivíduos que têm mais habilidade técnica que outros em determinada área, e isso precisa ser levado em consideração ao determinarmos as atividades.

Outro aspecto importantíssimo ao delegar é ter em mente que as pessoas são diferentes e que, mesmo que o colaborador realize com perfeição a atividade, possivelmente será diferente de como o líder a realizaria. Por isso é preciso reconhecer a diferença dos indivíduos e respeitá-las. As pessoas são diferentes, e cada uma terá seu próprio método para realizar determinada atividade, ainda que o resultado final seja o mesmo. Além disso, o líder precisa ter em mente que falhas são possíveis ao longo do processo e mesmo que ele fizesse tal atividade também correria esse risco. Todos são passíveis de falhas.

Exposto isso, quando finalizar a lista de atividades a serem delegadas, inclua as pessoas que poderão realizá-las e o porquê. Observe se as atividades são compatíveis com a carga e o horário de trabalho, lembrando de equilibrar a demanda de trabalho com os recursos e, caso não sejam compatíveis, verifique o que deve ser priorizado.

Organize as condições e os recursos para a realização das atividades

As atividades devem ser delegadas levando em consideração as competências individuais dos colaboradores e o equilíbrio entre a demanda e os recursos de trabalho. Ao delegar uma atividade, sempre avalie os recursos de trabalho que ela exige. Se os recursos estiverem disponíveis, mostre aos colaboradores; e, caso não estejam disponíveis, pense em como obtê-los. Lembre-se de que treinamento é uma das formas de obter recursos de trabalho.

Além de equilibrar os recursos de trabalho, é importante ser extremamente claro sobre a expectativa do resultado ao delegar uma determinada atividade e o porquê de a atividade ser importante. Clareza e transparência no momento de definir as expectativas são cruciais para uma tarefa bem executada. Deixe os detalhes bem esclarecidos e não ache que o resultado esperado é óbvio. O que pode parecer óbvio para uma pessoa, pode passar despercebido por outra. Por esse motivo, comunique-se de forma clara e objetiva sobre os processos e resultados esperados. Não deixe de estabelecer prazos para que se cumpra a atividade. Prazos estão ligados à expectativa para a conclusão da atividade.

Comunique as novas atribuições

Não adianta fazer a lista de atividades, classificar as que podem ser delegadas, priorizar, analisar quem fará o que e definir as expectativas e os prazos se a comunicação não for bem-feita. A comunicação com a equipe deve ser clara e transparente. Os líderes devem se certificar de que todos tenham entendido a mensagem que deseja passar. Lembre-se de esclarecer: quem fará o quê, por quê, o resultado esperado e em qual prazo.

A comunicação sempre deve conter as atividades que cada um fará, os resultados esperados, os prazos e padrões, os recursos que estão disponíveis, o nível de autoridade e autonomia que está sendo repassado e a responsabilidade de cada um.

Motive para obter engajamento e cooperação

Para motivar ainda mais os colaboradores, enfatize os resultados esperados, demonstre confiança na capacidade de cada membro da equipe, destaque os desafios e as oportunidades e delegue atividades compatíveis com cada colaborador.

Não há nada mais motivador do que o líder olhar no fundo dos olhos dizendo: "Vai, que eu confio em você". Confiar na sua equipe é primordial para engajar as pessoas. A confiança nos seus colaboradores fará com que eles se sintam seguros e motivados a manter essa confiança, a ponto de não querer perdê-la. Isso será um fator motivacional para a execução da atividade. Além disso, quem não gosta de ter as forças reconhecidas? Reconheça os pontos positivos que foram levados em consideração no ato de delegar a atividade. Isso fará com que os colaboradores se sintam ainda mais fortalecidos.

Monitore as atividades

Delegar uma atividade pode ser um ato eventual ou permanente. Eventual pode acontecer em um dia de muito trabalho no qual precisamos de uma ajuda específica durante um determinado período de tempo. Permanente é quando descentralizamos uma atividade de maneira mais duradoura. Quando se delega uma atividade, leva-se em consideração a duração da atividade que ficará a cargo do colaborador.

Tenha em conta que será sempre dependente de seus colaboradores para efetuar determinada atividade, pois sem equipe sua performance será fatalmente afetada. A dica é sempre preparar e capacitar sua equipe para assumir diferentes tarefas e posições. Treinamento e mudanças das rotinas por meio de *job rotation* são importantes para essa capacitação. Além disso, delegar ampliará a autonomia dos colaboradores, o tornará um líder visionário, desenvolverá as competências individuais e promoverá inovação e proatividade.

Lembre-se de que delegar não é largar a atividade. Delegar significa que ainda terá responsabilidade sobre a atividade executada por sua equipe, portanto é essencial fazer o acompanhamento da execução. É importante ter pontos de checagem no meio do processo para realinhar, caso algo tenha saído do eixo, ou então confirmar o correto andamento da atividade, se tudo estiver dentro do esperado. Também é essencial se colocar à disposição sempre, pois o colaborador pode sentir dificuldade na execução da tarefa e o líder tem o papel de ajudá-lo, servindo a quem está colaborando com ele. Acompanhar o processo evita desapontamentos e surpresas no final, além de contribuir para o êxito do trabalho. Para acompanhar a atividade, faça *follow-up* periodicamente de acordo com a experiência do colaborador. Evite o microgerenciamento das atividades. Ninguém gosta de ser controlado o tempo todo. O processo de *check-in*[5] da atividade é bem-vindo. Para deixá-lo ainda mais transparente, um cronograma pode ajudar no bom desempenho e no andamento da atividade, principalmente para aquelas mais complexas e duradouras.

Avalie o resultado final e dê *feedback*

No final, todo resultado merece atenção, seja ele positivo ou com pontos a melhorar. Avalie o resultado final junto com o colaborador que executou a atividade, levando em consideração o resultado, a produtividade, o padrão de qualidade alcançado, o desempenho individual e o da equipe como um todo. Considere os seguintes aspectos para conceder a avaliação final:

- **O que funcionou.** O que foi positivo e pode ser replicado nos próximos trabalhos.

---

5. *Check-in* são reuniões rápidas, de 5 minutos, que podem ser feitas em um café ou mesmo em pé no corredor, somente para sentir como anda a atividade ou para dar um rápido *feedback*. Como exposto neste livro, atuei em uma grande indústria farmacêutica que fazia isso ao término das atividades e funcionava muito bem.

- **O que não funcionou.** O que não funcionou é importante para aprender e levar para os próximos trabalhos como melhoria.
- **Não deixe de elogiar bons desempenhos.** Incentive a participação e a responsabilidade de todos e compartilhe vitórias, conquistas e aprendizados. A melhor forma de estimular uma postura positiva na sua equipe é demonstrando gratidão pelo trabalho realizado e recompensando o mérito do seu pessoal, ainda mais se o colaborador tiver superado as expectativas. Elogie em público e, se houver alguma correção a ser feita, faça de forma privada. Comemore as vitórias sempre, isso gera motivação e é uma das características de times vencedores. O reconhecimento do líder é um fator importante para estimular e engajar os colaboradores. Os elogios contribuem de forma decisiva para a motivação e o engajamento, o que elevará a performance, criando assim um ciclo virtuoso.

O gestor sempre precisará da equipe para executar as atividades. Por mais talento que um líder possa ter, ele sempre precisará de colaboradores para ir além. Um craque sozinho pode até fazer boas jogadas e ganhar um jogo, mas somente uma equipe é capaz de ganhar um campeonato.

Delegue as atividades que possam ser delegadas para os colaboradores certos, levando em consideração o tipo de atividade e a experiência de cada um.

TIPOS DE ATIVIDADES E TIPOS DE COLABORADORES

Cada atividade dentro de um departamento ou de uma organização tem uma finalidade, sendo que podemos ter inúmeros tipos de atividade. A seguir, abordaremos 8 tipos de atividades que devem ser levadas em consideração:

1. **Rotineiras.** Essas são atividades de menor importância e muitas vezes fazem parte da rotina do dia a dia. Geralmente são mais operacionais, e o ato de delegar deixará você com mais tempo livre. Costumam ser de baixo impacto para a organização, mas precisam ser efetuadas e, geralmente, podem ser delegadas para colaboradores menos experientes.
2. **Atrasadas.** Essas são atividades que deixaram de ser urgentes e já estão atrasadas, como a implementação de um projeto que já deveria estar sendo colocado em prática. Essa atividade precisa ser feita, mas geralmente falta tempo, pois se tempo não fosse um problema a atividade já teria sido executada. Essa atividade precisa ser delegada, dependendo da complexidade, para um colaborador mais experiente.
3. **Específicas.** Essas atividades exigem determinados conhecimentos ou habilidades que podem não ser seu ponto forte, por exemplo, um diretor financeiro não precisa conhecer profundamente impostos, devido à complexidade, logo, a atividade de planejamento tributário deve ser delegada para um *expert* na área.
4. **Estimulantes.** Essas são atividades que proporcionam motivação e engajamento nos colaboradores. Essas atividades geralmente estão relacionadas com o que gostamos de fazer e que, inclusive, fazemos bem. Para saber quais são as atividades estimulantes para cada um da equipe, o líder deve conhecer as forças de cada indivíduo e seus gostos pessoais.
5. **Enriquecedoras.** Essas atividades estão mais relacionadas a desenvolvimento e aprendizado, pois proporcionam mais experiência e conhecimento aos colaboradores. Elas devem levar em consideração o plano de desenvolvimento de cada colaborador.
6. **Desafiadoras.** Essas são atividades que proporcionam oportunidades de crescimento e superação e geram desafios. Costumam tirar os colaboradores da zona de conforto e podem, em excesso, ser estressantes.

7. **Propulsoras.** Essas são atividades que geram aprendizado e desenvolvimento, mas principalmente exposição. São essenciais para o desenvolvimento da carreira e o alcance de níveis mais elevados na organização. Devem ser delegadas a colaboradores mais experientes que estão em busca do próximo passo da carreira, contanto, é claro, que estejam preparados. Em uma das grandes empresas em que trabalhei, tínhamos um projeto de melhoria na utilização do sistema SAP, e eu tinha um colaborador que estava galgando posições mais elevadas. Esse projeto geraria uma grande exposição para o país, para a equipe e para ele individualmente, pois era um projeto global e os países que atingissem altos níveis de automação no sistema e redução de ajuste manual seriam reconhecidos pela matriz. Designei o meu colaborador mais experiente à frente desse projeto e coloquei a equipe a seu dispor para ajudar, além de atuar de forma a colaborar com ele. O projeto foi exitoso, ele tornou o Brasil reconhecido por ser o segundo país do mundo com o maior índice de automação no SAP. Assim, o país foi reconhecido, a equipe ganhou o prêmio e ele promovido. Hoje, ocupa uma posição de destaque na América Latina em uma das maiores empresas farmacêuticas do mundo.
8. **Criativas.** As atividades criativas são essenciais para qualquer profissional, pois inovar é necessário até nas atividades rotineiras. Sempre há uma maneira de inovar no trabalho. Em uma empresa na qual eu era responsável pela área financeira, precisávamos extrair um relatório do sistema todo final de mês, e para rodar o relatório tínhamos que apertar mais de mil vezes o botão "Enter" do teclado. Tivemos a ideia criativa de usar o "clone", um grampeador que fazia essa função, utilizando seu peso sobre o botão do teclado, o que nos ajudava com essa função rotineira enquanto focávamos em outra coisa.

Além dos tipos de atividades apresentados, para delegar corretamente uma atividade, devemos levar em consideração os tipos de colaboradores que temos em nossa equipe. A Tabela 14 mostra 4 níveis de colaboradores e como devemos lidar com cada tipo, sendo eles: pouco experientes, com alguma experiência, experientes e muito experientes.

Tabela 14 — Como delegar para diferentes níveis de profissionais.

Pouco experiente	› Diga o que fazer e mostre como a atividade deve ser feita. › Monte um planejamento e estabeleça *check points* você mesmo. › Reveja cada etapa da atividade e dê *feedbacks*. › Este colaborador demanda mais atenção.
Com alguma experiência	› Apresente a atividade e diga o resultado desejado. › Monte um planejamento junto com o colaborador e estabeleça *check points* para as etapas estratégicas. › Ofereça *feedbacks* durante os *check points*. › Este colaborador demanda um certo nível de atenção.
Experiente	› Apresente a atividade a ser executada. › Indique o resultado e peça que ele monte o planejamento e te mostre. › Faça *check points* menos frequentes. › Utilize os momentos de *check points* para dar *feedbacks*. › Este nível de colaborador demanda pouca atenção, pois já tem certa experiência.
Muito experiente	› Apresente a atividade, os resultados desejados e os prazos. › Deixe o planejamento por conta dele. › Faça *check points* quando achar necessário. › Dê *feedback* somente quando a atividade por concluída. › Este nível de colaborador demanda menos atenção, pois já é experiente.

A definição do nível de experiência do colaborador depende muito do tipo de atividade que ele desenvolve, da cultura da empresa, da especificidade do trabalho etc.

Lembre-se de que delegar sempre começa com a definição das atividades e dos objetivos, pois é a partir dos objetivos macros e da estratégia da empresa que se definem as atividades (micro) do dia a dia. No Capítulo 12 entraremos no tópico de como definir objetivos de alta performance. Abordarei o tema desde o objetivo da organização até as atividades do dia a dia. É importante que o líder seja o elo entre a estratégia da organização e as atividades operacionais. As atividades, apesar de estarem em um extremo, são complementares, de modo que uma é dependente da outra para que os objetivos, as estratégias e a execução do dia a dia sejam alcançados.

Lembre-se de que um líder 4.1 tem colaboradores para auxiliá-lo a alcançar os objetivos, mas eles devem ter atividades, funções e atribuições à altura. Para isso, saber delegar é imprescindível.

CONCLUSÃO

- Delegar é transferir para alguém um determinado nível de autoridade para realizar atividades específicas relacionadas ao trabalho.
- Deve-se delegar com eficácia a atividade certa para a pessoa certa.
- Para delegar corretamente, utiliza-se a prática de listar as atividades e classificá-las entre o que só você pode executar e o que pode ser delegado.
- Classifique as atividades por tipo de atividade.
- Delegue de acordo com a experiência dos colaboradores.

CAPÍTULO 12

DEFININDO OBJETIVOS SMART E DE ALTA PERFORMANCE

No Capítulo 11 vimos que delegar é uma arte e que há muitas técnicas para isso, mas há também benefícios inúmeros para o líder, o colaborador e, principalmente, para a organização.

As atividades do dia a dia devem refletir o que é necessário para a execução do planejamento estratégico, mas como fazer para que o planejamento estratégico da empresa consiga atingir níveis mais operacionais e as atividades do dia a dia, que geralmente são delegadas, se alinhem com as metas organizacionais? Todas as atividades dentro de uma organização começam no nível mais alto. A organização começa pelo nível mais alto, que é o motivo pelo qual a organização existe, e então as metas vão cascateando até o nível operacional. Os níveis mais altos de planejamento são, na grande maioria das empresas, elaborados pelo corpo diretivo da organização, ou até mesmo pelos fundadores no momento de sua criação, e posteriormente cascateados para o nível gerencial. Em formato de objetivos e metas departamentais, alcança-se o nível tático e operacional. Como comentei, tudo parte do motivo pelo qual a organização existe, ou seja, do propósito da empresa, posteriormente cascateado em forma de objetivo. Vou abordar cada etapa do cascateamento de objetivos dentro da organização.

Uma pesquisa feita pela PricewaterhouseCoopers (PwC, 2020) entrevistou cerca de 1.400 CEOs de 79 países e mostrou que o primeiro desafio dos executivos é recuperar a confiança. Numa era em que a informação se propaga em uma velocidade exponencial, a transparência tornou-se um requisito fundamental para estabelecer uma relação de confiança com o cliente. As decisões dos líderes empresariais têm implicações imediatas, e nada passa despercebido. Um desvio de conduta do líder da empresa pode resultar em uma crise. Segundo a pesquisa, 92% dos entrevistados concordam que é muito importante que o propósito das empresas esteja refletido em seus valores, culturas e comportamentos. Justamente por esse motivo, a definição dos objetivos deve sempre partir do propósito.

1. **Propósito.** O propósito define o porquê de a empresa existir. Qual a causa com a qual a empresa contribuirá? No livro *Comece pelo porquê*, Simon Sinek (2018) comenta que o porquê é a causa, o propósito e a missão. Todo líder começou com um porquê, e conhecer o porquê é fundamental para construir uma empresa ou uma carreira sustentável. Quando perdemos o motivo de existir ou nosso propósito, a sustentabilidade da carreira ou do negócio é comprometida e perde-se a essência que fez com que o líder ou a empresa chegasse aonde chegou. O propósito e o porquê são pontos iniciais para o sucesso e a sustentabilidade. É no porquê que se encontra o grande diferencial dos líderes e das empresas. Muitas empresas não conseguem expressar o verdadeiro motivo de existirem e muito menos o porquê de fazerem o que fazem. Sinek comenta que o porquê de as empresas existirem não significa ganhar dinheiro e ter lucro, pois isso é resultado de um processo. O porquê é a razão de existir. O porquê da empresa Mary Kay, por exemplo, é propiciar oportunidades ilimitadas às mulheres. Não

se trata de lucro, e sim de por que a Mary Kay existe. O propósito deve ser de longo prazo e durar mais de 100 anos. Propósito é a razão fundamental da existência da organização, segundo James Collins e Jerry Porras (2015) definem no livro *Feitas para durar*.

2. **Visão.** A visão define o que queremos ser; o que o líder ou a empresa quer ser no futuro. Abraham Maslow dizia que a questão básica é: qual visão você aspira alcançar? O líder precisa ser visionário, mas o que é visão, afinal? Segundo James Collins e William Lazier (1996), no livro *Feitas para vencer*, a função da liderança é catalisar uma visão clara e compartilhada da empresa e assegurar o comprometimento e a busca vigorosa por essa visão. Segundo os autores, visão é o conjunto de valores, propósito e missão que a empresa deseja alcançar. A empresa e o líder visionário têm como benefícios gerar um esforço humano extraordinário para alcançar os objetivos. A visão também provê a base para as decisões estratégicas e táticas, além de criar coesão entre todos os que estão colaborando com o propósito. A visão, no entanto, é onde a empresa (ou o líder) deseja chegar e como gostaria de ser reconhecida. A visão é o pilar de sustentação do propósito da empresa e servirá de base para o crescimento e desenvolvimento da organização, rumo à evolução.

3. **Missão.** A missão da organização consiste em como atingir a visão. É uma meta corajosa e audaz, que descreve exatamente como a empresa alcançará a visão, ou onde ela desejar estar. A missão tem uma linha de chegada clara e um prazo estipulado para alcançar essa linha. Quando se alcança a missão, uma nova missão é estabelecida. Uma missão dura de 5 a 15 anos aproximadamente. Eu atuei em uma empresa italiana, famosa pelos seus produtos de alta qualidade e seu chocolate. No Brasil, a missão da empresa era dobrar de tamanho em 5 anos. O projeto se chamava *double in five* (dobrar em 5). Todas as atividades da empresa eram voltadas para essa missão. A missão pode ser um

alvo a ser alcançado, um inimigo a ser atingido, um modelo ou uma transformação interna. Muitas missões são atreladas a um alvo a ser alcançado, mas, por outro lado, empresas gigantes do mercado de refrigerantes soltam suas publicidades com alfinetadas a seus maiores concorrentes. Este tipo de missão também foi visto em exércitos ao longo da história. Em 1977, o Walmart tinha como missão se tornar uma empresa de 1 bilhão de dólares até 1980. Em um momento da história da Pepsico, a missão era vencer a Coca-cola.

4. **Valores.** Os valores de uma organização definem exatamente o que é importante. São um sistema de princípios da organização ou da vida. São lemas orientadores ou a filosofia de negócios. Os valores são princípios que devem ser mantidos invioláveis ao longo da história da organização e geralmente são uma extensão dos valores e crenças de seus líderes ou fundadores. Eles podem mudar, mas suas mudanças devem ser raras e somente se necessárias. No livro *Feitas para vencer*, Collins e Lazier descrevem os valores da HP, que foram extraídos diretamente de entrevistas com os fundadores da empresa Bill Hewlett e Dave Packard. Os autores descrevem que:

[...] o modo de ser da HP é o respeito pelo indivíduo. Se você lhe der uma chance, o indivíduo fará muito mais do que você imagina. Assim você lhe propicia liberdade. Respeito pelo indivíduo – não somente pelos funcionários, mas também pelos clientes e serviços. (COLLINS; LAZIER, 1996)

5. **Estratégia.** A estratégia da empresa é o plano de voo, é como a empresa alcançará a missão para chegar à visão e cumprir com o seu propósito. É fácil desenvolver a estratégia de uma empresa, mas é difícil aplicar essa estratégia às atividades do dia a dia, de modo que as decisões tomadas estejam alinhadas

com ela. A estratégia da empresa é o elo entre o nível máximo da existência da empresa (propósito, visão, missão e valores) e as atividades do dia a dia da empresa. A estratégia é fundamental para comunicar aos colaboradores como se chegará à visão e como se alcançará a missão. Uma boa estratégia não é aquela que estabelece em riqueza de detalhes como as atividades devem ser alcançadas, até porque há uma série de incertezas ao longo do caminho, mas sim aquela que reflete uma metodologia clara e descomplicada para alcançar a missão, definindo prioridades e proporcionando espaço para iniciativas individuais, experimentação e principalmente inovação. A estratégia deve levar em consideração demandas e recursos de trabalho, bem como refletir decisões tomadas acerca de produtos, serviços, clientes, finanças, pessoas, organização e infraestrutura. Para guiar a estratégia é preciso elaborar o mapa estratégico. A raiz da estratégia de uma empresa geralmente tem cerca de 5 anos, podendo sofrer alterações ao longo do trajeto, sobretudo no cenário atual de mudanças constantes. A estratégia tem uma direção que pode durar até 5 anos, mas é revisada anualmente.

6. **Mapa estratégico.** O mapa estratégico reflete a estratégia da empresa em detalhes e de forma que seja entendível pelos colaboradores. É uma representação gráfica da estratégia da empresa. O modelo Balanced Scorecard (BSC) pode ser utilizado como um mapa estratégico, mas há inúmeros outros, como o Canva. No mapa estratégico é possível começar a enxergar algumas "macroações" que devem ser priorizadas para alcançar a estratégia da empresa. O mapa estratégico traduz a estratégia para o nível tático, e muitas empresas usam modelos lúdicos para esta comunicação. Eu já trabalhei com um modelo que era a réplica de uma casa, com seus alicerces como valores, telhado com os objetivos e paredes com suas metas e prioridades. Modelos lúdicos ajudam na compreensão.

7. **Definição de *key performance indicators* (KPI, principais indicadores de performance).** Tudo que não é medido não pode ser gerenciado, como dizem Robert Kaplan e David Norton, autores da metodologia BSC. A sétima etapa do fluxo de objetivos da empresa é estabelecer as medidas de performance de todas as principais atividades descritas no mapa estratégico. Essas medidas são importantíssimas para o acompanhamento do alcance da meta e serão um balizador do gerenciamento. Pelo indicador, a liderança da empresa pode atuar corrigindo rotas ou revisando as metas. Sabemos que nos negócios as mudanças são constantes, e nenhum planejamento será capaz de cobrir todos os possíveis cenários que serão enfrentados para alcançar determinadas metas. Essa etapa é a que define o que será mensurado e dá foco para a empresa por meio das metas que devem ser alcançadas.
8. **Prioridades e iniciativas.** A oitava etapa já começa a entrar em atividades mais operacionais e se trata da definição das prioridades e iniciativas da organização. Nessa etapa se determina o que precisa ser feito para alcançar os indicadores de performance estabelecidos na etapa 7. Atuei em uma empresa na qual uma das prioridades era a implementação de uma nova versão do SAP, pois com ela a empresa teria uma redução de colaboradores em áreas específicas. Essa redução geraria um ganho financeiro no longo prazo, e por isso esse projeto era uma prioridade. Um outro cenário do qual também participei foi priorizar a implementação de cursos educacionais mais econômicos para que a universidade em que eu atuava pudesse atingir níveis sociais menos privilegiados. Estas prioridades ainda não são traduzidas em tarefas do dia a dia, mas em macro-atividades que precisam ser esmiuçadas em metas departamentais e operacionais. Essas prioridades e iniciativas serão cascateadas até a etapa que dará origem aos objetivos departamentais.

9. **Objetivos departamentais.** Com base na etapa anterior, que é a definição das prioridades e iniciativas, cada departamento terá suas próprias metas. Um projeto de implementação de sistemas, por exemplo, envolve todos os departamentos da empresa, cada qual com sua responsabilidade. O mesmo acontece no caso já citado do aumento da capilaridade de cursos, promovendo o acesso de pessoas menos privilegiadas economicamente. Cada departamento tem a sua atribuição e os objetivos departamentais devem ser apresentados para todos os envolvidos, de modo que fique clara a meta de cada área. Se o fluxo de definição de objetivos da empresa for seguido, as metas departamentais estarão alinhadas ao mapa estratégico da empresa, que por sua vez estará alinhado à estratégia da empresa, que foi elaborada para alcançar a missão, a visão e entregar o propósito. Das etapas anteriores até aqui ainda não há envolvimento dos colaboradores como um todo e tampouco dos objetivos pessoais. O cascateamento até este ponto é simples, mas o segredo está em associar os objetivos departamentais com os objetivos pessoais, que é a próxima e última etapa desta cadeia de definição de objetivos.

10. **Objetivos pessoais.** Essa é a última etapa na definição de objetivos e elucida o que é preciso fazer no dia a dia dos indivíduos e colaboradores para que os objetivos departamentais sejam alcançados. Se corretamente elaborado e alinhado à estratégia da organização, a missão será cumprida. Essa etapa requer muita atuação da liderança, sendo que os objetivos devem ser estipulados levando em consideração a competência, a necessidade de desenvolvimento e principalmente as 3 necessidades básicas da teoria da autodeterminação (competência, autonomia e relacionamento) de cada membro da equipe, somadas ao propósito de cada indivíduo.

Este fluxo é um tanto desafiador, pois muitas empresas não comunicam corretamente os planos estratégicos e muita informação se perde no cascateamento do propósito, da visão, da missão, dos valores e da estratégia da empresa. Deparei-me com muitos pares, diretores muitas vezes, que não sabiam nem qual era a visão da empresa em que trabalhavam. A frequência de comunicação e alinhamento da mensagem em todas as etapas é um fator essencial para a correta transferência da estratégia da empresa para as atividades do dia a dia. Com isso, a última etapa da pirâmide do fluxo de objetivos da empresa é o alcance dos resultados (Figura 12).

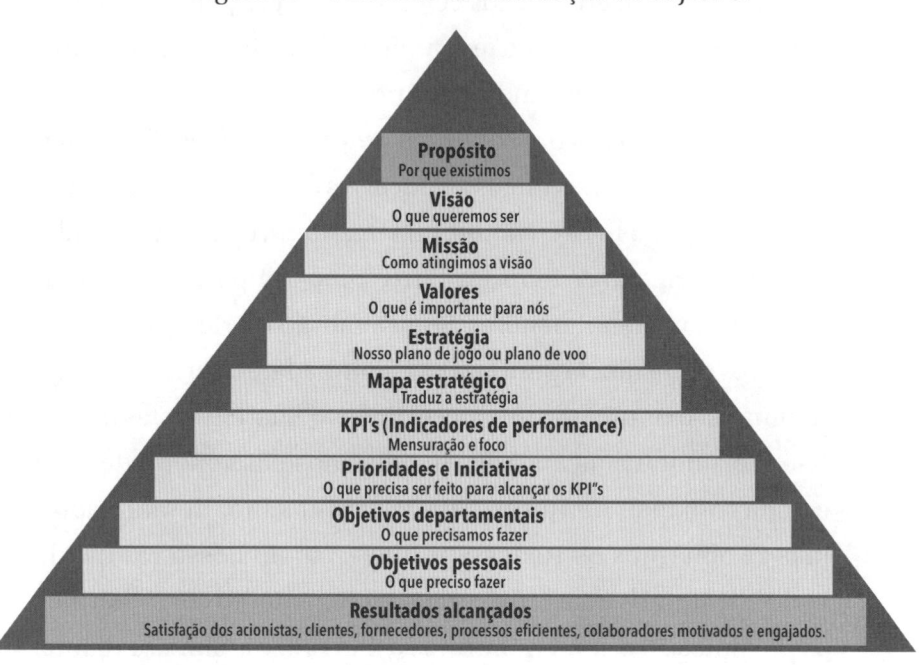

Figura 12 — Pirâmide da elaboração do objetivo.

Propósito
Por que existimos

Visão
O que queremos ser

Missão
Como atingimos a visão

Valores
O que é importante para nós

Estratégia
Nosso plano de jogo ou plano de voo

Mapa estratégico
Traduz a estratégia

KPI's (Indicadores de performance)
Mensuração e foco

Prioridades e Iniciativas
O que precisa ser feito para alcançar os KPI"s

Objetivos departamentais
O que precisamos fazer

Objetivos pessoais
O que preciso fazer

Resultados alcançados
Satisfação dos acionistas, clientes, fornecedores, processos eficientes, colaboradores motivados e engajados.

Com o fluxo de definição de objetivos da empresa esclarecido, podemos então comentar sobre o fluxo de alcance das metas estabelecidas. Para que um objetivo individual seja alcançado, ele precisa seguir alguns passos, os quais denominei como fluxo macro de atingimento de objetivos. Os 8 passos são compostos por:

1. **Definir o objetivo com clareza.** Objetivo alinhado com os valores e o propósito, claro e bem definido. O objetivo deve ser SMART (explicarei este conceito ainda neste capítulo), desafiador e sempre levar em consideração a teoria da autodeterminação, satisfazendo as necessidades de autonomia, competência e relacionamento de cada indivíduo, além de estar alinhado com o propósito.
2. **Planejar.** O planejamento é primordial para a correta execução de uma atividade. Quem começa uma atividade sem planejamento, é garantia de erro. O planejamento serve para nos ajudar a lidar com as possibilidades que iremos encontrar no futuro e nos ajuda a lidar com as incertezas dos cenários que serão enfrentados. O ser humano é o único que tem a capacidade de planejamento e planejar nos leva a expandir o futuro.
3. **Quebrar os grandes objetivos em pequenas metas.** Quebrar o objetivo em pequenas metas alcançáveis de curto prazo é fundamental. Em meu livro *O caminho da liderança*, e durante a minha palestra a respeito do livro, eu narro como é importante quebrar o objetivo em metas menores. Se eu analisasse os longos mil quilômetros de distância para fazer a caminhada, eu certamente desanimaria, mas quando quebrei o objetivo final em metas diárias isso me ajudou a alcançá-lo. Se olharmos para o topo de uma escada com mais de 100 degraus talvez fiquemos desanimados, mas se olharmos os 10 degraus que estão no nosso campo de visão e subirmos esses 10 degraus, e comemorarmos, olharmos os próximos 10 e comemorarmos e mais 10, e assim por diante, cada degrau que subirmos nos levará para mais perto de nosso objetivo. Quebrar o objetivo em pequenas metas é fundamental.
4. **Executar as metas estabelecidas.** O planejamento é essencial, mas o sucesso está mesmo na execução. Quando começamos a executar alguma atividade é o momento em que começamos a enxergar a realidade. A execução é o caminho para realizar o

planejamento, experimentar novas ideias, vencer os obstáculos e chegar ao sucesso.
5. **Comemorar o alcance das metas.** Comemorar pequenos avanços é essencial. Comemorações das pequenas metas alcançadas motivam e proporcionam sentimento de proximidade com o objetivo final. Isso nos ajuda a aproveitar melhor o trajeto escolhido para alcançar a meta e a aumentar a motivação.
6. **Ter resiliência, frequência e direção.** A única coisa que vem fácil é o que não queremos. Não importa muito a velocidade e sim a direção, portanto a resiliência é primordial. É preciso ter frequência e direção, visto que somente a prática leva à perfeição. Durante o processo de execução, certamente erros ocorrerão e muitas vezes teremos o desejo de desistir, mas é preciso continuar, com direção e resiliência, sem pausa e sem pressa.
7. **Aprender com os erros e aceitá-los.** Os erros não são punitivos, mas sim uma oportunidade para o aprendizado. Valorize os erros e aprenda com eles, para não mais repeti-los. Os erros são o único caminho para o acerto.
8. **Entregar o seu melhor sempre.** Somente entregando o seu melhor poderá extrair o que o mundo tem de melhor. Ninguém terá o melhor se não entregar o melhor. É uma relação da lei de causa e efeito. Entregue o melhor e terá o melhor.

Muitas empresas não conseguem executar seus planejamentos estratégicos por conta de ausência de conexão entre eles e as atividades do dia a dia. Porém, se o fluxo de objetivos apresentados for seguido e a comunicação for corretamente elaborada, haverá um aumento significativo na chance de alinhamento dos objetivos da empresa com os objetivos individuais e, consequentemente, uma boa execução da estratégia. Além disso, se o fluxo de alcance de objetivos for seguido, há um aumento na execução das metas e provavelmente o alcance dos objetivos individuais.

As duas metodologias ajudam as empresas a atingir seus objetivos. E quais são os principais empecilhos para as empresas não alcançarem seus objetivos ou não conseguirem executar as estratégias?

PROBLEMAS COM O ALCANCE DE OBJETIVOS

A grade maioria das empresas infelizmente apresenta problemas na execução da estratégia. Um dos principais desafios dos presidentes de grandes organizações está relacionado ao comprometimento dos colaboradores com decisões estratégicas. Este é um problema conhecido que muitas organizações não sabem como resolver. Um dos grandes causadores deste problema é ter atividades sem objetivo e sem propósito. Muitas empresas traçam os objetivos para seus colaboradores sem levar em consideração o propósito da atividade e o porquê de ela precisar ser desenvolvida. Sem conexão com o planejamento estratégico e o propósito da empresa, fica impossível identificar o motivo para a realização de determinada atividade do dia a dia, de modo que os colaboradores ficam focados apenas em suas tarefas apequenadas e sem propósito nem conexão com algo maior. Colaboradores focados apenas em suas tarefas perdem de vista o motivo pelo qual estão fazendo a atividade, sendo que sem objetivos desafiadores e significativos há redução da motivação e da satisfação. Segundo Peter Drucker (1954), objetivos são necessários em todas as áreas nas quais a performance e os resultados afetam direta e vigorosamente a sobrevivência e a prosperidade dos negócios. É necessário traçar os objetivos, mas, mais do que isso, é preciso ter claro o porquê do objetivo.

Além de ter uma justificativa para todas as atividades, há outro elemento que precisa ser levado em consideração, que é o *mindset* dos colaboradores. O modo de pensar dos indivíduos que atuam na organização deve estar alinhado com os valores da empresa e são bem-vindos colaboradores com visão de dono, espírito empreendedor, proatividade, engajamento na causa e com atitude voltada para a mudança, a inovação e o desenvolvimento. Colaboradores com esses valores contribuirão para uma cultura de inovação e alcance de metas, o que contribuirá para a execução da estratégia.

Como já mencionado na introdução do livro, segundo pesquisa realizada pelo Project Management Institute, problemas de comunicação também são um grande empecilho para o alcance das metas e dos objetivos. Esse problema apresentou 64% de menções entre as empresas entrevistadas, seguido pelo não cumprimento dos prazos, com 59% de menções, e escopo não definido adequadamente, com 58% de menções. Esses são os motivos que fazem com que o tópico abordado anteriormente seja relevante. Mostro os passos necessários para cumprir o objetivo e passos para defini-los. Para que qualquer objetivo seja cumprido, o primeiro passo é sua clareza.

Por fim, o maior problema para alcançar os objetivos, segundo os presidentes de empresas, é conectar o propósito dos indivíduos com o da empresa. O motivo de a empresa existir (o propósito da empresa) tem que fazer sentido para os colaboradores. Os colaboradores devem ter um propósito para atuar em prol de determinado objetivo. A empresa deve absorver um pouco do propósito do colaborador e o colaborador deve absorver o propósito da empresa (vide Figura 1).

Resumindo, os principais problemas enfrentados pelas empresas que as impedem de executar suas estratégias estão relacionados a:

- Ausência de objetivo na atividade a ser desenvolvida ou no objetivo definido. Os objetivos devem ter um motivo bem claro.
- O *mindset* dos colaboradores não estar voltado para inovação, desenvolvimento e não identificar mudanças como oportunidades de crescimento.
- Ausência de correta comunicação da estratégia da empresa, dos objetivos e das prioridades.
- Falta de comprometimento com prazos.
- Escopo de trabalho mal definido (ou não definido).

- E, por último e mais importante, ausência de conexão de propósito dos colaboradores com o propósito da empresa. Muitas vezes, a própria empresa não tem o seu motivo de existir bem definido.

VANTAGENS DE OBJETIVOS BEM DEFINIDOS

Definir corretamente os objetivos dos colaboradores, além de alinhar a estratégia da empresa, gerando execução, proporciona diversas outras vantagens. A primeira vantagem é que, com os objetivos bem definidos, alinhados e distribuídos de acordo com a competência de cada indivíduo, encoraja-se o uso pleno do potencial individual dos colaboradores e da equipe. O uso pleno do potencial acontece porque os objetivos estarão distribuídos de modo a atender às necessidades básicas (como autonomia, competência e relacionamento), gerando engajamento e comprometimento por parte do colaborador, que entregará o seu melhor, com foco na ação que precisa ser realizada. A correta definição do objetivo é uma alavanca para o máximo aproveitamento das forças e dos talentos de cada membro da equipe e da equipe como um todo.

A motivação do colaborador para alcançar um objetivo e se comprometer com ele está diretamente relacionada aos seguintes fatores:

- **Transparência.** Objetivo claro e específico, mensurável e sem ambiguidades. Objetivos vagos diminuem o grau de motivação. Nenhum colaborador se motiva se não sabe ao certo aonde se pretende chegar.
- **Nível de desafio.** O nível do desafio aumenta ou diminui a motivação. Conquistar algo que nos desafia é um forte motivador e não existe conquista sem desafio, porém ele precisa estar equilibrado. Se o desafio for muito além da competência, ele pode gerar estresse; por outro lado, um objetivo de baixo desafio não conduz à motivação.

- **Comprometimento.** O objetivo precisa ter importância para a empresa e para o indivíduo. Certamente o colaborador questionará a importância do objetivo para ele, e esta pergunta precisa ter uma resposta. O objetivo precisa ser significativo e ajudar com o propósito pessoal de cada membro da equipe.
- **Constância de *feedback*.** Os *feedbacks* são importantíssimos para ajustar o traçado e corrigir as rotas. Além disso, servem para orientar o colaborador ao longo do trajeto, a fim de se obterem melhores resultados. Sem *feedback* de acompanhamento é mais fácil perder o foco, a motivação, o engajamento e a direção.
- **Alinhamento da complexidade à competência.** As competências de cada indivíduo devem ser levadas em consideração para traçar os objetivos. Devem-se equilibrar os recursos individuais com os recursos e as demandas de trabalho. Se tiver dúvidas, consulte novamente o Capítulo 8, sobre engajamento. Assim como o desafio, isso pode alternar de pessoa para pessoa, portanto conheça a sua equipe.

Se o líder se atentar a esses fatores, os colaboradores terão engajamento e motivação para alcançar os objetivos, e isso criará um ciclo virtuoso de alcance de metas. O ciclo virtuoso se resume em alcançar os objetivos, o que deixará o colaborador mais motivado por enxergar o resultado de seu trabalho, de modo que essa motivação fará com que ele se empenhe ainda mais, dando continuidade ao ciclo.

A alta performance proporciona crescimento e motivação, que por sua vez são fontes de recompensas internas e externas (lembrando que fontes externas dependem da organização ou do aproveitamento de oportunidades), que aumentam a satisfação no trabalho e contribuem para a elevação do engajamento e da disposição para permanecer por mais tempo na empresa, a redução de *turnover* e a aceitação das mudanças como desafio, buscando inovação e apresentando alta performance, voltando ao início deste parágrafo, como um ciclo – um ciclo de alta performance (Figura 13).

Figura 13 – O ciclo da alta performance.

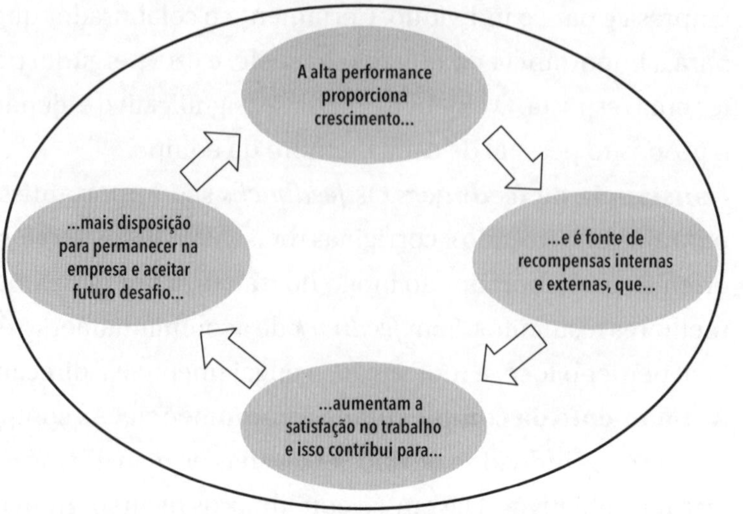

- A alta performance proporciona crescimento...
- ...e é fonte de recompensas internas e externas, que...
- ...aumentam a satisfação no trabalho e isso contribui para...
- ...mais disposição para permanecer na empresa e aceitar futuro desafio...

Fonte: Adaptado do modelo de autodeterminação que gera motivação por ter as necessidades supridas, de DECI e RYAN, 1985.

Esse ciclo não só contribui para a alta performance individual, mas também com a performance da equipe como um todo. Um indivíduo de alta performance tem um ciclo virtuoso bem definido e um grau de autoconhecimento suficiente para saber quais são seus propósitos e alinhá-los aos da organização, gerando assim engajamento. E quais são as características de uma equipe de alta performance? São as seguintes:

- **Propósito comum.** Assim como o indivíduo tem em comum seus propósitos com a empresa, uma equipe também deve ter propósitos em comum. Toda equipe de alta performance tem um propósito comum a todos.
- **Objetivos de performance.** Uma equipe de alta performance tem objetivos de resultados rápidos, ganhos de curto e longo prazos e comemora as vitórias.
- **Habilidades complementares.** Uma equipe de alta performance tem diversidade de pensamento. As pessoas não são iguais e não

são parecidas com os superiores. Discordar gera crescimento, amadurecimento de ideias e, principalmente, desenvolvimento de todos. Todos expõem suas opiniões.
- **Responsabilidade comum.** Todos os membros da equipe se sentem responsáveis pelo propósito e pelo objetivo. Os objetivos não só geram benefícios para os indivíduos como também para a equipe, aumentando a performance de todos. Todos ganham nesse processo. Um objetivo bem definido aumenta a performance porque:
  » **Concede direção e mostra o caminho.** O objetivo bem definido direciona os esforços de modo a evitar o desperdício de energia e de recursos. O foco está no alcance do objetivo no que é necessário fazer para chegar à meta.
  » **Canaliza esforços.** Dependendo do grau do desafio do objetivo e sua importância, sabe-se quanto de energia será despendido para alcançá-lo.
  » **Gera resiliência e persistência.** Com um objetivo bem definido, sabe-se a importância que ele tem no todo, e por isso, determina-se por quanto tempo esse objetivo será perseguido e quanto de resiliência será necessário.
  » **Define estratégias específicas para atividades do dia a dia.** Objetivos com foco no aprendizado aumentam a chance de sucesso quando são desenvolvidas estratégias para realizar as atividades necessárias, principalmente em caso de atividades mais complexas. Definir um cronograma para esses casos pode ajudar.

Quando as pessoas trabalham no que faz bem e veem resultados, há ainda mais satisfação. Portanto, aumentar a satisfação e a motivação é focar no aumento da performance.

Para um objetivo ser bem definido, ele precisa ter uma determinada finalidade e precisa ser SMART, ou seja, inteligente.

OBJETIVO SMART

A transparência na definição de um objetivo ajuda a alcançá-lo. Os objetivos, na grande maioria das vezes, não têm um porquê de existirem; não têm conexão com o propósito da empresa; não têm clareza; não são bem comunicados; e, principalmente, não têm conexão com o propósito do colaborador. Para que os objetivos sejam bem definidos, eles devem estar alinhados aos propósitos dos colaboradores. Para que façam sentido, tanto para empresa como para os colaboradores, eles devem ser classificados em 3 grandes grupos:

- **Objetivos de resultados.** Estão diretamente relacionados a uma situação desejada e a um resultado concreto (por exemplo, aumentar as vendas ou o lucro em 20%).
- **Objetivos de performance.** São focados em uma determinada atividade e costumam estar associados a sua realização ou superação (por exemplo, implementar um projeto no prazo estipulado e dentro do *budget* (orçamento) ou reduzir o tempo de elaboração do relatório em 20%).
- **Objetivos de aprendizado.** São focados no aprendizado necessário para realizar certas atividades com excelência e fundamentais para a melhoria contínua (por exemplo, aprender planejamento financeiro ou se tornar um líder capaz de manter a equipe motivada).

O objetivo deve seguir 8 premissas para ser considerado bem elaborado. São elas:

1. **Definição do objetivo em si.** O objetivo precisa ser extremamente claro e deve responder à pergunta: o que se deseja alcançar especificamente?

2. **Evidência.** Qual é a evidência que comprovará que o objetivo foi de fato concluído e atingido? O objetivo deve ser claro e evidenciar como e quando foi alcançado.
3. **Ganhos e perdas.** Tanto o colaborador como a empresa devem ter ganhos e perdas ao alcançarem o objetivo. Isso deve ser explicitado. Perdas podem ser excesso de responsabilidade, mais trabalho ou até sair da zona de conforto. É importante tratar os assuntos de forma transparente para entender o limite de cada colaborador. Ganhos estão sempre relacionados a recompensas. Todas as decisões envolvem ganhos e perdas. A pergunta é: o que você ganha e o que perde ao alcançar este objetivo? Também deve estar claro se o alcance do objetivo pode afetar negativamente alguém ou o meio (se sim, rever para que não afete).
4. **Valores e relevância.** O objetivo deve ser importante tanto para a empresa como para o colaborador; deve ser relevante e ter um motivo. A pergunta é: por que alcançar este objetivo é importante? Além disso, quais são os valores que serão atingidos ao alcançá-lo?
5. **Recursos.** Os recursos necessários para alcançar o objetivo também devem estar claros. Às vezes, o objetivo precisa de um treinamento específico, como, por exemplo, assumir a responsabilidade pelo departamento de contabilidade. Para isso é preciso cursar contabilidade, logo, um recurso será treinamento de contabilidade. É preciso ter claro quais são os recursos necessários para alcançar o objetivo. Será preciso ter conhecimento, habilidade, treinamento, *budget*, investimento?
6. **Estratégias.** Nesse etapa são definidos os caminhos possíveis e a melhor estratégia para alcançar o objetivo. Sempre existem várias formas para chegar à meta. Deve-se traçar a melhor estratégia e analisar quais as formas para conseguir atingi-lo. É possível também buscar alguma empresa ou alguém que já tenha tido uma experiência parecida para servir de inspiração ou exemplo.

7. **Ações.** Nessa etapa são definidas as ações necessárias para alcançar o objetivo e o que cada ação trará de resultado. Seriam as metas? Deve-se saber claramente o que precisa ser feito para alcançá-lo.
8. **Primeiro passo.** Essa última etapa consiste em dar o primeiro passo em direção ao objetivo. Lembre-se que a direção é mais importante que a velocidade. Se acertar o primeiro passo, terá início o ciclo virtuoso de motivação. Defina qual será a primeira ação a ser feita e tenha em mente que pequenas ações geram grandes mudanças.

Para alcançar qualquer objetivo é preciso sempre ter responsabilidade e comprometimento. Eu tenho familiaridade com esse processo, pois nas empresas em que atuei aprendi sobre o conceito de objetivos SMART.

SMART é um acrônimo para as seguintes siglas em inglês: S de *Specific* (específico), M de *Mensurable* (mensurável), A de *Achievable* (atingível), R de *Relevant* (relevante) e T de *Time bound* (com prazo). Essas palavras formam a palavra em inglês SMART, que significa esperto ou inteligente. As multinacionais exigem de seus líderes a elaboração de objetivos inteligentes, que deveriam ser:

- **S – *Specific* (Específico).** Um objetivo SMART caracteriza-se pela transparência e clareza em seu propósito. Este primeiro passo impacta todo o processo de definição e acompanhamento dos principais indicadores de performance (KPIs).
- **M – *Mensurable* (mensurável).** Deve-se ter em mente como avaliar e quais metas cumprir para atingir o objetivo. É preciso que haja formas claras e assertivas de mensurar o resultado. Tudo que não é medido não é gerenciável; e o objetivo precisa ser gerenciável.

- **A – *Achievable* (Atingível).** Todo objetivo deve ser atingível, caso contrário, os colaboradores envolvidos no processo podem simplesmente desistir de tentar cumprir as metas por julgá-las inatingíveis.
- **R – *Relevant* (Relevante).** O objetivo precisa ter importância e relevância. Não há nada mais ineficiente do que fazer o que não precisa ser feito de forma eficiente, portanto, o objetivo precisa ter um motivo.
- **T – *Time bound* (com prazo).** Para medir o resultado é preciso delimitar o período de tempo, portanto todo objetivo precisa ter prazo e tempo determinado. Ao elaborar um objetivo é preciso definir em quanto tempo ele pode ser alcançado.

O que ocorre com muita frequência nas empresas é que os objetivos são definidos sem formas de mensuração ou sem relevância; além de, é claro, sem alinhamento de propósito. Esses fatos geram um desengajamento com o alcance dos objetivos. Um outro fator que foi recorrente ao longo de minha carreira foi o excesso de otimismo, bem como a potencialização dos objetivos de curto prazo e a desvalorização dos objetivos de longo prazo. Isso ocorre por uma série de fatores, mas principalmente porque as empresas estão muito imediatistas. Precisamos lembrar que são os objetivos de longo prazo que geram sustentabilidade ao negócio. Dito isso, as empresas e seus líderes devem ter objetivos de curto prazo (1 ano), de médio prazo (2 a 5 anos) e de longo prazo (acima de 5 anos). Se possível, o ideal é também ter objetivos para 10, 15, 20 e até 40 anos, para que os esforços necessários possam ser direcionados hoje, de modo a alcançar os objetivos no prazo determinado. Todos são capazes de aprender a falar uma segunda língua. Ninguém é capaz de falar uma segunda língua de um dia para o outro, mas, se houver um planejamento, em 2 ou 3 anos todos conseguem aprender um novo idioma. Faça hoje o que é necessário para garantir o amanhã. Planeje-se e execute atividades que estejam alinhadas com os seus objetivos de curto, médio e longo prazo. Equilibre as energias e os recursos para focar nos 3 cenários. Não priorize o curto prazo em detrimento do longo prazo. Essas são dicas que podem valer ouro para o futuro das organizações e de sua própria carreira.

COMO ELABORAR UM OBJETIVO NA PRÁTICA

Para elaborar os objetivos na prática, leve em consideração a conexão dos objetivos individuais com o propósito do indivíduo e da empresa e garanta que ele seja SMART. Avalie a lista de prioridades e iniciativas da organização e tenha em conta objetivos de curto, médio e longo prazos. Retome as dicas expostas neste capítulo para elaborar os objetivos e revise o cascateamento dos objetivos departamentais para garantir o seu alinhamento com a estratégia da empresa. A partir daí:

- **Priorize seus objetivos.** Faça uma lista por escrito de tudo que precisa ser feito e separe por esforço e impacto. A Tabela 15 apresenta um modelo de como os objetivos podem ser priorizados.
- **Estabeleça metas.** Quebre o objetivo em pequenas metas que possam ser cumpridas sem esforço. Comemore cada meta vencida. Crie um *roadmap* para o alcance dos objetivos e acompanhe a evolução. A Figura 14 apresenta um modelo de *roadmap* que pode ser criado para cada objetivo. O exemplo de meta utilizado no modelo foi a redução de inadimplência.
- **Desenvolva um plano de ação para cada meta.** Estabeleça, para cada meta estipulada no *roadmap* da Figura 14, um plano de ação que contemple a ação específica, o ponto de partida, a estratégia a ser adotada, o ponto a que se pretende chegar, o prazo e os recursos necessários para alcançar o objetivo.
- E, por último, **monitore os resultados.**

Estas dicas são essenciais para definir objetivos que facilitem o ciclo virtuoso, de modo que profissionais motivados estejam cada vez mais engajados na performance e no alcance de resultados.

Tabela 15 — Tabela de priorização de acordo com resultado e dificuldade do objetivo.

Dificuldade	**Prioridade 3:** Objetivos de baixo resultado e difíceis de alcançar	**Prioridade 2:** Objetivos de alto resultado e difíceis de alcançar
	Prioridade 2: Objetivos de baixo resultado e fáceis de alcançar	**Prioridade 1:** Objetivos de alto resultado e fáceis de alcançar
	Resultado	

Figura 14 — Exemplo de *roadmap* para cada objetivo que foi priorizado.

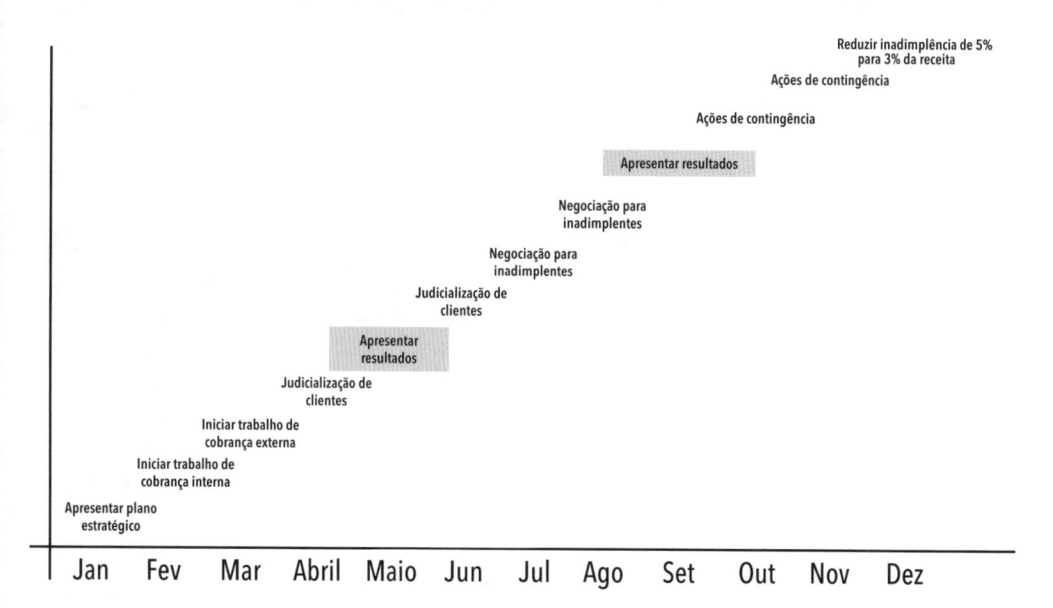

									Reduzir inadimplência de 5% para 3% da receita		
								Ações de contingência			
							Ações de contingência				
						Apresentar resultados					
					Negociação para inadimplentes						
				Negociação para inadimplentes							
			Judicialização de clientes								
		Apresentar resultados									
		Judicialização de clientes									
	Iniciar trabalho de cobrança externa										
Iniciar trabalho de cobrança interna											
Apresentar plano estratégico											
Jan	Fev	Mar	Abril	Maio	Jun	Jul	Ago	Set	Out	Nov	Dez

CONCLUSÃO

- Os objetivos dos colaboradores devem estar alinhados ao propósito da empresa.
- O alinhamento do propósito da empresa com o propósito do colaborador é essencial para gerar engajamento.
- Objetivos bem definidos geram foco, canalização de energia e direcionamento.
- Objetivos podem ser classificados como objetivos de resultados, de performance e de aprendizados.
- Todo objetivo deve ser SMART, ou seja, específico, mensurável, atingível, relevante e com prazo definido.
- Objetivos devem ser priorizados, tendo como base a matriz de priorização.
- Todo objetivo deve ter um plano de ação (*roadmap*).

CAPÍTULO 13

CONFLITOS E PROBLEMAS: COMO SOLUCIONÁ-LOS?

Após o capítulo sobre a elaboração de objetivos, vamos refletir um pouco sobre o dia a dia na nossa vida pessoal ou profissional. Como gastamos boa parte do nosso tempo? Será que focamos em nossos objetivos e investimos o nosso mais precioso recurso, que é o tempo, de modo a alcançá-los? Eu suspeito que não. Na grande maioria dos dias, investimos o nosso tempo em solucionar problemas e gerenciar conflitos. Essa é uma das funções do líder – e, certamente, mais da metade das reuniões de que participamos é justamente para solucionar algum tipo de problema. O mesmo acontece com as inovações. Geralmente, elas nascem para solucionar um problema. Se pensarmos nas inovações que tivemos ao longo de nossa história, sempre havia um problema a ser resolvido e então alguém pensava na solução. Passamos um bom tempo de nossas vidas resolvendo problemas. O filósofo e escritor Karl Popper (2001) afirma que a solução de problemas possui 3 estágios. De modo bastante simplificado e resumido, podemos definir esses estágios como:

1. Problema.
2. Tentativas de solução do problema.
3. Eliminação do problema.

Popper comenta que tudo que vivemos gira em torno desses três estágios. Como somos seres humanos, discutimos os assuntos em busca de melhores soluções e então ele adicionou mais um estágio, sendo:

1. Problema.
2. Formação das teorias para as tentativas de resolver o problema.
3. Tentativas de eliminação do problema através de discussões críticas, incluindo testes experimentais.
4. Criação de novos problemas que surgem a partir da discussão crítica das teorias para a solução do problema.

No fim, a vida é uma eterna luta contra os problemas diários. Além disso, para deixar o nosso dia a dia ainda mais emocionante, nas empresas, onde a comunicação está massificada através do uso de e-mails e WhatsApp, o número de conflitos também ocupa boa parte do nosso tempo. Temos diferentes gerações vivendo no mesmo ambiente, o que contribui para o aumento de conflitos, além da comunicação estar menos individualizada, gerando ruídos de interpretações e mal-entendidos.

Todos esses conflitos geram custos para a organização, e claro, para os colaboradores.

Segundo as pesquisas *The Dana measure of financial cost of organizational conflict*, realizada em 2014, e *Measuring conflict* (2005), ambas da MGH Consulting, os conflitos dentro das organizações geram custos que muitas vezes passam despercebidos. Segundo os estudos mencionados, no mínimo 50% das demissões dentro das organizações estão relacionadas com conflitos. Se excluirmos projetos de reestruturações, 90% das demissões são geradas por conflitos.

Quanto mais conflitos dentro de uma organização, mais alto é o *turnover*. O custo do *turnover* é de 76% a 150% do salário anual do colaborador, isso significa que, se um colaborador ganha R$ 10 mil por mês, o custo de *turnover* poderá chegar a R$ 199,9 mil, segundo dados publicados na Gallup.

O conflito também influencia o comprometimento e o engajamento de colaboradores. Quando existem conflitos que não são resolvidos há uma queda no comprometimento dos membros da equipe. Quando os conflitos são extensos, os membros do time deixam a empresa ou ficam ineficientes. As pesquisas ainda mostraram que há uma perda de aproximadamente 25% do tempo de um colaborador em razão do tempo gasto com conflitos. Isso significa uma redução de 1 semana de trabalho no mês. Os executivos da Forbes+500 gastam em média 20% de seu tempo em litígios ou resolução de conflitos; já os gerentes usam 42% com solução de conflitos. Esses números não aparecem no balanço das empresas. No entanto, os conflitos certamente subtraem o lucro do resultado anual das empresas, gerando prejuízos para todos os envolvidos (Watson e Hoffman, 1996).

Além dos números mostrados pelas pesquisas, há uma relação forte entre os conflitos e a prevalência de prejuízos por roubos e danos causados às empresas decorrentes de raiva e frustração por parte do colaborador. Vimos muitos casos de anomalias encontradas em produtos que são de difícil explicação. Tive a oportunidade de conhecer os processos produtivos de algumas empresas em minha época de auditoria e posso dizer, por experiência própria, que o alto padrão de controle de qualidade não permitiria essas anomalias, senão por sabotagem. Casos conhecidos como o de pelo de rato em uma marca famosa de ketchup, leite com formol, uma marca de suco com solução de limpeza dentro da embalagem, um famoso macarrão instantâneo com larvas de insetos, um remédio encontrado com mofo, leite com ureia humana, achocolatado contaminado, marca de cerveja deixando vítimas, açougue de uma grande rede de supermercados servindo produtos estragados aos clientes, entre outras histórias. Esses fatos podem até ter sidos causados por falhas nos processos, mas, conhecendo as indústrias alimentícia e farmacêutica como eu conheço, acho difícil ter uma falha deste porte e o produto chegar até o cliente final. Certamente falhas assim são identificadas durante o processo produtivo e o produto é descartado antes mesmo de chegar ao mercado, a não ser que estejamos falando de uma fraude causada por um colaborador propositalmente, o que é mais difícil de prever. Imagine se em algum desses casos a falha tiver sido causada por um colaborador, de propósito, por causa de um conflito com o superior imediato. Há uma forte relação entre o conflito com o superior imediato e os prejuízos causados por roubos ou danos à imagem da empresa. E alguns danos podem não ser recuperados.

O problema é que nem sempre os conflitos geram prejuízos ou são ruins para a organização. Há casos em que os conflitos são inevitáveis e por isso é preciso aprender a gerenciá-los e solucioná-los. Os conflitos podem ser benéficos e ajudar na geração de novas ideias e no desenvolvimento de habilidades de comunicação e relacionamento, sendo ainda uma oportunidade de colocarmos em prática técnicas de solução de problemas. Além disso, ao desenvolvermos uma equipe, passamos por 5 fases, de modo que uma delas é justamente aquela na qual os conflitos são mais evidentes, que é a fase da tempestade. Segundo uma pesquisa desenvolvida pelo professor Bruce Wayne Tuckman (1965, apud CHAPMAN, 2017), quando montamos um time passamos por 5 fases:

1. **Formação do time.** Essa é a primeira fase da formação de um time, quando se iniciam as interações e as pessoas começam a se conhecer. O líder também está começando a conhecer sua equipe. Essa é uma fase de muita insegurança em ambos os lados. Há um certo distanciamento, desorientação, prejulgamentos, baixa produtividade e integração ainda inexistente. Nessa fase, o líder deve descobrir as habilidades e os interesses dos membros da

equipe, definir atividades e cronogramas, definir as funções de colaborador, aculturar a equipe aos valores e regras da empresa e compartilhar o objetivo da equipe, que deve ser comum a todos. A fase de formação não deve durar muito tempo, a depender do líder, da equipe e do projeto.

2. **Tempestade.** A segunda fase da formação de equipe é a de tempestade. Esse é o segundo estágio de formação de uma equipe e é uma fase de confrontação. Cada indivíduo já tem conhecimento do seu papel dentro da equipe, e isso gera um certo grau de segurança e aumento da autoconfiança, mas leva também a conflitos gerados pela necessidade de cada membro de mostrar que pode apresentar resultados sozinho. Ainda há uma certa insegurança, mas todos querem mostrar trabalho. Nessa fase, geralmente, há um excesso de confiança nos membros da equipe, formação de subgrupos, muitas opiniões divergentes, desunião e baixa produtividade, de modo que o foco ainda não é algo presente nas atividades. O líder precisa enfatizar o trabalho em equipe, conversar muito com cada colaborador e nunca deixar de cumprir as metas estabelecidas. O líder deve também canalizar competências e energias individuais sempre em benefício de todos, definir planos de ações para as atividades junto com a equipe, realinhar os processos, criar foco, enfatizar novamente os valores da empresa e, principalmente, mediar os conflitos que fatalmente surgirão.

3. **Normalização.** Essa é a terceira fase de formação de equipe, e nela as atividades começam a entrar no eixo. Os indivíduos já sabem as competências uns dos outros, sabem lidar com as diferenças e conseguem respeitar as divergências de opiniões. Nessa fase inicia-se um incremento de produtividade, as ideias passam a ser aceitas, o time passa a ter mais foco e as metas começam a ser cumpridas. As decisões já são tomadas em grupo, portanto há uma melhora na comunicação, na interação entre

o time e também mais trabalho em equipe. Nessa fase acontece um aumento na autoestima do grupo. Já é possível perceber uma redução nos conflitos, mais inovação, aumento da criatividade, melhora da produtividade, as reuniões são mais eficientes e há uma certa união dos colaboradores. Nessa fase o líder deve motivar a equipe com reconhecimentos e *feedbacks*, promover e incentivar reuniões para apresentar os resultados da equipe, estimular confraternizações e trabalho em equipe e, principalmente, aproveitar a criatividade do grupo usando a diversidade do time.

4. **Performance.** É na quarta fase de formação que o time atinge a alta performance. Para se chegar a esse ponto geralmente demora aproximadamente 6 meses, a depender do líder, do tipo de equipe e do desafio do projeto. Nessa fase, o desempenho é mais alto e a produtividade já é mais elevada do que nas fases anteriores. Todo o time está focado e existe uma coesão de todos com o objetivo, de modo que todos estão determinados e comprometidos com a performance, cientes das dificuldades que enfrentarão e engajados em superar as expectativas. Nessa etapa é visível uma melhora na performance de cada indivíduo e no time como um todo. Todos se preocupam com o resultado da equipe, e não mais com o resultado individual, de modo que o trabalho em equipe passa a ser prioridade. Nessa fase há uma elevação da autoestima, processos mais robustos, aumento da criatividade e da inovação, alta produtividade e eficiência e principalmente o alcance das metas. O líder precisa elevar ainda mais o nível do time e das entregas e para isso deve aproveitar os pontos fortes de cada indivíduo, aplicar uma rotação de atividades para ampliar ainda mais conhecimento e elevar ainda mais a autoestima do grupo, fortalecendo o ciclo virtuoso de entrega de objetivos.

5. **Encerramento.** A última fase na formação do time é quando acontece o encerramento do time por algum motivo, seja ele entrega do projeto ou até mesmo quando ocorre uma troca de

membro da equipe. Sempre que algum integrante muda, é preciso retornar à primeira fase, nem que seja apenas para o novo integrante do time. Essa fase é marcada pela finalização de um processo ou um ciclo. Nela, as atividades do projeto são concluídas e o grupo, na formação original, pode ser dissolvido. Trata-se de uma fase que também pode gerar conflito, pois pode haver divergências na percepção do resultado alcançado. O líder deve motivar os indivíduos, pois pode ocorrer desmotivação em razão da aproximação da fase final do projeto. É preciso manter o engajamento e a motivação em nível alto, e para isso o reconhecimento pelos resultados obtidos é essencial, além de uma visão de futuro.

Aprender a lidar com conflitos faz parte do amadurecimento e do crescimento de equipes e colaboradores. Mas, afinal, o que é um conflito?

O QUE É UM CONFLITO E COMO RESOLVÊ-LO?

Um conflito pode ser definido com um desentendimento causado por divergência de opinião, brigas e disputas provocadas pela oposição de sentimentos, interesses ou ideias. Uma discrepância de objetivos entre duas ou mais partes que não contêm um mecanismo efetivo de coordenação e mediação também pode se tornar um conflito e passar a afetar seriamente o rendimento da equipe e dos outros membros do time, por isso o líder precisa ajudar os membros do time a desenvolver habilidades de administração de conflitos.

Os conflitos não podem ser evitados, mas podem e devem ser administrados. O que pode causar conflitos dentro de uma organização? Por exemplo, cobrança por resultados sem oferecer o devido recurso para alcançá-los, ou seja, desequilíbrio entre demanda e recursos de trabalho; falta de colaboradores para executar o trabalho, gerando sobrecarga de trabalho a alguns membros do time; cronograma com falta de transparência; objetivos definidos incorretamente ou pouco claros; ausência de responsabilidade; ausência de comprometimento com os prazos e com a atividade; entre outros motivos.

Segundo a teoria da abordagem relacional baseada em interesse (IBR, *interest based relational*), desenvolvida por Roger Fisher e William Ury (2011), os conflitos devem ser resolvidos ao separar as pessoas e suas respectivas emoções do problema em si. A abordagem também se concentra na construção de respeito e compreensão mútuos. A teoria incentiva a resolver os conflitos com união e cooperação. A abordagem deles é baseada na ideia de que o papel do líder não é simplesmente resolver conflitos, mas garantir que os membros da equipe se sintam respeitados e compreendidos e que as diferenças sejam apreciadas por todos. Na essência, a teoria visa solucionar o conflito de uma maneira madura e civilizada. Durante o processo de solução de problemas, o líder deve sempre manter o foco no comportamento cortês e educado e dar o exemplo, para que possa exigir o mesmo comportamento dos membros da equipe. A prioridade deve ser ajudar a desenvolver um entendimento mútuo sobre olhares diferentes e incentivar os envolvidos no problema a chegar a um consenso, mesmo que isso signifique concordar em discordar. Para usar a abordagem desenvolvida por Fisher e Ury de forma eficaz, todos os envolvidos devem ouvir de maneira ativa e empática, entendendo bem as linguagens verbais e corporais, ser e estar emocionalmente inteligentes e entender como empregar diferentes técnicas de controle da raiva. O papel do líder é auxiliar os colaboradores a seguir os 6 passos para a solução do problemas com base nesses ensinamentos. São eles:

1. **Priorizar o bom relacionamento.** Manter sempre a educação e a cortesia. Essa é a melhor forma de agir em situação de estresse e quando estamos sob pressão. Quando perdemos a educação e a cortesia, o problema pode ser potencializado.

2. **Separar as pessoas do problema.** Discutir pontos de vista diferentes sem desvalorizar as pessoas. Os confrontos de ideias são sempre bem-vindos, mas não é necessário confrontar a personalidade de cada um e as individualidades.
3. **Prestar atenção às intenções positivas.** Sempre foque as intenções positivas de cada um, pois, quando há um problema, há intenções positivas envolvidas. Ouça as pessoas com atenção, sem julgamentos e preconceitos. Deve-se reconhecer que a pessoa está tentando contribuir para melhorar a situação.
4. **Ouvir, entender e só depois falar.** Evitar a má comunicação. É preciso desenvolver habilidades de bons ouvintes e respeitar o direito de expressão de todos. Deve-se ouvir para entender e não para responder, como acontece na maioria dos casos. Falaremos mais deste tema nos próximos capítulos.
5. **Estabelecer os fatos.** Atentar-se aos fatos tirará as opiniões do conflito. Contra fatos dificilmente há argumentos. Devem-se eliminar opiniões individuais e personalizadas e se atentar aos fatos, bem como opinar apenas após entender o que está acontecendo.
6. **Explorar opiniões em conjunto.** Todos devem estar conscientes da divergências de opiniões, e isso não necessariamente é ruim. É preciso administrá-las e somá-las. A equipe deve somar forças ao invés de dividir. Verifique o que cada membro pode acrescentar ao debate.

Com esses 6 passos para a solução de problemas, muitos conflitos poderão ser solucionados e minimizados. Mas será possível criar um fluxo para a solução de problemas? Qual deve ser a função do líder?

O FLUXO DE SOLUÇÃO DE CONFLITOS E A FUNÇÃO DO LÍDER

Como vimos, os problemas fazem parte de nosso dia a dia, e podemos usar a técnica IBR para solucionar o problema, mas como podemos criar um fluxo para solucionar os problemas? Problemas são o mesmo que impasses?

Problema

Um problema é um assunto controverso, que pode trazer transtornos e exige grande esforço e determinação para ser solucionado. Pode também ser um obstáculo, uma dificuldade ou um desafio que precisa ser solucionado, ou até mesmo uma situação difícil, desafiadora e conflitante. É uma situação que precisa ter solução.

O fluxo para a solução de problemas consiste em:

- **Diagnosticar o problema.** É identificar as causas do conflito. Conforme visto no Capítulo 7, deve-se dedicar um tempo para encontrar o problema correto, pois nem sempre é evidente. Como disse Einstein, "se eu tivesse uma hora para resolver um problema, eu passaria 55 minutos pensando sobre o problema, e cinco minutos pensando sobre a solução". Portanto, dedique um tempo para identificar o problema.
- **Ouvir.** É escutar o que as pessoas estão dizendo e eliminar os aspectos emocionais. Pratique a escuta ativa e preste atenção em todas as linguagens, sendo verbal, corporal e emocional. Atente-se às entrelinhas.
- **Evidenciar o problema.** Todos devem estar cientes das possíveis consequências e do impacto negativo do conflito. É crucial que todos estejam cientes da seriedade do assunto e da necessidade de solução do problema. Enfatize a necessidade de encontrar uma solução para o problema.
- **Direcionar e encaminhar.** Direcione a discussão para uma solução que possa ser negociada e acordada entre as partes. A intermediação é fundamental para encontrar o caminho do meio.

Impasse

Sabemos que um problema tem uma solução, mas um impasse é algo para o qual não parece haver solução. É uma situação aparentemente sem solução favorável, para a qual há uma dificuldade enorme de chegar a uma alternativa. Impasse é um fato que dificulta o alcance de um objetivo, uma meta ou um resultado; é um empecilho.

O fluxo para a solução de um impasse consiste em:

- **Mudar o foco.** Mude o foco do problema e passe a olhar o impasse sob uma outra ótica. Faça com que os envolvidos falem sobre como se sentem e não mais sobre o impasse.
- **Reorganizar.** Mude o ângulo do problema. Em vez de perguntar como resolver, pergunte o que está sendo feito para solucionar o impasse.
- **Validar.** Confirme os pontos em que estão de acordo e, quando levantarem os desacordos, mude o foco para o que estão de acordo. O ponto é levar à conclusão de que há acordos já estabelecidos e o que está em desacordo pode ser ajustado.
- **Esclarecer.** Deixe os critérios o mais transparentes possível. Com base em que está sendo avaliado? Foi entendido e aceito por todos? O critério é válido?
- **Parar.** Faça uma pausa estratégica. Quando se está exausto, a solução fica mais distante. Peça para as pessoas pensarem melhor e trazerem soluções.
- **Ressaltar** os objetivos comuns do time.
- **Analisar.** Se o impasse persistir, analise o que se perde e o que se ganha com o conflito. Monte uma análise de perdas e ganhos com o impasse e analise as vantagens e desvantagens de cada situação. Verifique as opções que melhor atendem aos objetivos em comum do time, da empresa e dos indivíduos envolvidos no assunto.

A função do líder

E qual é a função do líder, tanto no fluxo de solução de impasses como de problemas? O líder tem um papel importantíssimo de colaborar, mediar e aconselhar os envolvidos no assunto.

- **Colaborar.** Chame apenas os envolvidos. Use a maior quantidade de fatos possíveis e relacione-os com as necessidades da empresa. Documente as ações e questões discutidas. O objetivo é fazer com que os membros envolvidos no conflito colaborem para o objetivo maior da empresa ou do departamento.
- **Mediar.** Se a colaboração não funcionar, procure mediar o conflito com imparcialidade. Mediação é intermediar acordos entre as partes. A função do mediador é ajudar as partes a discutir o problema.
- **Aconselhar.** Caso os passos anteriores falhem, busque o aconselhamento. Nas organizações, pode ser feito por um cargo mais elevado ou pelo departamento de recursos humanos. Ao aconselhar ou escutar um aconselhamento, crie o hábito de sempre escutar primeiro antes de dar sugestões.

No final, chegar a um consenso é o caminho para cessar o conflito, o que nem sempre elimina todas as discordâncias. O importante é que as partes envolvidas no assunto e no conflito coloquem os interesses do time acima dos interesses pessoais e cheguem a um acordo.

CONCLUSÃO

- Nossa vida é composta de problemas, portanto devemos amadurecer para aprendermos a lidar com eles.
- Os custos da não solução de problemas são altíssimos, e em formação de equipe passamos pela fase de tempestade.

- Opiniões divergentes podem trazer novas ideias, portanto devemos entendê-las e não evitá-las.
- Nunca devemos levar um conflito para o lado pessoal.
- A função do líder na solução de problemas é:
    » Colaborar para a solução do problema.
    » Mediar o conflito com imparcialidade.
    » Aconselhar os envolvidos.

CAPÍTULO 14

CONDUZINDO TIMES PARA A EXCELÊNCIA

Como visto anteriormente, um time passa por 5 fases, segundo a teoria dos professores Fisher e Ury (2011). As fases são formação de time, tempestade, normalização, performance e, em alguns casos, a quinta fase é a de encerramento. Essas fases são inevitáveis na formação de um time, mas um bom líder 4.1 é capaz de equilibrar o clima em cada uma delas, desde que tenha consciência da fase que o time está vivenciando e também condições de manter o time na fase de performance. Vimos também que uma boa performance gera motivação para alcançar os objetivos e que alcançá-los gera ainda mais motivação, criando assim um ciclo virtuoso de alcance de objetivos. Se o líder conseguir manter sempre o time na zona de performance e criar um ciclo virtuoso, ele terá um time de alta performance, ou seja, um time voltado para a excelência.

O que é um time de excelência, ou um time de alta performance? Geralmente um time de alta performance é um time coeso, que cria uma poderosa energia e supera as expectativas. É um time focado nos pontos positivos e nas excelências individuais, com objetivos em comum, propósitos e metas a serem alcançadas, que consegue manter a excelência. É um time que vai além do modo normal de fazer as coisas e cria um nível mais elevado de alcance de resultados positivos. É um time que, como dizem os estadunidenses, percorre *an extra mile*, ou seja, entrega um "adicional" no final do processo, vai além e supera as expectativas.

Os times de alta performance estão sempre buscando a excelência, tornando este processo um processo contínuo. É um time que se motiva somente pelo fato de buscar a alta performance. É um time que tem o ciclo virtuoso como uma constante e jamais se acomoda ou permanece na zona de conforto, pois entende que ao se acomodar no bom desempenho pode perder o estímulo para criar e inovar, perder a competitividade e reduzir a vitalidade do time, além de comprometer o engajamento, o comprometimento e a motivação. Essas características refletem diretamente no resultado do time, bem como no seu nível de produtividade, eficiência e performance, podendo quebrar o ciclo virtuoso. Um time de alta performance não corre esse risco, pois costumam ser visionários e resilientes às adversidade, além de estarem sempre renovando, inovando, criando e tomando decisões com energia positiva e expectativa de bons resultados. Todos os líderes querem ter times de alta performance, mas é preciso um trabalho árduo desde a formação do time até a sua manutenção na zona de performance.

Um dos melhores times que tive durante a minha carreira foi em uma grande indústria farmacêutica. Fui contratado para unificar três grandes áreas na ocasião e meu time tinha um grande número de pessoas. A primeira atividade que fiz junto a esse time foi um inventário dos pontos positivos de cada um. Com esse inventário em mãos, simplesmente apresentei para todos cada membro da equipe, focando sempre nas qualidades. Criei uma cultura no time que consistia em sempre focar no que cada um tinha de melhor. Dessa forma, criei um supertime. Ao acompanhar a carreira dos membros dessa equipe, notei que todos evoluíram e hoje são gerentes ou até mesmo diretores. Mas qual é o caminho ou a receita para criar um supertime?

O CAMINHO PARA FORMAR UM TIME DE EXCELÊNCIA

Sempre que falamos de caminho, pensamos em uma origem, um destino e uma reta ligando os dois pontos. Digamos que o ponto A seja uma equipe mediana e o ponto B seja uma equipe de alta performance. É importante saber que o caminho nunca será linear. Há sempre altos e baixos, e isso precisa ser entendido. O caminho é sempre um processo que deve ser seguido e perseguido, com resiliência e direção. Para formar uma equipe de alta performance é necessário estabelecer um alto padrão de desafios, equilibrando a demanda e a oferta de trabalho, mas, mais do que isso, incentivando e fortalecendo os recursos pessoais do time. Lembre-se de que um bom time é formado por pessoas. Para criar um time de alta performance, não basta contratar corretamente, e isso será abordado nos próximos capítulos, mas sempre ter em mente os motivos pelos quais os indivíduos foram contratados. Eles foram contratados pelas qualidades que possuem e isso deve ser enfatizado. Por isso, o primeiro passo para formar um time de alta performance é apreciar e valorizar o que cada indivíduo tem de melhor. Eles foram contratados por isso.

Apreciando e valorizando o que cada um tem de melhor

Enfatize e traga a público o que cada indivíduo do time tem de melhor. Se o fizer corretamente, fortalecerá ainda mais os pontos positivos de cada um e formará um time composto apenas por pontos fortes. Para isso o líder 4.1 precisa:

- **Estabelecer metas** e propósitos desafiadores, lembrando de alinhar os propósitos do time com os propósitos individuais.
- **Identificar as forças de cada um** e distribuir atividades e responsabilidades de acordo com as forças individuais. Usar o talento

motiva e satisfaz a necessidade de competência, conforme a teoria da autodeterminação.
- **Equilibrar as necessidades individuais e coletivas**. O líder deve desenvolver espírito de equipe, sem suprimir o individual.
- **Aceitar diferentes visões e opiniões**, gerenciar os conflitos, como vimos no Capítulo 13, e incentivar a inovação.
- **Experimentar**. Uma equipe de alta performance está sempre testando novos caminhos. A inovação é o caminho para o futuro.

Explicando o sucesso

Uma equipe de alta performance sabe exatamente como alcançou os resultados obtidos e consegue replicar o caminho. Se não souber dizer como chegou ao resultado, é melhor não fazer. Um time extraordinário não apenas produz bons resultados, mas sabe reproduzi-los e para isso é preciso:

- **Documentar processos e procedimentos**, anotar e montar políticas que possam ser revisadas e replicadas por um novo membro.
- **Analisar criticamente os processos** e revê-los ocasionalmente. Questione-se sobre o motivo real para fazer uma determinada atividade e analise se a forma como está sendo feita é a melhor. A frase "sempre foi feito assim" é inimiga da equipe de alta performance.
- **Ficar atento às oportunidades** e melhorias dos processos. Uma equipe de alta performance sempre aceita mudanças e as encara como oportunidades de melhoria e aprendizados; não leva nada para o lado pessoal e está sempre aprendendo.
- **Desenvolver padrões e indicadores de qualidade**. Tudo que não é medido, não é gerenciável. Uma equipe de alta performance tem indicadores de performance para que medidas possam ser tomadas.

Desenvolvendo a sustentabilidade

Uma equipe de alta performance consegue se sustentar na zona de performance, pois se desenvolve continuamente, renovando conhecimentos, habilidades, energia, engajamento e motivação, gerando assim uma atitude de busca constante pelo resultado desejado. Uma equipe de alta performance deve:

- **Aprender constantemente** e entender que a competência inconsciente leva à incompetência habilidosa.
- **Reconhecer e recompensar pelo desempenho**. O ciclo virtuoso é composto pelo alcance do objetivo e pelo reconhecimento, gerando motivação. Portanto, o reconhecimento e a comemoração do resultado obtido são primordiais.
- **Compartilhar objetivos**. Todos da equipe devem estar alinhados quanto a seus propósitos e forças para o alcance do objetivo em comum. Todos estão no mesmo barco e remam na mesma direção.
- **Manter a positividade**. Uma equipe de alta performance trabalha duro, mas se diverte no trabalho também.

Tendo visão e direcionamento

Um time de alta performance tem visão e direcionamento, bem como um futuro que o estimula, motiva e engaja. Essa visão incentiva a produtividade, o trabalho em equipe, a capacidade de superação, a resiliência e a busca por resultados. Um time de alta performance deve:

- **Criar e compartilhar a visão de futuro**, com objetivos transparentes e bem traçados.
- **Deixar claro como todos fazem parte da visão,** missão, valores e propósitos da empresa.

- **Ancorar a visão em oportunidade de desenvolvimento** e crescimento para o time, tanto em relação aos colaboradores como à empresa. É um ciclo de evolução de todos.

Um time de alta performance não se contenta com o bom e sempre procura o ótimo e, mesmo levando em consideração que "o feito é melhor que o perfeito", busca melhorar constantemente.

Valorizando as características positivas para motivar a performance

Até pouco tempo atrás, a psicologia só estudava fenômenos negativos do ser humano, mas a partir de estudos recentes, liderados principalmente por especialistas no assunto como Martin Seligman, Barbara Fredrickson, entre outros, a psicologia vem se tornando uma aliada para uma vida boa e plena. Esses estudiosos passaram também a analisar os pontos positivos do ser humano, como suas forças e características positivas. Até então, os aspectos positivos eram negligenciados e apenas as doenças psíquicas eram estudadas.

Desde a publicação do livro *Positive organizational scholarship*, por Cameron, Dutton e Quinn (2003), o campo do uso da psicologia positiva no trabalho ganhou notoriedade. Investigações fundamentadas de alguns acadêmicos levaram a conhecimento público estudos mais aprofundados da correlação entre a performance individual, de equipes e de empresas com o uso de forças individuais e características positivas. Os estudos de positividade utilizados no mundo corporativo têm como base o desejo intrínseco de todos os seres humanos de autorrealização e uso pleno de sua capacidade. Em um mundo extremamente focado em lucro e resultados, não há como negar que a positividade oferece uma visão bastante atraente para os colaboradores, particularmente para aqueles desencantados pelo momento de materialismo excessivo pelo qual estamos passando, pelo egoísmo e abandono do lado humano nas organizações e pela ausência de compaixão ou sensibilidade em relação aos colaboradores. As organizações bem-sucedidas nesse sentido já perceberam os benefícios associados à construção de um contexto de trabalho positivo e se preocupam com seus climas e com o equilíbrio entre a demanda e os recursos de trabalho, somados aos recursos pessoais. É notável que um ambiente de trabalho positivo proporcione muitos resultados desejáveis, como atitudes mais favoráveis no trabalho e o aumento do desempenho.

Uma das empresas em que trabalhei permaneceu na lista de melhores companhias para trabalhar durante todo o período em que lá atuei, e o clima da empresa favorecia claramente o resultado. Os melhores profissionais almejam trabalhar nas melhores empresas, e este é mais um ciclo que favorece a alta performance. Segundo Barbara Fredrickson, a positividade nos abre um canal para emoções positivas e as emoções positivas nos abrem coração e mente, nos tornando mais receptivos e mais criativos. Além disso, ela ainda propõe que a positividade tem o poder de nos transformar para melhor. Em resumo, a positividade amplia e constrói. Ela transforma os indivíduos e ajuda as pessoas a se tornarem melhores. Independentemente da visão que tenha, o fato é que nós, seres humanos, tendemos a preferir uma exposição positiva que negativa, assim desenvolvendo uma tendência natural para melhorarmos ainda mais no que estamos sendo elogiados. Cameron e Spreitzer (2011) sugerem que a positividade é o estado natural e preferido do ser humano, portanto, nesse estado natural, temos uma tendência de ser mais autênticos, criativos e engajados, se esse estado for potencializado.

Segundo estudos do Center for Positive Organizational Scholarship, que aplica conceitos de psicologia positiva em empresas, o principal indicador de alta performance é a proporção de afirmações negativas e positivas feitas pelos membros do time. Os estudos mostraram que, em casos nos quais as afirmações negativas superavam as afirmações positivas, seja em formato de *feedback* ou mesmo em conversas informais, a performance era baixa. Em casos nos quais as afirmações negativas eram iguais às positivas, a performance era mediana. Mas em casos nos quais as afirmações positivas superavam as afirmações negativas, a performance estava acima da média. Segundo os estudos, para cada afirmação negativa devemos ter 3 afirmações positivas enfatizando as forças de cada equipe ou indivíduo. Pelo fato de a positividade nos levar ao nosso estado natural, é importante criar um inventário positivo não só para você mesmo, mas também para todos os membros de sua equipe. Esse inventário ajudará no autoconhecimento e na geração da motivação intrínseca e do engajamento, bem como pode e deve ser utilizado pelo líder para ajudar o indivíduo a encontrar motivos e forças que ajudam no ciclo virtuoso. Para isso, faça uma lista com:

- **Motivadores.** Descreva atitudes, atividades ou projetos que motivam e ajudam a empresa a chegar no objetivo. Essas atividades serão a fonte de energia e motivação.
- **Forças e talentos**. Liste quais são as forças e talentos que você possui (ou que o seu colaborador possui) e podem ajudar a empresa a chegar no objetivo. Essas forças são intrínsecas, naturais e já estão desenvolvidas. Elas precisam ser utilizadas para alcançar o uso pleno da capacidade.
- **Competências.** Quais são as competências que possui (ou que seus colaboradores possuem) e podem ajudar a empresa no alcance do objetivo?

Esse inventário deve ser compartilhado com todos da equipe, e, após todos os integrantes fazerem este inventário, elabore um de toda a equipe, somando as fortalezas individuais de cada membro. Ao somar os pontos positivos de cada membro do time, o líder perceberá a força de sua equipe.

Adicionalmente, pode-se montar uma matriz SOAR (em vez da SWOT – em português: forças, oportunidades, fraquezas e ameaças) de cada membro da equipe e, posteriormente, da equipe como um todo, considerando os pontos da matriz. A matriz SOAR significa, em inglês: *Strenghts* (forças), *Opportunities* (oportunidades), *Aspirations* (aspirações) e *Results* (resultados). A Tabela 16 apresenta um modelo que pode ser utilizado para ajudar no inventário positivo da equipe.

Tabela 16 – Matriz SOAR.

Forças	Aspirações
› O que você faz bem? › Quais são seus recursos pessoais, competências e talentos? › O que você pode oferecer para a empresa de melhor?	› Aonde suas forças te conduzirão? › Quais são suas aspirações para o futuro? › Como se vê daqui a 10 anos? › O que pode fazer para chegar lá? › O que pode mudar em si mesmo?
Oportunidades	Resultados
› Como suas forças o ajudarão a gerar oportunidades? › Quais obstáculos você precisa contornar? › Quais parcerias você precisa fazer?	› Quais resultados você pretende alcançar com suas forças? › Como você pode medir o seu sucesso? › Quais evidências você terá de que suas metas foram atingidas?

Fonte: Adaptado de David Cooperrider.

Os times de alta performance possuem uma matriz de positividades atualizada e buscam sempre, de forma consciente, criar uma comunicação aberta e transparente com todos, reconhecer e usar positivamente a diversidade, aproveitar as divergências para gerar inovação, encorajar uma postura proativa diante dos riscos, incentivar experimentações, compartilhamento de objetivos e celebração do sucesso. Buscam desafios que aceleram a evolução e jamais permanecem na zona de conforto, mas sim em uma zona de excelência, nem de alto grau de estresse, tampouco sem desafios como é conhecida a zona de conforto.

A zona de conforto gera nível baixo de ansiedade, porém baixo resultado. A zona de busca exacerbada pelo sucesso a todo custo gera alto grau de estresse e ansiedade, mas a zona de excelência tem um nível equilibrado de ansiedade e proporciona alta performance. Todas essas ações de uma equipe de alta performance geram emoções positivas, que influenciam o modo como interagimos, aprendemos, criamos e produzimos, criando assim uma cultura de positividade e um clima favorável à performance.

CONCLUSÃO

- Times de alta performance apreciam e valorizam pontos positivos, explicam o sucesso, criam sustentabilidade e têm visão.
- Para aumentarmos a performance, devemos ter 3 afirmações positivas para 1 negativa.
- SOAR (forças, oportunidades, aspirações e resultados).
- Deve-se sair da zona de conforto e migrar para a zona de excelência.

CAPÍTULO 15

ENTREVISTANDO E FORMANDO O SEU TIME

Por onde devemos começar a formar o nosso time? Como visto, um time passa por 5 fases, sendo a primeira a formação do time. Podemos formar um time com colaboradores da própria empresa, para um projeto, por exemplo, ou então devemos contratar as pessoas para começar a compor um time.

Eu atuei em empresas como uma gigante do turismo brasileiro, na qual tive que compor o time do zero. Não havia um time contratado para a área da qual eu era responsável, e foi necessário contratar quase todas as pessoas de fora da empresa. O grande problema das contratações é que há possibilidades de erros, e os erros nas contratações costumam custar caro para a empresa. O custo de uma contratação errada pode chegar a até 150% do salário anual do colaborador, ou seja, para um salário mensal de R$ 10.000 por mês, o custo de um erro na contratação pode chegar ao montante de até R$ 199.950, segundo pesquisa da Gallup. O maior custo de uma contratação errada é o tempo desperdiçado e a perda de oportunidade pela organização. No entanto, outros prejuízos podem incluir perda de clientes, atraso ou falhas ao entrar em um determinado mercado, má execução de algum projeto, ineficiência, perda de moral com o time e redução do nível de trabalho em equipe, gerando redução de produtividade e performance.

Em um processo de seleção, é preciso saber escolher muito bem, pois há muitos profissionais disponíveis, mas poucos que de fato contribuirão de modo a fazer diferença para a equipe e a empresa. O líder precisa saber escolher corretamente e, mais do que isso, precisa saber manter os talentos motivados e engajados.

O que assusta quando analisamos o mercado de trabalho de uma forma geral é que para escolher um bom colaborador é preciso garimpar. Geralmente, em nossos times, nas empresas e no mercado de trabalho como um todo, temos 10% de colaboradores que são os melhores e fazem a diferença e 25% que são apenas bons. Esses bons colaboradores são levemente melhores que a média, mas não são os melhores, embora sejam bem-vindos em nossos times. A grande massa, ou seja, 65% dos profissionais que estão atuando são medianos ou ruins, incluindo os que estão dentro das empresas trabalhando, desde presidentes até estagiários.

Não podemos mudar o mercado, mas podemos atuar de forma a obter ferramentas para saber escolher corretamente os 10% melhores ou os 25% bons para atuarem em nossos times. Esses números ficam ainda mais desafiadores quando se trata de engajamento. Em média, de todos os profissionais do mercado, 13% são engajados, 63% não são engajados e 24% são ativamente desengajados, gerando até mesmo um peso negativo na balança de engajamento da empresa. É muito difícil separar esses colaboradores durante um processo curto de entrevistas, e por isso é preciso ter técnicas para auxiliar na escolha correta do colaborador durante o processo de formação de equipe.

COMO CONTRATAR

Sempre busquei contratar os melhores colaboradores para atuar em meu time. Até que um dia um gerente de recrutamento e seleção me disse que não existia colaborador perfeito. Eu nunca buscava a perfeição, mas sim os melhores. Buscava sempre indivíduos que fossem capazes de me superar profissionalmente, que tivessem, em muitos casos, opiniões diferentes das minhas, pois assim eu era desafiado e isso me gerava evolução e crescimento. Durante alguns anos da minha carreira atuei com uma profissional chamada Julia Baldini. Ela me acompanhou em duas ocasiões e é uma profissional que está nos 10% que são os melhores e também nos 13% de profissionais engajados. Para que a Julia fosse selecionada, ela passou por dois processos de seleção bem rigorosos. Apesar de eu já a conhecer e ao seu potencial, queria fazer o processo de forma imparcial e com participação de alguns pares. O primeiro passo para um bom processo é saber exatamente o perfil de profissional que se está buscando para agregar valor ao seu time. Eu sabia, nas duas ocasiões em que a Julia atuou comigo, que ela tem o perfil do tipo de profissional com o qual eu gosto de trabalhar. Inteligente, desafiadora, opiniões distintas e uma gama de conhecimentos gerais que a faz ter ideias diferenciadas. Mas uma boa contratação começa com uma boa descrição da posição.

1º passo: descrição da posição

O primeiro passo para uma boa contratação é descrever a posição com o máximo de detalhes possível, o que não só guiará o processo de seleção, como também o processo de entrevista e o de acompanhamento do profissional ao longo de sua trajetória profissional na empresa. Uma boa descrição da posição deve conter:

- **Resumo do cargo.** O resumo do cargo deve conter todas as informações possíveis sobre posição, interações, responsabilidades, atribuições, atividades que serão desempenhadas e experiência desejada.

- **Rede operacional.** Na rede operacional devem estar as informações sobre com quem o colaborador terá interação se for contratado. Quem será o superior imediato, os subordinados (se houver), quem são os clientes internos ou clientes externos, os cargos de interlocução etc. Essas informações são importantes para analisar o nível de comunicação, a senioridade, a forma de comunicação do colaborador, entre outros aspectos, bem como se ele deve ser introspectivo ou extrovertido.
- **Comportamentos esperados para a posição.** Quais são as atitudes e os comportamentos esperados para a posição, como proatividade, iniciativa e senso de urgência.
- **Requisitos mínimos para a posição**, sendo eles técnicos e não técnicos, como por exemplo: formação acadêmica, idiomas, conhecimentos específicos e habilidades necessárias para exercer a função.
- **Áreas de responsabilidade** e expectativa para cada área de responsabilidade. Como exemplo podemos citar: segurança da informação, se lidar com informações confidencias; relacionamento com o cliente, se for da área de vendas; processos administrativos, se for uma posição para a área administrativa; e assim por diante. Para cada área de responsabilidade é necessário destacar as expectativas e responsabilidades (o Quadro 1 apresenta um exemplo).

Quadro 1 – Exemplo de área de responsabilidade.

Área de responsabilidade: planejamento orçamentário
› Planejamento e acompanhamento dos resultados.
› Elaboração do orçamento da empresa por produtos, canais, segmentos, roteiros e destinos.
› Suporte à área de negócios.
› Controle do cronograma de orçamento.
› Explicação dos desvios em relação ao ano anterior.

2º passo: identificar os fatores críticos de sucesso para a posição

O segundo passo para uma correta contratação é focar nas necessidades da posição e o que o candidato precisa apresentar para ter sucesso no cargo, ou seja:

- Quais são os conhecimentos técnicos que a posição exige?
- Quais são os comportamentos esperados para a posição?
- Quais são as motivações necessárias para a posição?

Dois exemplos de fatores críticos de sucesso para áreas distintas são apresentados na Tabela 17.

Tabela 17 – Exemplos de fatores críticos de sucesso.

Pesquisa e desenvolvimento	Vendas
› Capacidade de pensamento crítico e analítico › Habilidade numérica › Habilidade de comunicação › Tendência de pensamento reflexivo › Curiosidade intelectual › Criatividade › Metodologia › Habilidade de lidar com detalhes › Paciência	› Habilidade de comunicação verbal › Boa expressão › Extroversão › Entusiasmo › Bom senso de humor › Influência › Ambição financeira › Assertividade › Autoconfiança › Tática › Sensitividade social › Autodisciplina › Perseverança

3º passo: focar nas perguntas corretas

O terceiro passo é fazer uma lista de perguntas para o processo de entrevistas e focar nos pontos que devem ser explorados no segundo passo.

- Qual situação por que passou mostra a aplicação deste conhecimento?
- O que você fez? O que poderia ter feito de diferente?
- Como poderia obter melhores resultados nesta situação?
- O que deu errado e por quê? O que deu certo e por quê?
- Quais foram os resultados alcançados?

A Tabela 18 apresenta exemplos de algumas perguntas que podem ajudar durante o processo de seleção.

Tabela 18 – Exemplo de perguntas para um processo de entrevista.

Temas	Perguntas
Tomada de decisão	› Quais foram as decisões mais difíceis ou os maiores desafios que enfrentou recentemente? › Quais foram as melhores e piores decisões que você tomou nos últimos tempos? Por quê?
Habilidades estratégicas	› Descreva sua experiência em pensamento estratégico, incluindo situações de sucesso e insucesso. › Nos últimos tempos, como está se mantendo atualizado com relação a tecnologia, inovação e comportamento dos consumidores?
Riscos	› Qual foi o maior risco que assumiu nos últimos anos? Mencione um que teve bons resultados e um que teve resultados insatisfatórios. › O que poderia fazer de diferente?
Criatividade	› Qual o seu melhor exemplo de criatividade aplicada aos processos, sistemas, métodos, produtos ou serviços? › Você tem algum projeto para descrever como a sua solução atendeu diretamente (ou não) às necessidades dos clientes?
Gerenciamento de conflitos	› Identifique situações nas quais você vivenciou conflitos com outras pessoas. › Como você trabalhou para resolver o conflito e solucionar as diferenças?

4º passo: fazer um guia do processo de seleção e entrevistas

Nesta etapa o líder deve desenhar como será o processo de seleção, definindo:

- Quantas entrevistas serão feitas nas fases decisivas do processo.
- Se há necessidade de outras áreas entrevistarem, por exemplo, no caso de contratação para uma posição recursos humanos que atenderá como parceiro de negócios à área industrial, é interessante que a entrevista seja feita com a presença do responsável pela área industrial.
- Quem participará do processo decisório.

Certifique-se de cobrir todos os fatores críticos de sucesso durante esta etapa e, se necessário, inclua no processo de seleção testes técnicos e psicológicos.

5º passo: conduzir as entrevistas

Nesta etapa esteja preparado para conduzir uma conversa com os candidatos de forma a explorar e passar por todo o guia do processo definido no passo anterior. Se necessário, faça uma entrevista individual com a participação de outro gestor para compartilharem pontos de vista. Para esta etapa:

- Prepare-se previamente e se certifique de estudar o resumo profissional dos candidatos antes da entrevista. É muito deselegante ler o currículo no momento da entrevista.
- Explique o processo para o candidato.
- Tome nota e não confie apenas em sua memória, pois é comum os processos durarem um certo tempo, de modo que algumas informações certamente cairão no esquecimento.

- Faça perguntas sobre o comportamento e peça exemplos. Certifique-se que o candidato entenda onde está querendo chegar.
- Permita-se ficar em silêncio, sem julgamento.
- Não aceite respostas vagas e se aprofunde nas respostas. Lembre-se que está buscando os 10% melhores do mercado e os 13% mais engajados.

6º passo: avaliar os candidatos

Avalie todos os candidatos de forma justa e imparcial e não leve nada para o lado pessoal. Não é porque você se deu melhor com determinado candidato que ele é o mais competente. Para esta etapa:

- Dedique um tempo para avaliar os resultados com outros entrevistadores e defina os critérios para a avaliação.
- Adote uma escala de valor para os critérios de decisão.
- Decida em conjunto, mas lembre-se de que o líder direto tem a voz da decisão.

Como no exemplo apresentado pela Tabela 19, monte uma tabela com os fatores críticos de sucesso e dê uma nota de 1 a 10 para cada candidato entrevistado.

Tabela 19 – Exemplo de tabela comparativa para comparar candidatos.

Fator crítico de sucesso	Candidato 1	Candidato 2	Candidato 3	Candidato 4
Idioma (inglês)	2	8	5	7
Formação acadêmica	8	7	9	3
Boa comunicação	4	8	5	4
Assertividade	4	7	3	9
Gerenciamento de conflitos	2	9	4	6
Total	20	39	26	29

Para ter sucesso nesse processo, lembre-se de:

- **Ser imparcial**. Avaliações devem ser feitas com base nos comportamentos que o candidato teve em relação ao trabalho e não em impressões pessoais, atitudes e sentimentos.
- **Desconsiderar generalizações vagas**. Os candidatos devem suprir com fatos em vez de argumentações vagas.
- **Contratar a pessoa certa**. Isso será o começo correto para a formação de um time de alta performance.
- **Fornecer** *feedback*. É importante dar uma devolutiva para os candidatos que participaram do processo e não passaram por algum motivo. Lembre-se de que pode estar na posição de entrevistador hoje, mas um dia poderá estar na posição de entrevistado. O candidato dedicou tempo e se disponibilizou para atender à empresa. O mínimo que um líder 4.1 pode fazer é dar *feedback* para aqueles que se dedicaram a atender um chamado de entrevista.

CONCLUSÃO

- O custo de uma contratação errada pode chegar a 150% do salário anual do colaborador.
- Somente 13% dos colaboradores são engajados e 10% são os melhores, portanto é necessário selecionar corretamente.
- Para contratar corretamente é preciso seguir os passos:
  - » Descrever detalhadamente a posição.
  - » Identificar fatores críticos de sucesso para a posição.
  - » Focar nas perguntas corretas para a entrevista.
  - » Fazer um guia do processo de seleção.
  - » Conduzir correta e imparcialmente as entrevistas.
  - » Avaliar racionalmente os candidatos.
  - » Fazer uma tabela de comparação entre os candidatos e tomar a decisão de forma mais racional possível.

CAPÍTULO 16

FORMANDO O SEU TIME DE ALTA PERFORMANCE

Já vimos as fases de formação de um time e como contratar as pessoas certas. Este capítulo será dedicado a como transformar o time da fase de normalidade para um time verdadeiramente de alta performance. Abordarei temas como o que é, quais são suas características, passos para o desenvolvimento, o que não pode faltar e o equilíbrio necessário para se ter um time focado em alto desempenho.

Um dos principais projetos de liderança de que participei foi em uma gigante farmacêutica. O nome do projeto era *High Performance Organization* (organização de alta performance). Consistia em criar uma organização de alta performance e foi conduzido por uma das maiores empresas de consultoria de desenvolvimento humano no mundo. O projeto era muito importante dentro da organização, mas era de uma simplicidade assustadora. Nada mais era do que simplesmente extrair o que cada membro do time tinha de melhor, expor isso para que todos pudessem ver, esclarecer como os pontos fortes poderiam ser aproveitados por outros membros do time e, no final, formar um time. Simples assim. Mas não era formar um time qualquer, e sim desenvolver o conceito correto de time e elevar o nível para uma organização de alta performance. O projeto consistia em absorver dos indivíduos sua formação individual e suas características positivas para usá-las a favor do time, mas como? Simplesmente formando uma equipe coesa, organizada e unida por objetivos comuns, que tivesse:

- **Propósito.** Uma razão para existir, como já vimos nos capítulos anteriores. O propósito é necessário para o indivíduo, as empresas e também para os times. Propósitos de equipes de marketing devem ser diferentes de finanças, e isso deve ser compreendido por ambos, pois a equipe de marketing precisa usar as características positivas do time de finanças, como racionalidade, e a equipe finanças deve valorizar e também compreender as características muitas vezes criativas de marketing. E ambos devem estar alinhados com o propósito geral da empresa, que é a razão de a empresa existir. Devem ter objetivos comuns, gerar resultados e se complementarem.
- **Complementaridade.** A equipe de finanças complementa a de marketing com a racionalidade; por outro lado, a equipe de marketing complementa a de finanças com a criatividade. Assim também ocorre com os indivíduos dentro das equipes. Eu atuei com uma colaboradora que entendia tudo de banco de dados e Excel, mas não tinha um conhecimento profundo de PowerPoint e apresentação. Claro que ambos se complementavam, de modo que um fazia todo o trabalho racional e pesado de banco de dados e o outro fazia toda a comunicação dos dados e apresentações.
- **Espírito de equipe.** De nada adianta ter excelentes qualidades individuais e agir de forma egoísta pensando apenas em seus próprios objetivos. "O talento individual pode vencer jogos, mas é o trabalho em equipe que ganha o campeonato", como disse o astro do basquete estadunidense Michael Jordan. Os esportes de grupo são grandes exemplos de trabalho em equipe. Eles exigem talentos individuais, mas principalmente o esforço de todo o time

em prol de um mesmo objetivo. Esses esportes podem facilmente ser comparados com o dia a dia das empresas.

No livro *Transformando suor em ouro*, Bernardinho enfatiza a importância de trabalhar em equipe. O ex-jogador e técnico de vôlei é um exemplo de líder de sucesso, capaz de extrair competências individuais e usá-las para alcançar os melhores resultados para a equipe. Ele conquistou algumas medalhas olímpicas aplicando este conceito e atribuiu o segredo do sucesso ao espírito de equipe. Ele disse:

> No vôlei, como na vida, valem os mesmos princípios: a necessidade de identificar talentos, de manter as pessoas motivadas, de se comprometer com o desenvolvimento de cada membro do grupo e, principalmente, de criar um espírito de equipe que torne o desempenho do time muito superior à mera soma dos talentos individuais. (BERNARDINHO, 2010)

Outro grande ídolo brasileiro e campeão de Fórmula 1, Ayrton Senna também costumava atribuir suas vitórias aos mecânicos, projetistas, engenheiros e técnicos da equipe. Ele citava todos da equipe em seus agradecimentos e era ciente de que fazia parte de uma equipe e sem eles não teria condições de vencer.

Uma das maiores empresas do mundo de tecnologia, a Google, também se preocupa com o espírito de equipe e tem seus próprios métodos para gerenciá-las. Para a Google, o que faz uma equipe ser efetiva é como ela interage. Segundo pesquisa realizada junto aos colaboradores da Google por mais de 2 anos, em mais de 200 entrevistas e com mais de 180 equipes, que recebeu a denominação *Aristóteles*, o que faz uma equipe da Google ser efetiva não são apenas os talentos individuais ou quem está na equipe, mas sim a forma como a equipe interage (Google e suas pesquisadoras Anita Woolley da Carnegie Mellon University e Amy Edmondson da Harvard Business School, 2012).

Quem está no time importa menos do que como o time interage, a estrutura do seu trabalho e a visão das suas contribuições. Para a Google, existem 5 segredos nos times que entregam melhores resultados:

1. **Segurança psicológica.** Membros do time se sentem seguros em correr riscos e se sentem vulneráveis na frente dos outros.
2. **Confiabilidade.** A equipe executa as atividades no prazo e atende aos padrões de excelência da Google.
3. **Clareza e estrutura.** Membros da equipe têm metas claras, funções bem definidas e um bom planejamento.
4. **Propósito.** O trabalho é importante para os membros da equipe.
5. **Impacto.** A equipe pensa que seu trabalho importa e gera mudanças.

Para o filósofo grego Aristóteles, do qual o nome da pesquisa foi emprestado, "o todo pode ser maior do que a soma de suas partes", e a Google fez questão de provar isso. Segundo a empresa, concentrar-se nesses cinco componentes aumenta a probabilidade de construção de uma equipe dos sonhos. Mas, afinal, estamos falando de um time, então qual a diferença entre grupo e time? Eu trabalhei em muitas empresas nas quais havia grupos de pessoas trabalhando, mas não necessariamente times.

GRUPO *VERSUS* TIME

Grupo

Um grupo é apenas um conjunto de pessoas que trabalham lado a lado, aplicando seus talentos individuais para benefício próprio. Elas cumprem com suas atividades individualmente e de forma independente.

Time

Um time é formado por colaboradores que desejam alcançar uma meta e permanecem unidos até o objetivo ser atingido. Os membros de uma equipe são interdependentes, dividem atividades e responsabilidades e trabalham com proximidade um do outro, conhecendo os pontos positivos de cada um e como podem se complementar. É um movimento simbiótico. A equipe como um todo é responsável pelo resultado, e as avaliações são feitas individual e coletivamente. Um verdadeiro time segue sete regras que jamais podem faltar em uma equipe que busca a alta performance:

1. Existe um entendimento compartilhado entre os membros da equipe de que os objetivos pessoais e do time podem ser alcançados mais rapidamente com apoio mútuo.
2. Os membros da equipe sentem que compartilham a responsabilidade sobre o trabalho e os objetivos da equipe. Eles estão comprometidos com as regras e a cultura preestabelecidas do time (explícitas ou implícitas).
3. Todos contribuem com suas competências individuais, sejam elas pessoais ou profissionais, para o sucesso e o alcance dos objetivos da equipe.
4. Sempre há espaço para expressar ideias e opiniões, e os membros da equipe se esforçam para compreender um ao outro.
5. Ninguém se sente ameaçado quando ocorre um conflito. Conflitos são vistos como aspectos normais do trabalho em equipe e contribuem para a evolução e o desenvolvimento do time.
6. Há uma atmosfera de confiança mútua e incentivo, e os membros da equipe são incentivados a melhorar suas habilidades e competências.
7. O processo de tomada de decisão é participativo e ninguém é deixado de fora. Todos têm suas ideias levadas em consideração.

Um grande exemplo de um time que ficou na história do esporte mundial é o famoso time de basquete dos Estados Unidos que ganhou as Olímpiadas de Barcelona em 1992 e ficou conhecido como o time dos sonhos (ou *dream team*). Tratava-se de uma combinação de talentos, personalidades e trabalho em equipe e é considerado um dos melhores do mundo. Este time atingiu resultados espetaculares como campeão invicto nas olimpíadas, recorde olímpico de números de pontos marcados por partida e seus integrantes entraram para o *hall* da fama do basquete mundial. Mas quais características um time de alta performance apresenta?

CARACTERÍSTICAS DE UM TIME DE ALTA PERFORMANCE

No tópico anterior destacamos 7 regras básicas para que possamos chamar um grupo de time, além de destacar os 5 segredos dos times de alta performance da Google. Mas, se observarmos o time de basquete dos Estados Unidos de 1992, quais características encontraríamos nele? Qual outro time de alta performance você conhece e quais são as características desse time? Entre os times de alta performance, algumas características são encontradas e também podem ser desenvolvidas por você com sua equipe para aumentar a performance do seu time. Um time de alta performance possui:

- **Visão de contexto.** Cada membro compreende o contexto no qual o time atua e entende o impacto individual de sua atividade na atuação dos companheiros e do time. Essa compreensão gera responsabilidade, cooperação e comprometimento.
- **Objetivos comuns, mensuráveis e relevantes.** Objetivos aceitos por todos que são vistos como relevantes para as funções e os propósitos do time. São mensuráveis. Todos têm mensuração de resultados. O time pode manter o foco e reajustar a estratégia e os planos de ação de acordo com o resultado aferido.

- **Equilíbrio de talentos, personalidades e habilidades.** Variedade gera complementaridade. O todo é maior que a soma das partes, seguindo a linha de Aristóteles.
- **Comunicação eficaz.** A livre circulação de opiniões e informações favorece as trocas e as novas ideias. A divergência é criativa e não destrutiva.
- **Motivação baseada em desafios.** Coragem de assumir compromissos para criar o futuro.
- **Abertura para aprendizado, mudança e crescimento.** O time é uma entidade dinâmica, flexível e adaptável, capaz de se reinventar sempre que necessário.

Os times de alta performance estão sempre em busca do alcance das metas e também têm como característica a resiliência. Os indivíduos que compõem os times de alta performance geralmente têm bons recursos pessoais e são automotivados. Vemos muitos grupos dentro das empresas, mas não é tão comum encontrarmos times unidos e focados em resultado. Encontramos, sim, um grande número de grupos trabalhando que alcançam seus resultados, mas poucos que superam as expectativas. Há muito espaço para melhorias no quesito trabalho em equipe, visto que uma grande parcela de equipes ainda não entrega resultados.

Segundo pesquisa da *Harvard Business Review*, 37% dos times não conseguem entregar os seus resultados. É um número bastante significativo e os principais motivos apontados pela pesquisa são: recursos de trabalho inadequados, falhas na estratégia de comunicação, indefinição de tarefas e responsabilidades, organização das atividades e problemas com a liderança, como, por exemplo, liderança fraca ou omissa. Esses problemas são recorrentes nas empresas e nos times, porém os times de alta performance se acostumam a entregar resultados e não saem mais do ciclo virtuoso. A seguir, são apresentados 4 passos básicos que devem ser seguidos pelo líder 4.1 para desenvolver o time e iniciar o caminho em direção a um time de alta performance:

1. **Estabelecer objetivos desafiadores.** Os objetivos devem ser específicos e desafiadores. O crescimento acontece de acordo com o desafio a ser enfrentado.
2. **Estimular a iniciativa pessoal.** Deve-se conceder espaço para o crescimento e conciliar proatividade com trabalho em equipe. Isso é muito comum em times esportivos. Craques são proativos, mas sabem passar a bola.
3. **Mesclar diferentes habilidades.** Combinar diferentes habilidades – como comunicação, relacionamento, cooperação e trabalho em equipe, além de habilidades técnicas – leva à diversidade e ao aprendizado de um time.
4. **Dar o treinamento necessário.** Habilidades precisam ser lapidadas. Investir em treinamento é crucial para o sucesso do time.

CRIANDO SEU TIME DE ALTA PERFORMANCE NA PRÁTICA

Vimos que atingir os objetivos não é uma constante para todos os times, de modo que apenas 63% deles conseguem alcançar o que almejam. Este é um número muito baixo se pensarmos que estamos falando apenas em alcance dos objetivos, e não em superação. Os times de alta performance buscam superar os objetivos e as expectativas. Para transformar o seu time em uma equipe de alta performance e sair da zona da normalidade, avançando para a zona de performance, os pontos a seguir não podem faltar em seu gerenciamento e nos membros da equipe. Estes pontos devem ser desenvolvidos e encorajados na equipe e nos indivíduos, criando assim uma cultura focada em resultados.

- **Responsabilidade.** Mostre aos membros do time que ações e comportamentos individuais afetam a performance do grupo, da equipe e da empresa como um todo.

- **Comprometimento.** Seja realista. As pessoas são comprometidas quando satisfazem os próprios objetivos e necessidades.
- **Ambiente de trabalho.** Ofereça um bom ambiente de trabalho, desenvolva planos de carreira e proporcione salários e bonificações adequadas.
- **Objetivos comuns.** Membros de times de alta performance têm seus objetivos alinhados com os objetivos comuns da empresa. O sucesso individual está ligado ao desempenho do coletivo. Estabeleça metas individuais e coletivas.
- **Comunicação eficaz.** A boa comunicação deve partir de quem está à frente da equipe. Ouça diferentes opiniões e se comunique com o seu time. Seja claro, objetivo, forneça, peça e estimule o *feedback*.
- **Entusiasmo e engajamento.** O time que entra no jogo com motivação já tem pontos ganhos. Para isso, reconheça os méritos, celebre as conquistas, aja com entusiasmo e crie uma visão de futuro do qual todos queiram fazer parte.

É muito importante atentar para o fato de a busca excessiva pela performance pode ser um estressor e levar os membros da equipe à zona de estresse ou até mesmo de *burnout*. O importante é equilibrar sempre os desafios, as demandas e os recursos de trabalho com os recursos pessoais dos membros da equipe. O desafio precisa estar equilibrado com as competências de cada membro de modo individual. As atividades dentro do time devem ser distribuídas levando em consideração as competências de cada um.

Se as competências de um indivíduo ou da equipe forem baixas mas o desafio for alto, certamente se aproximará da zona de estresse e até mesmo de *burnout*. A Tabela 20 o ajudará a entender esse equilíbrio entre desafios e competências.

Tabela 20 – Zonas de posicionamento dos times com equilíbrio de desafios e competências.

Desafios		Competências	
		Baixa	Alta
Alto		**Zona de estresse:** Geralmente acontece em times que estão em formação ou com colaboradores recém-contratados. Nestes casos, o líder deve elevar as competências por meio de treinamentos ou atividades que desenvolvam o time ou o colaborador.	**Zona de performance:** Nesta zona se posicionam os times formados que já passaram a etapa de normalização. Nela os desafios são altos, mas as competências estão alinhadas e os times já estão entregando resultados.
Baixo		**Zona de rotina:** Nesta zona estão os trabalhos que exigem baixa competência e mais rotineiros, de modo que os desafios não são altos.	**Zona de conforto:** Esta zona leva o colaborador e o time ao desânimo e à desmotivação. O colaborador ou o time têm competências que não estão sendo aproveitadas; há uma subvalorização. Neste caso, o líder precisa aumentar os desafios.

Além de utilizar a Tabela 20 para classificar as atividades do time e analisar o nível de equilíbrio entre o desafio e as competências, pode-se também fazer uma lista de todas as atividades e dimensionar o nível de desafio que a atividade apresenta. Deve-se somar aos desafios as competências necessárias para executar a atividade, como é mostrado na Tabela 21 com dois exemplos de atividades, sendo uma de contabilidade e outra de recursos humanos. Este modelo pode ser utilizado para todas as atividades.

Tabela 21 — Atividades *versus* competências.

Atividade	Nível do desafio (0-10)	Competências necessárias	Nível da competência (0-10)
Ex.: fechar um balanço	9	Contabilidade	6
		Trabalho em equipe	2
		Dedicação	10
		Análise crítica	10
Ex.: contratar um colaborador	8	Leitura CV	10
		Técnicas de entrevista	9
		Saber fazer perguntas	4
		Extroversão	3

Ao fazer o exercício proposto na Tabela 21 com todas as atividades da área, pode-se avaliar quais são os desafios que superam as competências e quais são as competências que superam os desafios, equilibrando as competências ao fornecer treinamento ou aumentando o nível do desafio. Este modelo pode ser utilizado para cada indivíduo, time ou até mesmo para a empresa inteira. Ele proporciona uma visão completa de competências e desafios e pode servir de base para incrementar o inventário de competências. Já o modelo apresentado na Tabela 22 pode ser utilizado para deixar mais transparente quais competências o indivíduo, o time ou a empresa possuem e quais precisam desenvolver, se for o caso.

Tabela 22 — Inventário de competências e desafios.

Atividades	Desafios	Competências que preciso FORTALECER/MANTER	Competências que preciso ADQUIRIR
Ex.: contratar um colaborador para a área financeira	Ex.: escolher um profissional que esteja entre os 10% melhores para a área financeira	Análise de currículo; técnicas de entrevista	Melhorar o nível das perguntas; ser mais extrovertido

Com base no modelo da Tabela 22, o líder pode montar um plano de ação para o desenvolvimento do colaborador ou da equipe como um todo. No exemplo citado, o plano de ação consiste, por exemplo, em fazer um curso de teatro para aumentar o nível de extroversão, um curso de *coach* para aumentar o repertório de perguntas poderosas ou até mesmo procurar um mentor dentro da organização que possa ter mais experiência com entrevistas.

CONCLUSÃO

- Um time de alta performance tem:
    » Visão de contexto: cada membro compreende o contexto.
    » Objetivos comuns mensuráveis e relevantes: objetivos aceitos e entendidos por todos.
    » Equilíbrio de talentos, personalidades e habilidades: diversidade.
    » Comunicação eficaz: livre de opiniões.
    » Motivação baseada em desafios: coragem de assumir compromissos.
    » Abertura para aprendizado, mudança e crescimento: o time é dinâmico.
- Um time de alta performance tem reponsabilidade, comprometimento e entusiasmo compartilhados.
- Um time de alta performance trabalha sempre na zona de performance, nunca na zona de conforto, rotina ou estresse.
- Um time de alta performance tem as atividades alinhadas às competências.

CAPÍTULO 17

ELEVANDO A PERFORMANCE E MELHORANDO RESULTADOS

No início do livro comentei sobre as dificuldades e os desafios que os líderes têm enfrentado diante de um cenário em constante mudança, no qual as empresas demandam lucros e resultados cada vez maiores. Os líderes, no meio de um cenário VUCA (volátil, incerto, complexo e ambíguo) ou inseridos em um cenário de revolução 4.0, estão tendo que equilibrar a gestão com a liderança. Além disso, há uma intersecção de gerações dentro das empresas, sendo as mais tradicionais as que trazem uma maturidade imensa e a nova geração a que busca mais propósito do que simplesmente uma ocupação remunerada. Os líderes também devem lidar com as expectativas por parte dos acionistas, que sempre cobram melhores resultados financeiros. Essa busca por resultados financeiros muitas vezes ocasiona cortes e reduções de despesas, o que exige ainda mais criatividade por parte dos líderes das organizações. Em um cenário mais confortável tínhamos 1+1+1, que somados eram iguais a 3, mas em um cenário complexo e com cortes, 1+1 somados devem produzir mais e talvez resultar em 3, 4 ou até 5. O mundo não é mais linear, e os líderes precisam se adaptar rapidamente às drásticas mudanças diárias. Não há treinamento que contemple essas mudanças. As mudanças acontecem no exercer da profissão, sendo que devemos estar preparados para enxergá-las como oportunidades.

Este capítulo será direcionado para algumas ações que podem ajudar a aumentar ainda mais a performance do time e tirá-lo da zona de normalização ou até mesmo da zona de performance e levá-lo para a zona de superação das expectativas. Isso só é possível por meio de colaboradores, pois ninguém faz nada sozinho. Todos nós precisamos nos apoiar em nossas equipes, pares, clientes e fornecedores, e todas estas interações acontecem através de relacionamentos.

Assim também ocorre no mundo das organizações, e o primeiro a estudar este feito foi Elton Mayo, psicólogo e pesquisador das organizações. Ele foi um dos responsáveis pela pesquisa Hawthorne, que foi motivada pelos conflitos da época entre empregador e empregados e teve como principais objetivos estudar a fadiga dos colaboradores, a rotatividade de pessoal, os acidentes de trabalho e os efeitos das condições de trabalho dentro das organizações. Essa experiência teve 3 fases, sendo que a primeira tinha como finalidade confirmar a relação dos níveis de iluminação e desempenho dos funcionários (na época não se tinha o conceito de colaborador). Os resultados não mostraram correlação direta da iluminação com o desempenho. A segunda fase da pesquisa era focada no campo social, gerado pelo trabalho em equipe, e na liderança em si, gerada pelos objetivos comuns dos líderes e dos funcionários. A sala montada para essa pesquisa dava condições para os funcionários trabalharem com mais liberdade e, com isso, menor ansiedade. A supervisão era mais compreensiva, e o superior passou a atuar mais como orientador do que de fato um "chefe". Os colaboradores já não temiam o supervisor, e sim contavam com ele para receber direcionamento. O ambiente de trabalho era mais amistoso e sem pressões, encorajando o desenvolvimento social e a integração do grupo. E então, para finalizar, a pesquisa seguiu para a terceira fase, que foi um programa de entrevistas para conhecer os funcionários, suas opiniões e sentimentos. Nessa etapa, verificou-se a existência de uma organização informal dos funcionários, na qual havia lealdade e uma liderança paralela dos próprios funcionários. Também foram observadas regras próprias de procedimentos e valores, que incluíram até punições informais aplicadas pelo grupo, como exclusão de eventos sociais.

Devido ao resultado da terceira etapa, a pesquisa avançou para a quarta fase, na qual o foco era a observação da igualdade de sentimentos entre os grupos e a correlação entre a organização formal e a informal, criada pelos próprios funcionários, que tinham o objetivo de proteger o grupo contra ameaças da administração da empresa. Essa pesquisa foi um grande divisor de águas para a administração de pessoal, pois foi comprovado que o tratamento do ser humano em comparação com uma máquina não funcionava tão bem. A pesquisa concluiu que o trabalho é uma atividade tipicamente grupal e que os funcionários reagem como membros de um grupo, e não como indivíduos isolados.

Também foi concluído que a organização eficiente é incapaz de elevar a produtividade se as necessidades psicológicas dos funcionários não forem descobertas, localizadas e satisfeitas e que as relações humanas e a cooperação constituem o segredo para evitar o conflito social. Nesse momento, mudou-se a figura do *homo economicus* para o *homo social*. Essa pesquisa foi o primeiro passo para o que chamamos hoje de recursos humanos, ou a denominação que eu acho mais apropriada, **gestão de pessoas**. Tratar os colaboradores como recursos faz parte da visão antiga de que os colaboradores são iguais a máquinas. Na verdade, são os colaboradores os responsáveis por administrar os recursos, logo, não podem eles ser recursos.

A pesquisa de Mayo deu origem às relações humanas dentro das organizações e concluiu que:

- O nível de produção é determinado pela integração social, e não pela capacidade física dos operários. O comportamento do indivíduo se apoia totalmente no grupo (age como parte do grupo).
- O comportamento dos trabalhadores está condicionado às normas padrões sociais (agem de modo a obter recompensas sociais ou a não obter sanções sociais).
- A empresa passou a ser vista como um conjunto de grupos sociais informais, cuja estrutura nem sempre coincide com a organização formal.
- Há grupos sociais que se mantêm em constante interação social dentro da empresa.
- Os elementos emocionais e mesmo irracionais passam a merecer uma maior atenção.

Essa pesquisa mostrou a força de um time de trabalho e das relações entre os membros do time. Portanto, enfatizo novamente que um time de trabalho é uma formação coesa, organizada e unida por objetivos comuns e possui propósito, complementaridade e, principalmente, espírito de equipe.

Assim como a cultura organizacional dos times que apresentam os melhores resultados da própria Google, quem está no time importa menos do que como o time interage, a estrutura do seu trabalho e a visão das suas contribuições. A produtividade e o resultado de um time não estão relacionados somente com a competência, mas sim com a qualidade das relações interpessoais. Quanto melhor for a dinâmica do time, maiores e melhores serão os resultados. E qual é a função do líder nesse cenário?

O líder é quem estabelece o ritmo da equipe. É quem influencia a dinâmica do grupo, quem direciona para o alcance dos objetivos e quem gera motivação e engajamento. Ele deve:

- **Conhecer e acatar os objetivos individuais e do time.** Isso ajudará na definição dos processos e no direcionamento da equipe e do colaborador.
- **Ter capacidade de se relacionar e se comunicar.** Orientar e influenciar positivamente os demais membros do time.
- **Ter capacidade de organização**, saber delegar e ser suficientemente adaptável para lidar com imprevistos.
- **Ter capacidade de definir e seguir cronogramas.** Prazos são sagrados. Faça *follow-up* quando necessário.
- **Fazer o inventário das competências** e, se necessário, contratar treinamento ou novos colaboradores que possam contribuir com diversidade para o time.

Essas iniciativas aumentarão ainda mais a performance do grupo, ou seria a produtividade do time? Há uma grande dúvida quando falamos de performance, pois temos uma tendência a confundi-la com produtividade.

PRODUTIVIDADE *VERSUS* PERFORMANCE

Dependendo do tipo de atividade ou do trabalho que está sendo exercido, podemos usar a nomenclatura produtividade, mas na grande maioria das vezes o melhor é aumentarmos a performance, pois performance abrange mais fatores do que simplesmente produtividade. Se olharmos ao pé da letra, produtividade significa algo com características que podem ser produzidas, ou capacidade de produzir. Se olharmos o significado que aparece na Wikipédia, ainda nos dias de hoje, podemos ver produtividade sendo definida como a relação entre a produção e os fatores de produção utilizados. A produção é definida como os bens produzidos. Os fatores de produção são definidos como pessoas, máquinas, materiais e outros. Ainda nos dias de hoje encontramos pessoas sendo colocadas no mesmo nível de máquinas e materiais, como recursos. Já a palavra "performance" está relacionada com a atuação ou o desempenho.

Segundo uma definição moderna encontrada na própria Wikipédia, a palavra, que se origina do latim, é composta pelo prefixo *per* mais *formáre* (formar, dar forma, estabelecer). Em seu significado mais elementar pode significar iniciar, fazer, executar ou desenvolver uma determinada tarefa. Vimos que, ainda que seja uma pesquisa rápida, sem se aprofundar no assunto, a palavra "performance" tem mais conexão com os colaboradores de hoje em dia. Na Tabela 23 podemos ver as principais diferenças entre ambas.

Tabela 23 — Diferença entre produtividade e performance.

Produtividade	Performance
Quanto foi produzido, em quanto tempo e qual recurso foi consumido?	Nível de desempenho de cada colaborador e da equipe como um todo; entrega com resultado.
Boa produtividade é produzir mais com menos recurso.	Performance = habilidade e motivação. Habilidade = aptidão/treinamento, conhecimento e recursos. Motivação = desejo, comprometimento e engajamento. Tem mais relação com as pessoas, seus desejos, suas competências e suas habilidades.
Eficiência de um processo.	Eficiência = fazer as coisas do modo certo. Eficácia = saber a coisa certa a fazer.
Baixa produtividade representa menos lucro.	Entrega de qualidade com propósito.
Ações: reduzir o custo, aumentar as vendas, agilizar os processos e reduzir as despesas.	Indicadores de performance bem definidos, claros e previamente esclarecidos e discutidos.

A Tabela 23 mostra que performance está muito mais relacionada ao nível de desempenho de cada membro da equipe e da equipe como um todo, de modo que alta performance é a consequência da somatória do desempenho de todos da equipe. A busca por performance está acima da produtividade.

Tabela 24 — Resultado do time em escala de produtividade e performance.

Produtividade		Baixa	Alta
	Alta	Neste quadrante temos uma busca por alta produtividade, ou seja, foco em quantidade, não na performance. O resultado da produtividade pode até ser alto, mas com alto esforço, alto custo, baixa eficiência e baixa eficácia.	Este é o quadrante ideal, no qual estão localizadas as equipes de alta performance. Neste quadrante há um foco na performance dos indivíduos, de modo que a produtividade é impactada como consequência. Há um alto resultado, mas com um baixo esforço, baixo custo, alta eficiência e alta eficácia.
	Baixa	Neste quadrante estão, muitas vezes, equipes em formação, que têm baixa performance e baixo resultado. Aqui também estão equipes desmotivadas e com baixo nível de engajamento.	Neste quadrante se encontram times que estão motivados, têm competência (que é o conjunto de conhecimentos, habilidades e atitudes) mas não têm produtividade. Isso ocorre porque há falhas no processo e na liderança, objetivos mal elaborados ou ausência de comunicação. Esses times apresentam baixo resultado e precisam de intervenção.
		Baixa	Alta
		Performance	

Comecei o capítulo descrevendo o cenário atual, no qual muitas empresas cortam suas equipes visando o lucro e, com isso, aumentando a necessidade de alta produtividade do time, não necessariamente de performance. Essa postura pode ter um alto custo e um alto esforço, podendo levar as pessoas à zona de estresse e de *burnout*. Quando as reduções são pensadas e analisadas com um propósito, pode haver aumento de performance e, neste caso, maior comprometimento dos colaboradores. Quando se faz um corte de colaboradores apenas com o objetivo de melhorar a margem, o engajamento com o propósito é comprometido, pois não há um movimento de ganha-ganha. Na Tabela 24, podemos visualizar a diferença entre atividades focadas em performance, ou seja, levando em consideração os propósitos das pessoas, e atividades focadas em produtividade, ou seja, tratando as pessoas como recursos apenas.

O líder 4.1 atua de forma a aumentar a performance dos membros da equipe, bem como da equipe como um todo, gerando melhores resultados e, consequentemente, melhor produtividade.

Tive a felicidade de atuar com muitos líderes que me ensinaram como fazer e como não fazer. A minha última experiência em uma gigante farmacêutica me marcou e me proporcionou um grande aprendizado, que irei compartilhar agora. Na Tabela 25, comparo os líderes que eu tive e buscavam uma alta performance com líderes cujas equipes apresentavam performances medíocres ou medianas.

Tabela 25 — Diferenças de lideranças em baixa e alta performance.

Atuação de líderes de baixa performance	Atuação de líderes de alta performance
Microgerencia e não tem tempo para mais nada.	Incentiva a autonomia e tem tempo para se dedicar a outras atribuições.
Time e líder evitam riscos.	Riscos são inerentes ao desafio, mas o líder busca planejar e antecipar os possíveis cenários.
A medição de processos fica em segundo plano, o que prejudica os resultados.	A medição de processos e resultados é bem estruturada e vista como ferramenta para aumentar a performance e a produtividade.
Julga e privilegia alguns em detrimento de outros.	Encoraja e age com equidade.
Acredita que resultados são obtidos por ordem e comando.	Acredita no desenvolvimento humano como pré-requisito para melhores resultados.

É possível liderar em busca de performance e tomar atitudes focadas em redução de custos e ganho de produtividade, desde que sejam atitudes pensadas que levem em consideração o lado humano, visto que as decisões tomadas impactam vidas, famílias e seres humanos. Decisões difíceis podem ser tomadas de forma a minimizar os impactos e aumentar a performance do time.

As decisões para aumentar a produtividade, a performance e consequentemente os resultados são inerentes aos negócios e são atribuições do líder 4.1. Porém, essas decisões podem ser mais bem direcionadas se forem feitas com cautela e estudo. Há algumas atitudes por parte do líder que podem ajudar no processo.

Passamos por diversos processos ao longo deste livro que podem ser complementares, como aumentar o engajamento, estimular a criatividade, alcançar objetivos e aperfeiçoar a prática de delegar atividades. A seguir, abordarei somente 4 tópicos que podem ajudar ainda mais em todo o processo:

- **Reengenharia de processo.** É revisar o processo para verificar ineficiências, analisar se o processo está eficaz e organizar as tarefas por meio de resultados e não atividades. A reengenharia de processos pode ajudar a reduzir atividades que não precisam ser feitas ou que podem ser feitas de outra maneira. Conectar o processo de reengenharia com o que foi discutido sobre criatividade, certamente levará a equipe a pensar em maneiras alternativas de executar as atividades. Para implementar a reengenharia, é preciso desenhar as etapas do processo atual, se aprofundar na forma como as etapas estão sendo executadas atualmente e então iniciar a discussão sobre como as etapas podem ser feitas com mais eficiência e menos tempo. No dia a dia das empresas, geralmente os líderes não param suas atividades para fazer esse tipo de abordagem. No entanto, algumas tarefas podem e devem

ser revistas, até mesmo extintas. Isso aumentará a performance do time, pois sobrará tempo.
- **Otimização de recursos.** O resultado da análise do processo certamente levará a conclusões que poderão otimizar alguns recursos. Faça uma análise minuciosa de quais recursos de trabalho a equipe necessita. Em paralelo, verifique quais recursos atuais da equipe estão sendo utilizados. Volte ao Capítulo 7 e siga os passos para analisar como pode otimizar os recursos, valorizando o que a equipe tem de bom.
- **Redefinição de metas e objetivos.** Metas desafiadoras podem aumentar a performance, porém objetivos que não oferecem desafios desanimam a equipe. Neste caso, as metas podem ser revistas e, levando em consideração o equilíbrio entre a demanda e os recursos de trabalho, ocasionalmente as metas podem ser revisitadas. Para isso, sempre envolva a equipe e questione se os desafios estão à altura do time e se há mais espaço para o desenvolvimento do potencial. Considere elevar a recompensa em caso de aumento do desafio.
- **Treinamento.** Ao aumentar o nível dos objetivos, provavelmente algumas pessoas precisarão de treinamento. Trace os objetivos, avalie o nível dos desafios que eles oferecem e refaça o inventário de competências, levando em consideração as novas necessidades para se chegar ao objetivo. Busque sempre alinhar os objetivos do time com os objetivos pessoais.

CONCLUSÃO

- A qualidade das relações interpessoais impacta diretamente a performance de um time.
- Um time de alta performance é coeso, possui propósito, objetivos comuns, complementaridade e espírito de equipe.

- O líder deve:
    - » Conhecer os objetivos pessoais.
    - » Ter capacidade de se relacionar.
    - » Ter organização.
    - » Definir e seguir cronogramas.
    - » Ter inventário de competências e recursos.
- A produtividade é quantitativa, e a performance é qualitativa.
- Para aumentar a performance, devemos:
    - » Revisar processos.
    - » Otimizar recursos.
    - » Alinhar metas e objetivos.
    - » Treinar.

CAPÍTULO 18
COMUNICAÇÃO PARA GERAR RESULTADOS

Ao longo deste livro foi possível perceber que, para criar um time de alta performance, a comunicação é essencial. A comunicação faz parte das competências necessárias para ser um líder 4.1. Também fazem parte do líder 4.1 criatividade, senso crítico e colaboração. Tivemos um capítulo inteiro sobre criatividade; senso crítico foi tratado em todos os capítulos que abordaram a importância das relações humanas e de tratar o colaborador como pessoa, antes de ser um recurso; a respeito de colaboração, além de tratarmos ao longo do livro, tivemos o capítulo de liderança servidora, que fala sobre a colaboração mútua entre os membros da equipe. Agora chegou um dos temas mais importantes não só para a liderança 4.1, mas também para todos os seres humanos: a comunicação.

A falta de comunicação é possivelmente uma das principais responsáveis por grande parte de nossos problemas, se não todos, e define a qualidade de nossas relações. Se tivermos uma boa comunicação, certamente teremos uma boa relação com as pessoas que passarem pela nossa vida. No entanto, se a nossa comunicação não for clara, certamente nossas relações também não serão boas.

Neste capítulo, tenho a intenção de passar por todo o tema comunicação, a fim de ajudar a promover e melhorar a qualidade das conversas entre os líderes 4.1 e suas equipes. Passaremos pelo mapa da comunicação, processo de escuta, benefícios de uma boa comunicação e como podemos desenvolver uma escuta ativa para melhorar nossas relações, engajar nossos colaboradores e nos tornarmos um grande líder 4.1.

Antes de começarmos a falar de comunicação e escuta ativa, você sabe a diferença entre ouvir e escutar? Todos que não possuem problemas de audição ouvem, mas nem todos escutam. Ouvir é um processo mecânico que vai além da vontade e não tem interpretação, enquanto escutar é um processo que envolve atenção ao ouvir e vontade de entender o interlocutor, levando em consideração as emoções e os sentimentos transmitidos pelas palavras. Escutar é algo mais profundo e extremamente raro nos dias de hoje, nos quais não temos tempo para mais nada a não ser para o que nos interessa. Isso acontece até mesmo dentro de nossas casas.

Preste atenção nesta situação do dia a dia. Quando conta para alguém que está com dor de cabeça, o que escuta como resposta em 99% dos casos? E quando chega em casa e diz que está cansado, o que escuta como resposta? Na esmagadora maioria virá um "eu também". O que acontece é que as pessoas simplesmente não escutaram o que foi dito. Elas simplesmente escutaram para responder, e o "eu também" vem quase de modo automático. Há alguns motivos para isso, mas os dois principais são a falta de tempo e a falta de interesse em escutar o que o outro está dizendo, muitas vezes causada pelo egoísmo e pela ausência de compaixão.

Isso ocorre porque não conseguimos ter compaixão e escutar o que estão nos dizendo sob o olhar de quem está falando, ou seja, do transmissor da mensagem. Quando alguém nos diz algo, escutamos, ou apenas ouvimos, com os nossos ouvidos e com base na nossa experiência, sem nos colocarmos de fato no lugar de quem está falando.

Como funciona o mapa da comunicação? Qual é o fluxo das palavras?

- **Fonte de informação.** A informação, seja ela qual for, tem uma fonte (ou origem). Nos dias de hoje, com a propagação das notícias falsas (*fake news*) em todos os canais de informações, já temos uma série de questionamentos. Esta fonte é confiável? Esta fonte é imparcial? As informações são verdadeiras? Posso rastrear as informações? Existem julgamentos por trás da fonte da informação? Se passar por este crivo, podemos avançar para o próximo ponto, que é a pessoa que transmite a informação.
- **Transmissor (pessoa).** A pessoa codifica as informações recebidas da fonte com base em seus próprios julgamentos, experiências, valores, posicionamentos, interesses, diferentes pontos de vista, sentimentos e emoções e, somente após passar por tudo isso, é recebida a mensagem que o transmissor deseja passar.
- **Mensagem.** A mensagem pode ser um texto enviado por diferentes fontes ou verbal, que pode ser transmitida também por diferentes meios, como telefone, mensagem de voz, pessoalmente, etc. Depende do canal que será usado para transmitir a mensagem.
- **Canal.** É o meio que será usado para transmitir a mensagem. O transmissor escolherá como deseja que o receptor receba a mensagem. Pode ser por e-mail, WhatsApp, telefone, de forma direta ou indireta, mídia e outros meios existentes. Um adendo: segundo o psicólogo estudioso de comunicação Albert Mehrabian, quando transmitimos uma mensagem, as palavras contribuem apenas com 7% para a compreensão da mensagem, o tom de voz com 38% e a linguagem corporal com 55% – portanto podemos ter uma noção de quanto perdemos na comunicação ao fazê-la por meios não pessoais, como e-mails e WhatsApp. Assim que escolhido o meio pelo qual a mensagem será enviada, temos o receptor da mensagem.

- **Receptor da mensagem.** O receptor decodifica as informações recebidas do transmissor com base em seus próprios julgamentos, experiências, valores, posicionamentos, interesses, diferentes pontos de vista, sentimentos e emoções, e somente após passar por tudo isso há uma tentativa de compreender a mensagem que o transmissor deseja passar. Após todo esse processo, há um novo julgamento da fonte de informação, e o receptor também passa pelo mesmo processo do transmissor ao julgar a fonte de informação.
- **Origem da informação (transmissor).** A origem da informação, que no caso é o transmissor, a mensagem e o canal utilizado são confiáveis, verdadeiros? Há julgamentos por trás da informação?

Somente após esse longo processo é que a mensagem pode ser compreendida. Em um mundo complexo onde não temos tempo para nada, temos julgamentos para tudo e estamos na era dos *haters* (em inglês, *hate* significa ódio/odiar e está sendo utilizada para descrever "odiadores"), a chance de haver ruído durante o processo é muito grande.

Hoje em dia, o meio de comunicação deve ser escolhido com bastante critério ao se tratar do teor da mensagem. De 60% a 80% das comunicações são realizadas por canais não verbais. Ao fazer uma comunicação por e-mail ou escrita em vez de pessoalmente, quando o tom de voz e a linguagem corporal podem ser levados em consideração, perde-se muito e aumenta-se o risco de ruído.

Mas como funciona o nosso processo de escuta? Será que prestamos atenção em quem está nos dizendo algo?

PROCESSO DE ESCUTA

Um processo de comunicação é uma via de mão dupla que inclui quem está falando e quem está escutando. Geralmente, as pessoas que estão falando querem ser escutadas, para gerar uma conversa, para gerar empatia, para ter atenção, porque gostam de falar ou simplesmente para se comunicar. Em uma comunicação distraída, na qual não se foca no transmissor da mensagem, nós ouvimos principalmente para responder, para pensar em um contra-argumento, para também falar (pois a nossa capacidade de escutar está reduzida), para gerar conversa, para nos comunicarmos, para termos atenção e mostrarmos nosso ponto de vista, afinal, em um mundo cheio de julgamentos, é sempre importante nos posicionarmos.

O grande problema é que quando escutamos para responder, por limitação cerebral, não conseguimos escutar ativamente o que a outra pessoa está nos dizendo. Quando isso acontece, há uma sobra de ineficiências, desencontros, solidão, egoísmo, conflitos e inseguranças, que automaticamente geram ruído na comunicação. Esse tipo de comunicação não gera vínculo, não há sinergia, não se cria empatia e não há confiança, tornando as informações que estão sendo transmitidas irrelevantes. É por isso que, quando alguém diz "estou com dor de cabeça", escuta "eu também". Porque quem respondeu "eu também" não se concentrou em escutar o que o transmissor estava querendo dizer. O transmissor possivelmente só queria escutar como contra-argumento uma pergunta do tipo "quer um remédio?".

Os motivos pelos quais falamos ou transmitimos uma mensagem são diversos, mas um líder 4.1 pode trabalhar na forma de escutar, praticando a escuta ativa com seus colaboradores e escutando em vez de responder, dando atenção e gerando empatia. Às vezes é importante ser apenas um bom ouvinte, sem emitir opinião ou qualquer julgamento. É necessário compreender o próximo e ter cuidado com quem está falando, levando em consideração que aquela mensagem está cheia de referências do transmissor e para entendê-la corretamente deve-se partir do ponto de vista do transmissor. Isso muda radicalmente a comunicação.

Quando ouvimos para gerar empatia, dar atenção, entender o próximo e compreender o que está sendo dito, na verdade não ouvimos, mas sim escutamos. Escutar ativamente nos torna capazes de responder à altura se necessário. Este processo requer esforço e prática e está associado à comunicação não violenta. Devemos mudar o nosso hábito de querer responder tudo e criar o hábito de escutar tudo.

OS BENEFÍCIOS DE UMA BOA ESCUTA/COMUNICAÇÃO

Há inúmeros benefícios em praticar a escuta ativa. O líder 4.1 pode se beneficiar de todos eles apenas criando o hábito de escutar mais do que falar. Escutar ativamente só trará benefícios. Podemos destacar como os principais benefícios de desenvolver uma escuta ativa e melhorar a nossa comunicação os seguintes pontos:

- **Melhora as relações familiares, com clientes, fornecedores e parceiros.** Quando temos uma escuta ativa, temos melhores relacionamentos. No livro *Como fazer amigos e influenciar pessoas*, Dale Carnegie mostra como a escuta aumenta a confiança e beneficia as relações interpessoais. Escutar gera confiança e credibilidade, portanto desenvolva interesse pelo próximo e dedique um tempo para escutar.
- **Gera mais confiança.** Interesse genuíno pelo outro gera confiança para ambos os lados, para quem fala e para quem escuta. Lembre-se de como se sente mais seguro quando fala com alguém que o escuta. Exerça um papel consultivo, com perguntas sem julgamentos.
- **Desenvolve empatia.** Quando estiver escutando, lembre-se que o transmissor da mensagem a transmite baseado em seus próprios julgamentos. Portanto, não julgue sob o seu ponto de vista. Como diz Leonardo Boff, o seu ponto de vista é apenas a vista de um ponto. Evite julgamentos, controle suas emoções e respeite as emoções do transmissor, por mais que não concorde, lembrando de se colocar no lugar do outro.

- **Absorve informações relevantes.** Esse benefício só é concedido a quem presta atenção na conversa e escuta ativamente. Quem se distrai perde informações preciosas. Em um processo de vendas, por exemplo, pode ser o fator determinante para fechar a negociação. Um outro exemplo é em uma sessão de *feedback*. É importante se atentar aos detalhes.
- **Diminui riscos de conflitos.** Vimos no mapa de comunicação como passar uma mensagem pode ser complexo. Há muitos julgamentos em uma mensagem; o transmissor codifica a mensagem e o receptor precisa transcodificá-la. Há uma grande chance de ruídos na comunicação, mas quem escuta ativamente diminui esse risco. No momento em que absorve melhor as informações, as compreende e as assimila, reduz-se a chance de um conflito. A redução de conflito também contribui para a coesão do time e aumenta o trabalho em equipe, contribuindo para a performance.
- **Aumenta a segurança em si mesmo.** Como a escuta ativa assimila e absorve mais informações com mais qualidade, haverá um incremento significativo na hora de agir, se relacionar, tomar decisões ou trabalhar.

Esses são apenas alguns benefícios que uma escuta ativa pode proporcionar ao líder 4.1, que começa sua comunicação escutando. Para desenvolver uma escuta ativa é preciso criar hábitos, e hábitos não são fáceis de serem criados. É necessário prestar atenção nas ações do dia a dia e conscientemente se policiar para escutar, mais do que apenas ouvir.

COMO DESENVOLVER A ESCUTA ATIVA

É preciso criar o hábito para desenvolver uma escuta ativa. O primeiro passo para isso é simplesmente ter a consciência de que escutar ativamente melhorará a comunicação, fornecendo mais assertividade, aumentando a performance e melhorando as relações e o trabalho em equipe. É preciso termos essa consciência para que possamos nos posicionar na etapa de incompetência consciente, seguindo as etapas do caminho de desenvolvimento de uma nova competência, como comentado no Capítulo 6, e saber o que precisamos de fato desenvolver.

Ao longo da minha carreira, dois profissionais me marcaram. Um foi um superior imediato e outro foi um par, diretor de recursos humanos. Com ambos, era impossível conversar olhando em seus olhos. Eles estavam sempre com o olhar no celular, ou se fosse uma conversa em suas mesas de trabalho, estavam sempre olhando para o computador (e-mails ou afins). É impossível prestar atenção em duas coisas ao mesmo tempo. Não temos condições físicas para isso. O cérebro tem sua forma de raciocinar, alterar a consciência e melhorar o desempenho, bem como forte correlação com o corpo, razão pela qual a linguagem corporal representa grande parte da nossa comunicação. Há um elo no qual o corpo responde ao que o cérebro está focado.

Em 1970, após vários estudos, os psicólogos Mihály Csíkszentmihályi e Jeanne Nakamura descobriram que o cérebro tem uma capacidade de atenção de 110 bits de informação por segundo. Existe um limite para a quantidade de informações que podemos processar por segundo. Essa é uma velocidade bastante surpreendente. Porém, somente para escutarmos e decodificarmos a mensagem que está sendo direcionada a nós são necessários cerca de 60 bits de informação por segundo. É por este motivo que precisamos prestar atenção quando as pessoas estão falando. Embora tenhamos a capacidade mecânica de ouvir várias pessoas falando ao mesmo tempo, só se pode escutar uma única pessoa falando por vez. Não temos capacidade cerebral para escutar duas pessoas ao mesmo tempo, pois processamos 110 bits por segundo e precisamos de 60 bits para escutar. Portanto, para escutarmos duas pessoas ao mesmo tempo, precisaríamos de 120 bits, enquanto nossa capacidade é de apenas 110 bits.

Além disso, o cérebro não difere a escuta externa da interna, ou seja, quando ouvimos para responder, estamos julgando e escutando a nossa própria voz interior e competindo com o que está sendo dito pelo transmissor da mensagem exterior. Há, no entanto, uma grande vantagem da mente humana: podemos escolher onde colocamos nossa atenção. Experimente escutar as conversas quando estiver em púbico. Você poderá ouvir seletivamente as conversas ao seu redor apenas mudando o lugar em que coloca sua atenção. Se você escolheu colocar sua atenção neste livro enquanto está lendo, pode ter esquecido de todos os outros pontos da vida. Portanto, foco é o fator principal para praticar uma escuta ativa.

- **Mantenha o foco no diálogo.** Quanto mais focado estiver na escuta, mais confiança gerará na conversa e no interlocutor. Evite o celular e interrupções como o WhatsApp e não pense em outras coisas durante uma conversa.
- **Interprete a linguagem verbal e não verbal do interlocutor.** Como vimos, palavras representam apenas 7% de um diálogo, enquanto a linguagem corporal representa 55%. O corpo tem conexão com o cérebro e não mente. Mantenha o contato visual atento e deixe o interlocutor à vontade para se expressar. Preste atenção em como o corpo dele reage durante as falas do diálogo.
- **Mantenha a mente aberta para evitar julgamentos.** Mesmo que tenha pontos de vista e opiniões diferentes, procure escutar com o ouvido do interlocutor. Suas visões pessoais podem não ser importantes no momento de escutar e procure não julgar, pois se assim fizer estará usando suas referências e não as referências do interlocutor. Não tire conclusões com base em suas opiniões.
- **Separe um tempo adequado para a comunicação.** Tenha foco na conversa e reserve um tempo somente para isso. Proporcione um momento adequado para exposição e conclusão do raciocínio do interlocutor, sem interrupções. Não olhe no relógio nem

demonstre ansiedade, pelo contrário, mostre interesse no diálogo e esteja presente.
- **Não tire conclusões no meio da conversa.** Não há nada pior em uma conversa do que alguém que tenta tirar conclusões antes de terminarmos de falar. Não conclua pensamentos antes da conclusão do interlocutor.
- **Ouça 100% da conversa sem filtros.** Evite a escuta seletiva e desative os filtros na conversa. Ouça 100% da conversa e não somente a parte que possa lhe interessar.
- **Faça perguntas e se mostre interessado.** Quando estamos conversando com alguém que se mostra interessado, ficamos ainda mais confiantes na conversa e mais queremos falar. Lembre-se que quando alguém lhe fala algo significa que confia em você. Isso pode ser útil em uma negociação com um cliente ou em uma conversa com o colaborador. O líder 4.1 faz perguntas e se interessa pela conversa. Não há nada melhor para demonstrar interesse do que perguntar. Tente usar o discurso como ponto de partida. As perguntas servem não só para demonstrar interesse, mas também para se certificar de que o receptor entendeu a mensagem.
- **Use sua linguagem corporal também.** Lembre-se que a comunicação é uma via de mão dupla. Ao escutar, também está transmitindo sinais para o transmissor da mensagem, portanto use o corpo a seu favor. O corpo fala o que o cérebro quer dizer. Evite cruzar os braços e lembre-se: de 65% a 80% da comunicação se dá por meios não verbais.
- **Pratique a empatia e se coloque no lugar do outro.** Para escutarmos ativamente, precisamos escutar com os ouvidos e olhos do transmissor, e não com base em nossos julgamentos. Devemos praticar a compaixão. Nem todo mundo pensa igual, e sempre há diferentes experiências que geram diferentes conclusões. Escutar ativamente faz da prática a excelência no quesito empatia.

- **Forneça *feedback*.** *Feedback* é uma das ferramentas mais importantes de gestão, não só para o líder 4.1, mas também para desenvolver os pontos cegos no colaborador. Falaremos sobre isso no Capítulo 20. Procure fazer elogios durante a conversa, pois vimos que os pontos positivos geram naturalidade, e lembre-se de escutar a conversa com o coração e com o olhar do transmissor. Sempre respeite e pergunte se o interlocutor deseja o *feedback*.

Um líder 4.1 é corajoso a ponto de ouvir a mensagem verdadeira e não apenas a mensagem que deseja. Afinal, o que é mais corajoso, falar ou ouvir? Quando falamos, estamos gerando exposição; precisamos de confiança para falar e sempre nos preocupamos com o que os outros pensarão a nosso respeito. Temos insegurança ao falar, mas, quando ouvimos, precisamos ouvir com a verdade do outro, e para isso é preciso coragem para enxergar que a nossa verdade não é a única que existe. Precisamos praticar a compaixão e não julgar. Não julgar exige coragem para aceitar outros pontos de vista e também para confiar no transmissor. Para se ter confiança em alguém nos dias de hoje é preciso coragem.

Para ouvir é preciso apenas ter a mecânica da audição funcionando corretamente, mas para escutar é preciso ser um verdadeiro artista. Escutar é uma arte. Lembre-se sempre de que o silêncio também é um excelente texto e às vezes há mais sabedoria no silêncio do que em palavras mal pronunciadas.

O fluxo da escuta ativa deveria ser ouvir o transmissor com o coração e com o olhar do locutor, entender o que está sendo dito, motivar o interlocutor a confiar e a falar o que precisa ser dito, aceitar o que está sendo dito com o olhar do interlocutor e somente após as 4 primeiras etapas começar a interagir. Para isso é preciso tempo, e administrar o nosso tempo é um fator essencial para nos tornarmos um líder 4.1. Esse tema será abordado no Capítulo 19.

CONCLUSÃO

- A comunicação é sempre entre um transmissor com seus próprios valores para um receptor que pode ter valores diferentes.
- Devemos praticar a escuta atenta com vínculo e evitar a escuta distraída.
- Evitar julgamentos reduzirá o risco de distorção de percepção.
- Melhorar a comunicação gera aprimoramento de nossas relações, mais confiança, empatia e, logo, melhores resultados.
- Desenvolvemos uma boa comunicação com foco no diálogo, mente aberta e sem julgamentos, praticando empatia e fornecendo *feedback*.
- Ouvir é uma arte e requer coragem.

CAPÍTULO 19

ADMINISTRAÇÃO DO TEMPO E PRIORIZAÇÃO DE ATIVIDADES

Vimos até aqui que não é fácil ser um líder do qual o mundo precisa para gerenciar todas as mudanças. Para ser um líder 4.1 é preciso gerenciar os pontos fortes da equipe, se comunicar bem, servir, desenvolver competências e mais uma série de atividades que abordamos ao longo deste livro. Para isso é preciso ter tempo para se dedicar às atividades que a liderança demanda. Hoje temos uma imensidão de líderes, gerentes, diretores e presidentes, todos sem tempo, fazendo atividades que poderiam delegar se aplicassem as técnicas apresentadas no Capítulo 11 e deixassem de fazer as atividades extremamente necessárias que o cargo exige, que implicam desenvolver novos líderes. Um bom líder é aquele que desenvolve outros líderes e não aquele que tem seguidores. Lidar com pessoas nem sempre é tão linear ou matemático como atuar em finanças, a área da qual posso falar com propriedade e na qual atuei por mais de 20 anos, mas, com consciência, técnicas e tempo dedicado ao desenvolvimento da equipe, exercer a liderança se torna mais fácil.

Este capítulo será dedicado ao gerenciamento do tempo, visto que é um dos recursos mais escassos hoje em dia e que precisamos ter tempo para nos dedicar a tarefas importantes, e não somente urgentes, para nos tornarmos um líder 4.1. Mas o que é o tempo?

Vamos pensar em todos os recursos que temos a nosso dispor. Qual é o recurso mais limitado e escasso que certamente se esgotará, independentemente da nossa vontade? Eu responderia que é o tempo. Nascemos com a certeza de que o nosso tempo é limitado.

O tempo foi tópico de discussão de grandes pensadores e filósofos que passaram pela nossa história. Aristóteles, por exemplo, definia o tempo como uma medida do movimento, portanto o tempo para ele era movimento (323 a.C.). Já Santo Agostinho tinha outra definição de tempo, que para ele era algo mais subjetivo. Ele dizia que se não perguntassem o que era o tempo saberia, mas se tivesse que explicá-lo certamente não saberia. Todos nós temos uma percepção do tempo e com certeza entendemos seu conceito. O que é o tempo, então?

O tempo é algo que também está dentro da nossa cabeça, como o passado em forma de memória e o futuro em forma de expectativa ou ansiedade, que inclusive podem ser compartilhadas, e o presente em si. Como o futuro pode ser compartilhado, fazendo-o parecer mais verdadeiro, o líder 4.1 deve compartilhar a visão de futuro correta da realidade e criar um cenário desejado, compartilhado com aqueles que colaborarão para se alcançar este futuro. Ser visionário é essencial, como já vimos neste livro. Mas e o presente? O que pode ser definido como o presente? Se o presente for agora, no segundo seguinte já deixou de ser presente e virou memória. Presente é uma percepção individual, de modo que o tempo pode ser relativo. O que é presente para você, pode não ser para mim. Albert Einstein, em sua teoria da relatividade, comenta que tempo é a medida do movimento que, inclusive, pode variar e ser relativo (Robert Rynasiewicz, 2011). Um exemplo é que, em uma situação na qual uma pessoa está esperando por outra, 5 minutos podem durar mais para quem espera do que para quem fez esperar. Logo, o tempo é relativo.

Cresci escutando que tempo era dinheiro. Você também deve ter escutado isso ao longo de sua vida, mas hoje em dia eu fico na dúvida se tempo é dinheiro ou vida. Como o tempo é relativo, deixarei que você mesmo decida o que é o tempo para você, mas é importante salientar que a vida não é apenas o que ocorre após o fim do expediente. A vida é o que ocorre nas 24 horas do nosso dia, incluindo o tempo desperdiçado ao longo do dia. Se dedicarmos um tempo para ganhar dinheiro, não estamos relativizando sobre o ponto de vista do dinheiro, e sim sobre o ponto de vista do consumo de vida. Viver é consumo de tempo. É preciso ter consciência da maneira como consumimos nosso tempo, ou seja, nossa vida.

Administrar o tempo é reagir menos automaticamente, para agir mais conscientemente.

Temos diversos vilões que atrapalham a nossa administração do tempo, como, por exemplo, pensar que só nós somos capaz de executar uma tarefa ou que para ser bem-sucedido é preciso se matar de trabalhar. Outro equívoco que cometemos é quando confundimos horas trabalhadas com produtividade ou performance. Vimos que o estresse e o desequilíbrio comprometem o rendimento e a performance. Eles são alguns dos vilões que nos atrapalham com a administração de tempo, mas o maior deles é a ausência consciente da necessidade de gestão de tempo. A intenção deste tópico é despertar a consciência acerca da administração do tempo.

Um dos primeiros passos que temos que dar em direção à administração do tempo é não procrastinar o que precisa ser feito, visto que temos uma tendência à procrastinação. Segundo Cyril Northcote Parkinson, conhecido pela lei de Parkinson, com a ausência de consciência da necessidade de gerenciamento do tempo, executamos uma determinada atividade no tempo disponível para executá-la. Isso significa que o tempo para executar uma atividade é expandido de acordo com o tempo que temos para executá-la. Se temos 1 dia para fazer uma apresentação, faremos em 1 dia, mas se temos 2 dias, faremos em 2 dias. Esta teoria do tempo expandido afeta a nossa vida cotidiana de um modo que muitas vezes não nos damos conta.

Quando éramos alunos e recebíamos uma atividade para ser feita, certamente a faríamos dias antes do prazo final para entregá-la, mesmo tendo recebido a atividade com muita antecedência. Isso deve ter acontecido com todos os leitores que tiveram alguma monografia ou trabalho de conclusão de curso para fazer. Sabemos desta atividade desde o início do curso, mas ainda assim deixamos para fazê-la nos últimos meses do curso. Isso também ocorre com o nosso imposto de renda. Geralmente temos dois meses para entregar a declaração para o governo, mas todos os anos a quantidade de pessoas que deixam para fazer no último dia é imensa.

A procrastinação também ocorre com os nossos colaboradores e com os líderes, em grande parte por conta de 3 motivos: porque superestimamos o tempo necessário para fazer algo, porque agimos com perfeccionismo e perdemos tempo com detalhes ou por dificuldade de foco e filtro das distrações.

Deixar as coisas para a última hora causa diversos problemas, como o acúmulo de pendências, que geram cobranças, que por sua vez geram pressão, que gera estresse, que gera baixa performance ou até mesmo síndrome de *burnout*. Além disso, quando deixamos as atividades para o último minuto, certamente há uma queda de qualidade em detrimento do tempo. Muitas vezes não há tempo de revisão e o resultado pode ser comprometido.

Os estudos de Parkinson mostraram isso. Quando as pessoas recebem tempo extra para concluir uma atividade, geralmente aproveitam esse tempo, mesmo que não precisem, e isso não ajuda em nada no propósito de atingir o melhor desempenho. Pior que isso, essa procrastinação também impacta o tempo para a execução de determinada atividade no futuro. Isso significa que, se alguém tiver tempo extra para executar uma atividade na primeira vez, geralmente levará mais tempo do que o necessário para eventualmente concluí-la uma segunda vez.

O que ocorre é que, quando temos uma tarefa para concluir, em vez de pensarmos sobre quanto tempo é preciso para concluí-la, pensamos em quanto tempo temos para concluí-la. Essa mentalidade pode fazer com que as pessoas percam tempo desnecessariamente e trabalhem de maneira relativamente ineficiente. A boa notícia é que podemos administrar o nosso tempo e melhorar a nossa eficiência.

COMO ADMINISTRAR O TEMPO

Se analisarmos a nossa rotina de trabalho no dia a dia e tivermos que responder como administramos o tempo, qual seria sua resposta? Claro que depende da posição que ocupa dentro da empresa e também da profissão que exerce, mas somos interrompidos diversas vezes ao longo do dia e muitas vezes aceitamos as interrupções. Quando eu estava concentrado na revisão de uma apresentação de resultado ou mesmo uma apresentação de um projeto importante, sempre tinha uma pessoa que achava que eu estava livre, por estar só na sala, e batia na porta me pedindo 5 minutos, que nunca eram 5 minutos. Você é daqueles que administram o seu tempo cometendo o mesmo erro que eu cometia, aceitando as interrupções e assim empilhando as atividades que precisam ser executadas? Há também aquelas pessoas que só fazem o que lhes dá prazer. Trabalhei com um diretor de recursos humanos que só gostava da parte de desenvolvimento pessoal de seu departamento. Sempre que era necessário revisar o *budget* ou os gastos com folha de pagamento, ele não participava das reuniões, embora fizesse parte do trabalho dele. Essas pessoas tendem a fazer apenas o que gostam e a empilhar ou procrastinar o que não gostam de fazer. Há também as que administram as atividades por ordem de chegada, sem priorização ou uma análise mais profunda do que está sendo pedido. Esses são apenas alguns exemplos de como o nosso tempo pode ser administrado com negligência.

Ao longo da minha carreira, dificilmente encontrava algum profissional que conscientemente administrasse bem o seu tempo a ponto de mencionar isso como uma competência. Tive superiores que administravam melhor que outros, mas quase todos gerenciavam seu tempo com muita negligência. Mas será que conseguimos administrar o tempo? O dia dura 24 horas para todos, logo, não conseguimos administrar o tempo, mas conseguimos administrar as priorizações das tarefas e com isso gerir o nosso tempo. Gestão de tempo significa produzir mais ou entregar um resultado melhor em menos tempo, ou seja, fazer mais com menos.

Segundo Christian Barbosa (2018), para administrarmos bem o nosso tempo, primeiramente precisamos mudar a nossa cultura e a nossa forma de pensar; mudar o *mindset*. Após a mudança do *mindset*, é necessário classificar o tempo, desenvolver um método para o gerenciamento das prioridades, usar uma ferramenta, persistir e com isso criar um ciclo de gerenciamento de tempo. Para administrarmos bem o nosso tempo, devemos:

- **Mudar o *mindset*.** Na maioria das vezes, gerenciamos o nosso tempo por meio de uma agenda, na qual gerenciamos as atividades que temos para fazer no dia. Mas podemos mudar isso e passar a planejar por atividades. Quais atividades são mais urgentes, independentemente de estarem na agenda? Deve-se mudar a forma de pensar e passar a organizar as atividades do dia a dia por atividades, por tarefas e focado no projeto, evitando reuniões quando possível.
- **Classificar o tempo.** Devemos desenvolver a consciência de que o tempo pode e deve ser administrado, além de maneiras de usá-lo.

- **Criar um método.** Segundo Peter Drucker (1954), não se pode gerenciar o que não se pode medir. Há muitos métodos disponíveis no mercado, e você pode adotar um deles.
- **Usar uma ferramenta.** A ferramenta é menos importante que o método e pode ser um caderno, celular, agenda de papel, entre outras.
- **Persistir.** Criar um hábito é sempre um caminho a ser percorrido. Ninguém será *expert* em gerenciamento de tempo sem esforço. É preciso criar o hábito e com isso voltar ao ciclo inicial de *mindset*. Este é um processo contínuo.

Ainda segundo Barbosa, planejamento é a espinha dorsal da gestão de tempo, e um planejamento semanal bem elaborado gera uma economia diária de 40 minutos. Para isso, podemos seguir alguns passos que ajudarão no gerenciamento das atividades:

- **Defina as prioridades.** Em nosso dia a dia, tudo parece urgente, mas será mesmo? Definir as prioridades é o primeiro passo para gerenciarmos bem o tempo. Pergunte-se: o que realmente é urgente e o que é apenas importante?
- **Formule os objetivos com base nas prioridades.** Como vimos no Capítulo 12, os objetivos devem ser definidos com base nas prioridades. Certifique-se que os objetivos sejam SMART.
- **Classifique as atividades.** Separe o que são atividades direcionadas do que são ações rotineiras. As ações rotineiras podem facilmente ser delegadas.
- **Delegue.** Defina quais ações somente você pode fazer e quais pode delegar. Se classificar a atividade como não delegável, justifique.
- **Automatize.** Nas ações rotineiras, verifique como ter processos mais eficientes, realocar recursos ou automatizar. Uma gestão eficaz do tempo fornecerá mais tempo para atividades que de fato somente o líder pode realizar.

- **Elimine perdas de tempo.** Estima-se que o tempo gasto com fofoca, internet e pausas para o café podem chegar a somar 13 dias desperdiçados em um ano.
- **Organize-se.** Quanto tempo já gastou procurando documentos fora de lugar? A organização pode economizar tempo.
- **Mantenha uma agenda previamente definida.** Não superestime o tempo para atividades e projetos e lembre-se de que uma agenda sobrecarregada é um sabotador de planejamento. Confira a agenda diariamente.
- **Não desperdice tempo com coisas insignificantes.** Mantenha um controle emocional equilibrado e não perca tempo com coisas que não o levarão para mais perto do objetivo. Geralmente, potencializamos o que ocorre conosco e subavaliamos o que ocorre com os outros. Invista tempo no que é importante e foque na maneira de enxergar as coisas com base em fatos e não em emoções.

GERENCIAMENTO DO TEMPO NA PRÁTICA

Segundo Barbosa, a tríade da produtividade é formada pela administração da vida, onde o tempo não é controlável, mas as nossas atitudes em relação a ele são. Devemos reforçar o propósito de gerenciar as atitudes, de modo a não desperdiçar o tempo, e alterar as escolhas. Tempo não é dinheiro, pois a vida não se mede pelo dinheiro que se tem. Já a tríade do tempo consiste em classificar as atividades entre importantes, circunstanciais e urgentes:

- **Atividades importantes.** São aquelas que o levam a um objetivo ou resultado positivo. Essas atividades devem representar entre 70% e 80% de nossas atividades diárias.
- **Atividades circunstanciais.** São aquelas que não geram resultados, mas eventualmente precisam ser feitas. Essas atividades devem representar menos que 10% das atividades diárias.

- **Atividades urgentes.** São aquelas que geram estresse, mas precisam ser feitas imediatamente. Essas atividades deveriam representar de 15% a 20% de nossas atividades diárias – e aqui mora o grande problema. Elas geralmente representam de 70% a 80% das atividades diárias, tomando o lugar das atividades importantes.

Eu tinha um superior imediato que me pedia um grande número de atividades diariamente. Todos os dias, no caminho do trabalho, antes das 8 horas da manhã, ele me ligava e já me passava uma lista de atividades que desejava que eu realizasse ao longo daquele dia. Como eu sempre tentei gerenciar bem o meu tempo, sempre perguntava sobre o prazo e ele sempre me respondia: hoje. Então eu perguntava da urgência das atividades ou o que eu deveria priorizar e ele sempre me respondia que tudo era urgente e que eu deveria priorizar tudo. Claro que um líder 4.1 é quem define o que é importante, urgente e circunstancial, de modo que, geralmente, algo só se torna urgente quando algo importante deixa de ser feito no tempo adequado. Alguém procrastinou, pois na maioria das vezes o que é importante se torna urgente por negligência.

Vamos à prática. Para administrar bem o seu tempo:

- Faça uma lista de todas as suas atividades durante o dia (inclua dormir, ir para a academia, fumar, usar a internet e as redes sociais, brincar com os filhos etc.). A intenção é listar tudo o que faz ao longo do dia.
- Classifique as atividades entre importantes, urgentes e circunstanciais. Após classificá-las, avalie se as atividades têm:
    » Alto impacto – necessárias para atingir objetivo.
    » Médio impacto – possuem importância, mas se não realizadas trazem baixa consequência.
    » Baixo impacto – seria bom fazer, mas trazem baixa consequência.

» Delegáveis – outras pessoas podem fazer.
» Elimináveis – desperdiçam seu tempo.
- Justifique a classificação para cada atividade.
- Reorganize sua agenda, eliminando as atividades que não têm impacto e são circunstanciais.

A grande maioria dos profissionais faz uma lista de suas atividades como se fosse uma lista de supermercado: uma lista de atividades simples, sem data, hierarquia de atividades, classificação e análise. A lista de atividades deve ser analítica e pautada em um critério, com prazo para ser realizada. A Tabela 26 apresenta um modelo de lista que pode ser seguido, mas lembre-se de fazê-la de forma analítica.

Tabela 26 – Tabela com os tempos dedicados para cada atividade diária.

Atividade	Tempo gasto (em horas)	Resultado esperado	Classificação da atividade (em urgente, importante ou circunstancial)	Impacto
Dormir	8	Descanso	Importante	Alto
Revisar a agenda das crianças	0,5	Educação	Importante	Delegável
Assistir ao jornal	0,5	Atualização	Circunstancial	Eliminável
Revisar apresentação do projeto	1	Aprovar o projeto de implementação de sistema	Urgente	Médio
Deslocamento	2	Chegar ao local de trabalho	Importante	Alto
Atender à reunião de diretores	0,5	Apresentar o plano do projeto	Importante	Alto

O modelo da Tabela 26 ajudará no planejamento de atividades diárias, semanais e mensais, de modo que a agenda deverá seguir a lista de atividades em vez de as atividades seguirem a agenda. Isso mudará a forma como você gerencia o seu tempo. Após a classificação das atividades, o ideal é montar um quadro de priorização das atividades conforme o modelo apresentado na Tabela 27. Aloque as atividades nos respectivos quadrantes, de acordo com as suas classificações. Esta tabela pode ser montada na parede e gerenciada com *post-it*.

Tabela 27 – Matriz de priorização de atividades diárias.

Resultado			
	Muito importante	**Prioridade 1 - Faça imediatamente** São atividades de alto resultado e fáceis de fazer. Demandam alta qualidade, são importantes e têm alto valor agregado. Além disso, são urgentes e não podem deixar de ser feitas.	**Prioridade 2 - Faça mais tarde** São atividades com alto resultado, difíceis de serem feitas, mas importantes. Deve-se executá-las assim que possível. Decida quando as executará, mas não deixe que se tornem urgentes.
	Pouco importante	**Prioridade 3 - se puder fazer, faça; se não, delegue** São atividades de baixo resultado e fáceis de fazer. Mesmo sendo urgentes, podem representar desperdício de tempo. Estas tarefas geram ansiedade, pois são urgentes, embora não importantes.	**Prioridade 4 - pode ou não fazer. Faça mais tarde** São atividades de baixo resultado e difíceis de serem feitas; são um desperdício de recurso. Estas atividades geralmente têm prazo, mas não agregam valor.
		Urgente	Não urgente
		Esforço/prazo	

Essa lista de prioridades deve ser gerenciada individualmente ou por departamento.

Quando atuava como diretor financeiro de uma grande instituição, eu tinha este mapa desenhado em uma parede de vidro na minha sala e gerenciava as atividades com *post-it* colados nessa parede de vidro.

Este simples mapa me ajudava a entender o fluxo de atividades das áreas e o gerenciamento das atividades da equipe, além de me ajudar a equilibrar a demanda e os recursos de trabalho. Pude perceber que, no começo da criação deste hábito e do aculturamento, existiam muitas atividades urgentes (quase todas) e poucas importantes. Porém, são as importantes que sustentam os negócios, e não as urgentes. Urgente é uma atividade importante que um dia teve prazo prazo, mas ele se esgotou. Quando se começa a deixar este gerenciamento mais transparente e lúcido, incia-se a mudança do *mindset*.

E as interrupções? Eu recebo muitas interrupções ao longo do dia. Quando alguém nos interrompe, sempre há uma história por trás da interrupção que começa com "você tem 5 minutos"? Após o *sim*, sempre vem uma longa história para somente no final fazerem o pedido que originou a interrupção, ou seja, a demanda geralmente vem no final. Nesta etapa, perde-se uma infinidade de tempo, muitas vezes com histórias que não agregam. Para cada interrupção, o ideal é pedir para o interlocutor começar pelo final. Comece pela requisição e, se necessário, siga para a história. Dessa forma, há uma grande economia de tempo. Comece sempre pela demanda. Após entender a demanda, segundo orientação de Barbosa, faça a seguinte avaliação da demanda:

- Se a demanda for inferior a 3 minutos, atenda imediatamente. Às vezes, pode ser apenas a solicitação de uma informação rápida, então resolva na hora.
- Se a demanda for algo emergencial e urgente, atenda imediatamente. Pode tratar-se de uma prioridade do superior, um acidente ou mesmo informações urgentes para serem repassadas para a matriz ou para um cliente.
- Se a demanda for algo desnecessário, descarte imediatamente. Para isso, é preciso aprender a falar *não*.
- Se a demanda é algo que pode esperar, inclua na lista de atividades, defina as prioridades e coloque na agenda. A agenda

serve para não esquecermos alguma atividade, mas não para gerenciarmos o tempo. O tempo se gerencia com a lista analítica de prioridades.

Com essas dicas, a gestão de tempo ficará mais fácil e será possível economizar tempo para se dedicar a outras atividades que a liderança exige. Por fim, o melhor é começar a semana com o planejamento já definido. Por exemplo, em vez de a reunião de planejamento da semana ocorrer na segunda-feira pela manhã, como geralmente acontece nas empresas, sempre marcava as minhas às sextas-feiras, pois assim fechávamos a semana e começávamos a segunda-feira já com gás para focarmos nas novas atividades.

CONCLUSÃO

- Tempo não é dinheiro; tempo é vida.
- Não temos como separar a vida pessoal da profissional, então, quanto mais organizado estiver o nosso tempo, mais tempo teremos, logo, mais vida.
- Não conseguimos administrar o tempo, mas sim as demandas e as priorizações.
- Devemos separar as atividades entre importantes, urgentes e circunstanciais.
- Devemos gerenciar as atividades com base em uma lista analítica.
- Devemos atender interrupções somente se fizerem sentido.

— CAPÍTULO 20 —

FEEDBACK COMO FERRAMENTA DE DESENVOLVIMENTO

Ao longo desta trajetória para se tornar um líder 4.1, falei muitas vezes sobre *feedback*. O *feedback* é uma ferramenta de desenvolvimento poderosa, e este capítulo foi deixado para o final de propósito. O *feedback* é sempre muito bem-vindo ao fim de um trabalho, e, agora que estou terminando este livro, acho justo falarmos dele. Neste capítulo, abordaremos a finalidade do *feedback* e passaremos por algumas regras para receber, fornecer e, mesmo após o *feedback*, como fazer *follow-up*. Para fornecer ou receber *feedback*, tenha sempre em mente os aprendizados que tivemos até agora, principalmente o que foi apresentado no Capítulo 18, sobre comunicação e escuta ativa. É importante sempre tratar este assunto com o máximo de responsabilidade que lhe cabe, separar um momento específico sem interrupções e focar no desenvolvimento. Aliás, será que sabemos fornecer *feedback*? Será que sabemos a sua finalidade?

O *feedback* tem como principal finalidade aumentar o autoconhecimento. Como mencionado anteriormente por grandes presidentes de empresas, o autoconhecimento e a autenticidade são dois componentes do sucesso no alcance dos objetivos, sendo que o *feedback*, consequentemente, contribui para o aumento da performance. Por meio do *feedback*, os colaboradores aceleram seus desenvolvimentos e podem entender o impacto de suas atitudes dentro das organizações. Além disso, o *feedback* ajuda a identificar as discrepâncias entre intenções e percepções e aumenta a inteligência emocional. Por meio do *feedback* também pode-se aumentar os *insights*, que podem melhorar a efetividade da liderança e o desempenho do negócio. O *feedback* serve ainda para nos ajudar no plano de ação, de modo a indicar possíveis correções e ressignificar, rever, repensar e reestruturar posturas que podem ser melhoradas. No final, o *feedback* ajuda no autoconhecimento, no desenvolvimento e, consequentemente, no aumento da performance.

O nosso ciclo de evolução passa por algumas etapas, e o *feedback* contribui significativamente para a primeira etapa do ciclo de evolução, que é justamente o autoconhecimento. O *feedback* serve também para nos ajudar a atravessar as 4 etapas do desenvolvimento de uma competência e a migrar da incompetência inconsciente para a incompetência consciente, pois nos mostra ausências de competências de que sequer tínhamos conhecimento.

O ciclo virtuoso da evolução passa por 7 etapas, sendo elas:

1. **Autoconhecimento.** Esta etapa consiste em se conhecer e se aprofundar em seus propósitos, objetivos, funcionalidades, valores etc.
2. **Alinhamento da expectativa.** Esta etapa trata da combinação das expectativas da relação colaborador e empresa/superior, ou seja, profissional e pessoal. É extremamente importante para manter o engajamento, pois é a combinação de propósitos e objetivos. O líder 4.1 age diretamente neste ponto.
3. **Definição do plano de ação.** Após a combinação da relação, cabe definir as tarefas que possam ser executadas visando melhorias e desenvolvimento. Neste ponto, cria-se uma congruência mais operacional.

4. **Ação combinada.** Esta etapa consiste no acordo firmado entre o colaborador e o líder acerca das próximas atividades. Cabe ao colaborador e ao líder atuar de forma consciente conforme o combinado nas etapas anteriores.
5. **Criação de um hábito.** É importante lembrar do conceito de *walk the talk* e pensar, sentir e agir de forma combinada, de modo a se conscientizar das ações e suas respectivas consequências.
6. **Evolução.** Quando as ações definidas viram hábito, avançamos de nível na evolução e é quando precisamos reavaliar.
7. **Reavaliação.** Nesta etapa é necessário reavaliar todo o ciclo e aprofundar ainda mais o autoconhecimento.

Portanto, o *feedback* é um grande presente recebido. Quando recebemos um *feedback*, a pessoa que está nos dando este presente tem a intenção de contribuir positivamente para o nosso desenvolvimento. Teoricamente, se bem-feito, quem recebe o *feedback* deveria ficar ainda melhor no que faz. Autoconhecimento é olhar para si mesmo.

Feedback é uma ferramenta usada entre os mais altos executivos e destacada por Steve Jobs como uma das 12 regras do sucesso:

> Peça *feedback* de pessoas de diferentes origens e diferentes opiniões. Cada um lhe dirá uma coisa diferente e útil. Se você está no topo da cadeia, às vezes as pessoas não fornecem um *feedback* honesto porque têm medo. Nesse caso, disfarce-se ou obtenha *feedback* de outras fontes. (BROWN, 2011)

O líder 4.1, que é focado no resultado e no desenvolvimento de sua equipe, utiliza esta ferramenta para estimular o desenvolvimento de potencial, encorajar as pessoas a ter uma visão clara de sua performance e ajudá-las a descobrir e maximizar os pontos fortes e minimizar os pontos a desenvolver.

Existe um grande desafio no saber, pois há uma imensa parcela de conhecimento que não temos consciência que não sabemos. O *feedback* serve justamente para minimizar a zona de incompetência inconsciente e aumentar a incompetência consciente.

A janela de Johari é uma técnica criada pelos psicólogos Joseph Luft e Harrington Ingham, em 1955, e é usada principalmente em grupos de autoajuda e ambientes corporativos como um exercício heurístico. Luft e Ingham nomearam este modelo de "Johari", usando uma combinação de seus primeiros nomes. Esta ferramenta ajuda as pessoas a entender melhor seus relacionamentos consigo mesmas e com os outros. A Tabela 28 apresenta um modelo da janela de Johari, que é composta por 4 grupos, sendo eles:

1. **Área aberta.** O que você conhece sobre você e as pessoas também conhecem.
2. **Área oculta.** O que você conhece sobre você e as pessoas desconhecem.
3. **Área desconhecida.** O que você desconhece sobre você e as pessoas também desconhecem.
4. **Área cega.** O que você desconhece sobre você e as pessoas conhecem. É justamente esta área que pode ser reduzida com o *feedback*, que vai esclarecer coisas que as pessoas sabem a seu respeito, mas você não.

Tabela 28 – Janela de Johari.

Outros			
	Sabem a seu respeito	**Área aberta** Maneira habitual de como nos comportamos e todos conhecem. Comportamento previsível.	**Área cega** Área que desconhecemos sobre nós mesmos. Se não nos contam, não sabemos. Só adquirimos este conhecimento com *feedback*.
	Não sabem a seu respeito	**Área oculta** Situações que não compartilhamos, como medo, conflitos, angústias, traumas que conhecemos, etc.	**Área desconhecida** Fatos que ninguém conhece e que só podem ser acessados através de terapias.
		Você conhece	Você desconhece
		Você	

Fonte: LUFT E INGHAM, 1955.

Quando recebemos *feedbacks* de pessoas que contribuem para a nossa evolução, há uma mudança na configuração da janela de Johari (ilustrada na Tabela 29), visto que aumentamos o nosso autoconhecimento, que poderá ser utilizado para controlar nossas emoções ou como ferramenta de desenvolvimento e direcionamento para aprender uma nova competência. Um *feedback* bem-feito é um presente focado na evolução.

Tabela 29 – Janela de Johari expandida após *feedback* e aumento de autoconhecimento.

Outros			
	Sabem a seu respeito	**Área aberta** Com o *feedback* das pessoas, aumentamos a nossa área de conhecimento que os outros conhecem a nosso respeito e nós desconhecemos.	**Área cega**
	Não sabem a seu respeito	Área oculta	Área desconhecida
		Você conhece	Você desconhece
		Você	

Fonte: Adaptada de LUFT E INGHAM, 1955.

REGRAS PARA RECEBER E FORNECER *FEEDBACKS*

Recebendo *feedback*

Feedbacks devem ser recebidos como um presente, e isso deve ser lembrado no momento em que os recebe. Este é um momento que, geralmente, propicia apreensão, mas deve ser encarado positivamente. Com algumas regras simples para receber os *feedbacks*, é possível tornar este momento mais prazeroso.

- **Não receba como crítica.** Um *feedback* não é uma crítica, e sim um ponto de vista diferente. Aproveite para entender esse ponto de vista e aperfeiçoar ainda mais suas competências.
- **Não fique na defensiva.** Quanto mais ficar na defensiva, mais inibirá quem está te fornecendo o *feedback*, perdendo assim uma oportunidade de aprender coisas a seu respeito que podem ser de grande valor. Esteja aberto a escutar.
- **Faça perguntas para melhor entendimento.** Se tiver dúvida sobre o *feedback*, peça exemplos e pergunte. Quanto mais perguntar, mais informações preciosas extrairá deste momento.
- **Compare com outros *feedbacks* que já recebeu.** Geralmente, nossos comportamentos tendem a se repetir. Por isso, quando recebemos um *feedback*, muitas vezes eles nos remeterão a conversas que já tivemos no passado. Compare.
- **Peça sugestões para melhorar seu desempenho.** Quem está te fornecendo o *feedback* pode contribuir significativamente com dicas de como você pode se aperfeiçoar. Peça sugestões.
- **Permita a discordância, pois não há respostas corretas.** Discordar não quer dizer retrucar ou ser reativo. Você pode, sim, discordar, mas entenda sempre que o *feedback* é um presente; um olhar sob outro ângulo. Se discordar, evite contra-argumentar. Quanto mais perguntas fizer, mais entenderá o ponto de vista de quem está dando o *feedback*.

- **Não sinta humilhação nem vergonha.** Um *feedback* jamais terá como objetivo humilhar ou envergonhar alguém, portanto não leve para este lado. Trata-se apenas de uma ferramenta de desenvolvimento.
- Por último e mais importante, **não leve para o lado pessoal**.

Receber *feedback* é receber um presente. Agradeça pela intenção e pelo tempo que a pessoa dedicou para te conceder um *feedback*. Anote e reflita sobre o que foi dito.

Fornecendo *feedback*

Um *feedback* funciona quando é focado no desenvolvimento da pessoa. Um líder 4.1 foca no *feedback* como uma ferramenta transformadora, capaz de gerar autoconhecimento e melhoria de alguma competência específica.

Um bom *feedback* deve consistir em explicar o que está acontecendo, mostrar os fatos e como as como as coisas poderiam ser feitas de uma maneira melhor, além de deixar claros os impactos do que está acontecendo. O *feedback* é focado em fatos e não em percepções. Quanto mais exemplos forem inseridos no *feedback*, melhor. É importante lembrar que o *feedback* pode ser positivo ou corretivo, e em ambos os casos devemos seguir a mesma abordagem.

O que funciona e o que não funciona quando fornecemos um *feedback*? A resposta é apresentada na Tabela 30.

Tabela 30 – O que funciona e o que não funciona no processo de *feedback*.

O que não funciona	O que funciona
Desmotivar – enfatizar a culpa ou criar situações de confronto e insegurança.	Encorajar – focar no aprendizado e promover confiança e cooperação.
Ressaltar apenas os pontos fracos e ignorar os pontos fortes.	Visar a solução do problema e os aprimoramentos das habilidades.

(continua)

(continuação)

Minar a autoconfiança e a motivação.	Aumentar a autoconfiança.
Reclamar mais do que esclarecer os fatos, sem mostrar o problema.	Esclarecer os pontos da situação atual que merecem atenção e incentivar a busca de melhorias.
Deixar o outro se sentindo sem saída e duvidando da própria capacidade.	Deixar a pessoa se sentir compreendida e inspirada a agir.

Feedbacks positivos devem ser recorrentes. Conforme vimos ao longo do livro, para cada abordagem negativa devemos ter 3 positivas, pois as abordagens positivas geram mais naturalidade e engajamento. No entanto, muitas vezes, um *feedback* de correção é necessário. Para *feedbacks* corretivos, há duas abordagens:

- **Feedback sanduíche.** Deve ser aplicado quando o colaborador tem um bom desempenho mas há algo que precisa ser melhorado. Este *feedback* deve ser composto por 3 fases:
    1. **Destacar os pontos positivos.** Isso ajuda na receptividade e gera disposição para ouvir. Seja sempre sincero na abordagem.
    2. **Mostrar o que precisa ser melhorado com fatos e exemplos.** Quanto mais claros forem os exemplos, mais fácil será o entendimento.
    3. **Concluir com palavras de encorajamento.** Isso ajudará a fortalecer o *feedback* e a fechar a conversa mostrando que o *feedback* é uma maneira de encontrar caminhos para o colaborador apresentar um desempenho ainda melhor.
- **Feedback corretivo.** Deve ser aplicado quando o colaborador tem uma performance baixa e precisa de uma correção de rota, pois serve para direcionar o colaborador a voltar para o eixo da performance. Este *feedback* deve ser composto por 4 fases:
    1. **Mostrar o fato.** Seja sucinto e descreva o problema, preferencialmente com exemplos claros. Não seja evasivo. Quanto mais específicos forem os exemplos, melhor será o entendimento.

2. **Demonstrar a sua reação e como se sente em relação ao problema.** Certifique-se de que seu ponto de vista foi entendido. Faça perguntas para garantir o entendimento.
3. **Mostrar os impactos reais causados pela atitude do colaborador.** Isso dará relevância e importância ao caso.
4. **Encorajar e dar espaço para a pessoa encontrar uma solução para o caso.** Estimule a iniciativa, a responsabilidade e o aprendizado. Foque sempre na evolução e no desenvolvimento e nunca leve para o lado pessoal.

Em uma grande empresa farmacêutica na qual trabalhei, tínhamos uma prática contínua de fornecer *feedback*, a qual chamávamos de *check-in*. Eram *feedbacks* ocasionais, rápidos, que ocorriam quando uma correção era necessária ou quando se tinha um elogio a fazer. Por exemplo:

- "Você chegou atrasado na reunião e isso impactou o resultado. Como podemos trabalhar para isso não ocorrer mais?"
- "Sobre a apresentação que você fez, queria comentar que foi excelente. Estava clara, interessante e conseguiu alcançar o resultado desejado."
- "Parabéns pela atuação junto ao cliente. Você atendeu todas as expectativas dele sem abrir mão de nossos valores e do resultado da negociação."

Esses *feedbacks* eram extremamente importantes para direcionar e corrigir a rota no dia a dia e não se aguardava um momento anual para dar estas devolutivas. No dia a dia, sempre reservávamos um tempo para tomar um café e aproveitar esse momento, de 5, 10 ou 15 minutos no máximo, para fornecer ou receber *feedback*. Isso diminuía a tensão e gerava um ambiente mais descontraído, onde ambos, quem estava fornecendo e quem estava recebendo o *feedback*, ficavam mais abertos para se comunicarem. Funcionava muito bem. Essa é uma boa prática de gestão com a qual tive uma experiência positiva ao longo da minha carreira, motivo pelo qual a trouxe para este livro.

Após o *feedback*, não se esqueça de fazer o *follow-up*. O *follow-up* garante que exista um acompanhamento do que foi dito no *feedback* e dá mais seriedade ao que precisa ser corrigido. Nas sessões de *follow-up*:

- **Dedique um tempo** para conversar com o colaborador a respeito da mudança, pois isso demonstra interesse pelo desenvolvimento.
- **Faça perguntas sempre**. Perguntas ajudam a refletir e aprimorar processos.
- **Verifique as atividades e o plano de ação acordados** e principalmente a evolução do resultado da conversa de *feedback*.
- **Trace próximos passos.** Estimule a proatividade e o comprometimento; pergunte o que será feito para atingir o resultado.
- **Se o plano não caminhar, volte a aplicar o *feedback*,** comentando sobre a sua expectativa, o que está indo bem e, mais uma vez, o que precisa melhorar.

Um líder 4.1 usa esta ferramenta para desenvolver sua equipe e a si mesmo. Não fique esperando receber *feedback* de seu superior. Se ele não o fornece, peça, como disse Steve Jobs.

CONCLUSÃO

- *Feedback* é um presente, não desperdice.
- *Feedback* serve para aumentar o autoconhecimento e a consciência dos impactos de suas ações.
- Ao receber *feedback*, não devemos levar para o lado pessoal.
- Há 3 tipos de *feedback*: sanduíche, corretivo e contínuo.
- Fazer *follow-up* é essencial para fortalecer o *feedback*.

CAPÍTULO 21

COMO SE TORNAR O PROTAGONISTA DO FUTURO E O LÍDER DE QUE O MUNDO PRECISA

Com o penúltimo capítulo sendo o de *feedback*, chegamos ao fim deste livro, que tem como propósito dividir conhecimentos e ensinamentos acumulados nos meus mais de 20 anos em cargos de liderança de grandes empresas, a partir do profundo interesse sobre o assunto liderança e em alguns cursos sobre o tema. Atuei em grandes empresas, em sua maioria multinacionais, e recebi diversos treinamentos de liderança. Tentei colocar todo o meu conhecimento aprendido ao longo da minha carreira neste livro, visando repassar meus aprendizados e contribuir com os líderes de hoje, transformando-os em visionários e protagonistas do futuro, ou seja, em líderes 4.1.

O mundo, como falei ao longo do livro, está passando por mudanças de modo que a cada minuto temos novas necessidades, mas uma necessidade jamais mudará: a de liderança. Os protagonistas das mudanças são pessoas, e essas pessoas precisam de líderes que influenciem e conduzam para a inovação. O líder 4.1 é o protagonista do futuro, influenciando seu time a encarar as mudanças como oportunidades. O líder 4.1 é o que valoriza os pontos positivos de sua equipe, mostrando o caminho e usando as forças de cada um para formar um supertime de alta performance, um verdadeiro time de super-heróis. O líder 4.1 gera valor, engaja e contribui para a evolução de seus colaboradores, da empresa e de si.

É verdade que o futuro não nasce, e sim se constrói. O líder 4.1 não só é o protagonista do futuro, como também ajuda seus colaboradores a se tornarem líderes 4.1.

O líder 4.1 é um líder que entende o verdadeiro papel da liderança, sabe influenciar as pessoas em busca de um objetivo compartilhado e alcança melhores resultados do que a ciência da administração diz ser possível. É um líder que une os colaboradores com a empresa e exerce o seu papel, extraindo o que cada indivíduo tem de melhor, formando um time orquestrado. É um líder que define direções, demonstra caráter, tem comprometimento com o desenvolvimento do time, inspira e cria visão de futuro, inova, transforma e muda. É um líder que empodera, motiva e engaja seus colaboradores.

O líder 4.1 exerce uma liderança servidora e age em prol da equipe, focando nas estratégias e no alinhamento dos propósitos individuais, do time e da empresa. É um líder que coloca o interesse do time acima do individual; que reconhece os valores de cada um, respeitando e preservando as particularidades, e usa a diversidade em favor do time; que serve a sua equipe, seus colaboradores, suas causas e seus propósitos; que enxerga as necessidades dos colaboradores e os ajuda no desenvolvimento pessoal e profissional.

O líder 4.1 promove autoconhecimento e incentiva a geração de motivação intrínseca; contribui para as pessoas descobrirem o que as deixa motivadas e como isso pode ser usado a favor de todos, gerando motivação.

O líder 4.1 é o que desenvolve competências, que é o conjunto de habilidades, conhecimentos e atitudes; que incentiva a busca por melhoria contínua e jamais deixa os colaboradores terem incompetência habilidosa; que incentiva o *mindset* de crescimento e eleva o nível do time; e que mantém todos na zona de performance, sem gerar estresse ou pressão desnecessária.

O líder 4.1 é o que promove criatividade e inovação na equipe; que sabe que o mundo está em constante mudança numa velocidade exponencial; que acompanha a mudança do mundo, promovendo experimentação e admitindo erros, se bem-intencionados; que incentiva a equipe a compreender o problema e a usar a criatividade; que promove a curiosidade e as generalidades, pois sabe que o que fará diferença é a combinação da diversidade com conhecimentos técnicos; que sabe o valor de trocar experiências e promove a troca de ideias para solucionar problemas, sem julgamentos.

O líder 4.1 engaja seus colaboradores, equilibrando a demanda com a oferta de trabalho e incentivando o uso de recursos pessoais para manter o nível de engajamento alto. É um líder que energiza a equipe e gera satisfação no trabalho, com isso aumentando a performance.

O líder 4.1 eleva a resiliência do time, pois tem ciência de que desafios serão enfrentados ao longo do caminho e corrigir a rota é necessário, bem como voltar ao nível de energia inicial. O líder 4.1 aceita a realidade, está aberto a novos conhecimentos, tem autoconfiança e gera autonomia. É um líder que mantém o foco no futuro, investe nos relacionamentos e cria bons hábitos.

O líder 4.1 administra o seu estresse e o da sua equipe e sabe manejar bem a fase de alerta, quando algo sai do eixo. É um líder que cria estratégias de recomposição e estimula a motivação, sem gerar pressão desnecessariamente, administrando bem o excesso de informações recebidas diariamente.

O líder 4.1 sabe delegar com maestria e leva em consideração as competências individuais e necessidades de desenvolvimento de cada membro da equipe quando delega uma atividade; não acumula tarefas e não é centralizador; sabe o valor de sua equipe e não pratica o microgerenciamento; é consciente das experiências dos colaboradores do seu time e faz o acompanhamento adequado.

O líder 4.1 define corretamente os objetivos e prioridades de seu time, alinhando os propósitos individuais com os propósitos da empresa. É um líder que colabora com a execução da estratégia; que define objetivos para sua equipe com base nas prioridades da empresa; que sabe alinhar bem a estratégia com o dia a dia de seu departamento, de modo que todas as ações são direcionadas para a execução; e que estabelece o elo entre a estratégia e o nível tácito e operacional.

O líder 4.1 entende que os conflitos são importantes e devem ser gerenciados. É um líder maduro que sabe lidar com conflito; que prioriza o bom relacionamento, separa as pessoas do problema, foca as intenções positivas, ouve antes de falar e estabelece bem os fatos; e que colabora, faz a mediação e aconselha em casos de conflitos.

O líder 4.1 conduz o time para a excelência, incentivando a renovação, a energia positiva e a resiliência. É um líder que aprecia e valoriza o que cada um tem de melhor, explica o sucesso, cria sustentabilidade e tem visão de futuro; que valoriza os pontos positivos e tem em sua equipe uma diversidade de competências; e que faz um inventário de competências e não deixa o seu time ficar na zona de conforto nem na do estresse, mantendo-o na zona de performance.

O líder 4.1 sabe montar um bom time, sabe contratar e aplica técnicas de entrevistas para selecionar os 10% melhores profissionais do mercado, pois faz um bom processo de seleção e começa a criar uma equipe de alta performance desde a escolha de quem atuará em seu time.

O líder 4.1 sabe que um time de alta performance precisa ser focado em trabalho de equipe. É um líder que gera sinergia entre os membros do grupo e cria objetivos desafiadores; que incentiva a responsabilidade compartilhada, o comprometimento, os objetivos comuns; que tem uma comunicação eficaz e entusiasma seu time; e que equilibra desafios e competências.

O líder 4.1 eleva a performance de seu time com sinergia e relacionamento entre os membros da equipe. É um líder que cria um propósito único, complementaridade e espírito de equipe; que tem capacidade de organização e de elevar a performance do time com entregas de qualidade e indicadores de performance; e que treina o seu time de acordo com a necessidade de desenvolvimento de uma nova competência.

O líder 4.1 tem uma comunicação ativa, escutando seus colaboradores sem julgamentos e focando no diálogo. É um líder que não divide a atenção da prática da escuta ativa com outras atividades; que tem uma mente aberta para ouvir e escutar, dedica tempo para a comunicação, faz perguntas e se mostra interessado; que pratica a empatia e se coloca no lugar do outro; e que domina a arte de escutar.

O líder 4.1 administra bem o seu tempo, sabe priorizar, tem uma boa gestão de tempo e não desperdiça tempo com o que não é importante. É um líder que sabe fazer uma lista analítica de atividades e organiza as prioridades com base no que é importante e urgente.

O líder 4.1 recebe e fornece *feedback*, focado em evolução e desenvolvimento. É um líder que sabe que o *feedback* é um presente para gerar autoconhecimento e usa esta ferramenta poderosa a seu favor; que não recebe nem fornece *feedback* levando para o lado pessoal; que foca sempre no desenvolvimento e jamais abandona a questão, fazendo *follow-ups* corretamente.

O líder 4.1 é o que constrói o futuro através de sua equipe. O líder 4.1 é você, protagonista do futuro. É o líder de que o mundo precisa.

REFERÊNCIAS

AIHR DIGITAL. Managing transformation and changes using people analytics. 2020. Disponível em: <https://www.digitalhrtech.com/category/hr-analytics/feed/>. Acesso em: 24 ago. 2020.

ALCIDES, D.; ABREU, A. F. de. *Tecnologia da informação aplicada a sistema de informação empresarial.* Atlas, 2000.

ALERT LIFE SCIENCES COMPUTING. Trabalhar sob forte estresse pode causar problemas cardíacos. 2008. Disponível em: <https://www.alert-online.com/br/news/health-portal/trabalhar-sob-forte-stress--pode-causar-problemas-cardiacos>. Acesso em: 24 ago. 2020.

ALPHA TRANSFORM. Leadership test. Disponível em: <https://alphatransform.com.au/leadership-scorecard/>. Acesso em: 24 ago. 2020.

AMABILE, T. How to kill creativity. *Harvard business review.*1998. Disponível em: <https://hbr.org/1998/09/how-to-kill-creativity>. Acesso em: 11 set. 2020.

APPEL-SILVA, M.; WENDT, G. W.; ARGIMON, I. I. L. A teoria da autodeterminação e as influências socioculturais sobre a identidade. *Psicol. Rev.,* Belo Horizonte, v. 16, n. 2, p. 351-369, ago. 2010. Disponível em: <http://pepsic.bvsalud.org/scielo.php?script=sci_arttext&pid=S167711682010000200008>. Acesso em: 24 ago. 2020.

BARBOSA, C. *A tríade do tempo*. São Paulo: Buzz Editora, 2018.

BARNES-SLATER, S.; FORD, J. Measuring conflict: Both the hidden costs and the benefits of conflict management interventions. 2002. Disponível em: <https://www.mediate.com/articles/fordSlater.cfm>. Acesso em: 24 ago. 2020.

BERNARDINHO. *Transformando suor em ouro*. Rio de Janeiro: Sextante, 2010.

BGIUSSANI. Pit stop for doctors. 2006. Disponível em: <https://blog.ted.com/pitstop_for_doc/>. Acesso em: 24 ago. 2020.

BOEHS, S. T. M.; SILVA, N. *Psicologia positiva nas organizações e no trabalho: conceitos fundamentais e sentidos aplicados*. São Paulo: Vetor, 2017.

BORGES, D. F. Quatro barreiras entre o quê e o como: os desafios no caminho entre a ideia e a execução. 2013. Disponível em: <https://administradores.com.br/noticias/4-barreiras-entre-o-que-e-o-como--os-desafios-no-caminho-entre-a-ideia-e-a-execucao>. Acesso em: 24 ago. 2020.

BRITISH LIBRARY. Elton Mayo. Disponível em: <https://www.bl.uk/people/elton-mayo>. Acesso em: 24 ago. 2020.

BROADWELL, M. M. Teaching for learning (XVI). 1969. Disponível em: <http://www.wordsfitlyspoken.org/gospel_guardian/v20/v20n41p1-3a.html>. Acesso em: 24 ago. 2020.

BROWN, J. Apple's CEO Steve Jobs shares his 12 rules of success. 2011. Disponível em: <https://addicted2success.com/success-advice/apples-ceo-steve-jobs-shares-his-12-rules-of-success/>. Acesso em: 24 ago. 2020.

BUILDFIRE. Mobile App Download and Usage Statistics. 2020. Disponível em: <https://buildfire.com/>. Acesso em: 12 set. 2020.

BUSS, H. Controlling conflict costs: The business case of conflict management. *Journal of the International Ombudsman Association*,

v. 4, n. 1, p. 54-62, 2011. Disponível em: <http://fpombudsman.org.s195742.gridserver.com/wp-content/uploads/2014/11/Helmut-Buss_Controlling-Conflict-Costs-The-Business-Case-of-Conflict-Management-2011.pdf>. Acesso em: 24 ago. 2020.

CAMERON, K. S.; DUTTON, J. E.; Robert E. QUINN, R. E. *Positive organizational scholarship: Foundations of a new discipline*. [S.l.]: Berrett-Koehler Publishers, 2003.

CAMERON, Kim S.; SPREITZER, Gretchen M. The Oxford Handbook of Positive Organizational Scholarship. *Oxford Handbook Online*. 2011. Disponível em: <https://www.oxfordhandbooks.com/view/10.1093/oxfordhb/9780199734610.001.0001/oxfordhb-9780199734610-e-001>. Acesso em: 18 nov. 2020.

CARNEGIE, D. *Como fazer amigos e influenciar pessoas*. São Paulo: Companhia Editora Nacional, 2012.

CHAPMAN, A. *Bruce Tuckman's 1965 Team-Development Model*. [2017]. Disponível em: <https://www.businessballs.com/team-management/tuckman-forming-storming-norming-performing- model/#:~:text=Dr%20Bruce%20Tuckman%20published%20his,of%20team%20development%20and%20behaviour.>. Acesso em: 24 ago. 2020.

CHARLTON, E. These are the 10 most in-demand skills of 2019, according to LinkedIn. 2019. Disponível em: <https://www.weforum.org/agenda/2019/01/the-hard-and-soft-skills-to-futureproof-your-career-according-to-linkedin/>. Acesso em: 24 ago. 2020.

COLLINS, J.; LAZIER, W. *Feitas para vencer: Instruções e lições práticas para que sua empresa seja permanentemente bem-sucedida*. Rio de Janeiro: Ediouro, 1996.

COLLINS, J.; PORRAS, J. I. *Feitas para durar: práticas bem-sucedidas de empresas visionárias*. 9.ed. Rio de Janeiro: Rocco, 2015.

COUTU, D. How resilience works. 2002. *Harvard Business Review*. Disponível em: <https://hbr.org/2002/05/how-resilience-works>. Acesso em: 24 ago. 2020.

DAVENPORT, T. H.; PRUSAK, L. *Working Knowledge: How Organizations Manage What They Know*. Harvard Business School Press, 1998.

DECI, E. L; RYAN, R. M. *Intrinsic motivation and self-determination in human behavior*. New York: Springer, 1985.

DIAMANDIS, P. H.; KOTLER, S. *Abundância: o futuro é melhor do que você imagina*. Rio de Janeiro: Alta Books, 2018.

DRUKER, P. *Management: Tasks, responsibilities, practices*. New York: Harper Business, 1993.

DRUKER, P. *The practice of management*. New York: Harper Business, 1954.

DUHIGG, C. *O poder do hábito*. Rio de Janeiro: Objetiva, 2012.

DUHIGG, C. What Google learned from its quest to build the perfect team. 2016. Disponível em: <https://www.nytimes.com/2016/02/28/magazine/what-google-learned-from-its-quest-to-build-the-perfect-team.html>. Acesso em: 24 ago. 2020.

DWECK, C. S. *Mindset: a nova psicologia do sucesso*. Rio de Janeiro: Objetiva, 2017.

EFFECTIVIOLOGY. Parkinson's law: Get more done by giving yourself less time to do things. Disponível em: <https://effectiviology.com/parkinsons-law/#:~:text=The%20phenomenon%20described%20by%20Parkinson's,better%20performance%20on%20the%20task.>. Acesso em: 24 ago. 2020.

ÉPOCA NEGÓCIOS. Os 3 maiores desafios para tornar uma empresa inovadora. 2016. Disponível em: <https://epocanegocios.globo.com/Caminhos-para-o-futuro/Desenvolvimento/noticia/2016/02/os-3-maiores-desafios-para-tornar-uma-empresa-inovadora.html>. Acesso em: 24 ago. 2020.

FINK, G. Eighty years of estresse. *Nature*, v. 539, p. 175-176, 2016. Disponível em: <https://doi.org/10.1038/nature20473>. Acesso em: 24 ago. 2020

FISHER, R.; URY, W. *Getting to yes: Negotiating agreement without giving in*. [S.l.]: Penguin Books, 2011.

FISCHMANN, R. Transcrição completa do maravilhoso discurso de Steve Jobs na Universidade de Stanford, em 2005. 2008. Disponível em: <https://macmagazine.uol.com.br/post/2008/12/12/transcricao-completa-do-maravilhoso-discurso-de-steve-jobs-na-universidade-de-stanford-em-2005>. Acesso em: 24 ago. 2020.

FLEURY, M. T. *Estratégias empresariais e formação de competências*. São Paulo: Atlas, 2000.

FLEURY, M. T. L.; FLEURY, A. Construindo o conceito de competência. *Rev. Adm. Contemp.*, Curitiba, v. 5, p. 183-196, 2001.

FRANKL, V. E. *Em busca de sentido*. Porto Alegre: Sinodal, 1987.

FREDRICKSON, B. L. et al. What good are positive emotions in crises? A prospective study of resilience and emotions following the terrorist attacks on the United States on September 11th, 2001. *J. Pers. Soc. Psychol.*, v. 84, n. 2, p. 365-376, 2003. Disponível em: <https://doi.org/10.1037//0022-3514.84.2.365>. Acesso em: 24 ago. 2020.

G1. Brasileiro é um dos campeões em tempo conectado na internet. 2018. Disponível em: <https://g1.globo.com/especial-publicitario/em-movimento/noticia/2018/10/22/brasileiro-e-um-dos-campeoes-em-tempo-conectado-na-internet.ghtml>. Acesso em: 24 ago. 2020.

G2 TECNOLOGIA. O poder de delegar: como adotar uma postura descentralizadora. Disponível em: <https://g2tecnologia.com.br/2017/11/30/o-poder-de-delegar-como-adotar-uma-postura-descentralizadora/>. Acesso em: 24 ago. 2020.

GOIÁS. Conselho Estadual de Educação. *Parecer Técnico-Pedagógico - CEE/CP n. 001/2005, subsidiário à Resolução CEE n. 111, 17/06/2005*. Goiânia, 31 de maio de 2005. Disponível em: <http://www.sgc.goias.gov.br/upload/links/arq_182_Parecer_Tecnico_Pedagogico_CEE_CP_n_001_2005.pdf>. Acesso em: 24 ago. 2020.

GOLDSMITH, M.; REITER, M. *What got you here won't get you there: How successful people become even more successful*. New York: Hyperion, 2007.

GOLEMAN, D. *Inteligência emocional*. Rio de Janeiro: Objetiva, 1996.

GRAHAM, Wallas. *The art of thought*. [S.l.]: Solis press. 2014.

GREEN, P. C. *Desenvolvendo competências consistentes – Como vincular sistemas de recursos humanos a estratégias organizacionais*. [S.l]: Qualitymark, 2000.

GUN, M. O gargalo da criatividade é a coragem. *Veja*. 2019. Disponível em: <https://vejasp.abril.com.br/blog/felicidade/murilo-gun-criatividade/#:~:text=A%20criatividade%20%C3%A9%20a%20imagina%C3%A7%C3%A3o,tomar%20dist%C3%A2ncia%20para%20enxergar%20melhor.>. Acesso em: 24 ago. 2020.

HARTER, J. K.; SCHMIDT, F. L.; KEYES, C. L. M. Well-being in the workplace and its relationship to business outcomes: A review of the Gallup studies. In: KEYES, C. L. M.; HAIDT, J. (eds.). *Flourishing: The positive person and the good life*. [S.l.]: American Psychological Association, p. 205-224, 2003. Disponível em: <http://media.gallup.com/documents/whitePaper--Well-BeingInTheWorkplace.pdf>. Acesso em: 24 ago. 2020.

HESS, A. The 10 most in-demand skills of 2019, according to LinkedIn. 2019. Disponível em: <https://www.cnbc.com/2019/01/04/the-30-most-in-demand-skills-in-2019-according-to-linkedin-.html>. Acesso em: 24 ago. 2020.

HIGUERA, V. What Is General Adaptation Syndrome? 2017. Disponível em: <https://www.healthline.com/health/general-adaptation-syndrome#model>. Acesso em: 24 ago. 2020.

HP. In-no-vate (verb): to make changes in something established, especially by introducing new methods, ideas, or products. Disponível em: <https://www8.hp.com/us/en/hp-labs/innovation-journal-issue5/three-pillars.html>. Acesso em: 11 set. 2020

HOFFMAN, E. *The right to be human: A biography of Abraham Maslow*. Los Angeles: J. P. Tarcher, 1988.

INNERMETRIX. Inovar faz parte da essência da Innermetrix. Disponível em: <https://innermetrix.com.br/>. Acesso em: 12 set. 2010.

INNERMETRIX. DISC Index: compreenda e meça o comportamento natural e adaptado. Disponível em: <https://innermetrix.com.br/disc-index-imx/>. Acesso em: 24 ago. 2020.

ISAACSON, W. *Steve Jobs*. São Paulo: Companhia das Letras, 2011.

KAHNEMAN, D. *Rápido e devagar: Duas formas de pensar*. Rio de Janeiro: Objetiva, 2012.

KELLY, T. *The ten faces of innovation: Strategies for heightening creativity*. [S.l.]: Profile Books, 2016.

KOUSES, J. M.; POSNER, B. Z. *O novo desafio da liderança: a fonte mais confiável para quem deseja aperfeiçoar sua capacidade de liderança*. Rio de Janeiro: Elsevier, 2008.

LADEIA, B. Os 5 maiores desafios dos CEOs para 2013. *Exame*. 2013. Disponível em: <https://exame.com/negocios/os-5-maiores-desafios-dos-ceos-para-2013/>. Acesso em: 24 ago. 2020.

LAWLER, E.; PORTER, L. W. The effect of performance on job satisfaction. In: CUNNINGS, L.L.; SCOTT, W.E. (eds.). *Readings in organizational behavior and human performance*. Homewood: Richard D. Irwin, 1969.

LIPP, M. E. N. O modelo quadrifásico do estresse. Disponível em: <http://www.estresse.com.br/publicacoes/o-modelo-quadrifasico-do-stress/#:~:text=Em%201956%2C%20Selye%20prop%C3%B4s%20que,%3A%20alerta%2C%20resist%C3%AAncia%20e%20exaust%C3%A3o.>. Acesso em: 24 ago. 2020.

LIZAR, A. *De Kautilya: O Arthashastra – A Ciência da Política*. [S.l.], 2015.

LUCIDCHART. How to use brainwriting to generate ideas. Disponível em: <https://www.lucidchart.com/blog/how-to-use-brainwriting-for-idea-generation>. Acesso em: 24 ago. 2020.

MASLOW, A. H. A theory of human motivation. In: VROOM, V. H.; DECI, E. L. (eds.). *Management and motivation*. Baltimore: [s.n.], 1970.

MASLOW, A. H. *Maslow on management*. [S.l.]: Wiley, 2008.

MASLOW, A. H. *Toward a psychology of being.* [S.l.]: Start Publishing LLC, 2013.

MEDIATION TRAINING INSTITUTE (MTI). The cost of conflict. Disponível em: <https://mediationworks.com/wp-content/uploads/2016/11/cost-of-conflict-whitepaper-.pdf>. Acesso em: 24 ago. 2020.

MEDIUM. What the hell is 'flow state'? [2019]. Disponível em: <https://medium.com/the-ascent/what-the-hell-is-flow-state-768ddb800ad8>. Acesso em: 24 ago. 2020.

MEIER, J. D. How to use brainwriting to generate more ideas. 2020. Disponível em: <http://jdmeier.com/how-to-use-brainwriting-to-generate-more-ideas/>. Acesso em: 24 ago. 2020.

MIND TOOLS. Conflict resolution: Using the "Interest-Based Relational" approach. Disponível em: <https://www.mindtools.com/pages/article/newLDR_81.htm>. Acesso em: 24 ago. 2020.

MORGAN, M. *Creating workforce inovation: Turning individual creativity into organizational innovation.* [S.l.]: Business & Professional Pub, 1993.

MYERS, M. S. Who are your motivated workers? 1964. Disponível em: <https://hbr.org/1964/01/who-are-your-motivated-workers>. Acesso em: 24 ago. 2020.

NAIK, G. A hospital races to learn lessons of Ferrari pit stop. 2006. Disponível em: <https://www.wsj.com/articles/SB116346916169622261>. Acesso em: 24 ago. 2020.

NOGUEIRA, J. G. Ranking de vendas de smartphones continua com Samsung liderando por boa margem. 2019. Disponível em: <https://mundoconectado.com.br/noticias/v/10222/ranking-de-vendas-de-smartphones-continua-com-samsung-liderando-por-boa-margem>. Acesso em: 24 ago. 2020.

OLIVEIRA, R. Chevrolet: veja o que vem por aí nos próximos lançamentos da marca. Disponível em: <https://www.noticiasautomotivas.

com.br/chevrolet-veja-o-que-vem-por-ai-nos-proximos-lancamentos-da-marca/#disqus_thread>. Acesso em: 11 set. 2020.

O'MALLEY, J. Role of leadership now. 2019. Disponível em: <https://mindfulnessatwork.ie/role-of-leadership/>. Acesso em: 24 ago. 2020.

PARKINSON, C. N. *Parkinson's law: The pursuit of progress.* [S.l.]: Penguin UK, 1986.

PASSOS, L. Pesquisa mostra que 86% dos brasileiros têm algum transtorno mental. 2019. Disponível em: <https://veja.abril.com.br/saude/pesquisa-indica-que-86-dos-brasileiros-tem-algum-transtorno-mental/>. Acesso em: 24 ago. 2020.

PINK, D. *A whole new mind: Why right-brainers will rule the future.* [S.l.]: Riverhead Books, 2006.

PIVOTAL EDUCATION. Understanding the theory: The interest-based relational approachDisponível em: <https://pivotaleducation.com/hidden-trainer-area/training-online-resources/understanding-the-theory-the-interest-based-relational-approach/>. Acesso em: 24 ago. 2020.

POPPER, K. *All life is problem solving.* [S.l.]: Routledge, 2001.

PORTOGENTE. Como descobrir se o ambiente de trabalho é prejudicial à sua saúde mental. 2020. Disponível em: <https://portogente.com.br/noticias-corporativas/111094-Como%20descobrir%20se%20o%20ambiente%20de%20trabalho%20%C3%A9%20prejudicial%20%C3%A0%20sua%20sa%C3%BAde%20mental>. Acesso em: 24 ago. 2020.

PPTA SAÚDE. Pesquisa da Vittude mostra dados alarmantes sobre saúde mental. 2019. Disponível em: <https://www.pptasaude.com.br/noticias/7748/pesquisa-da-vittude-mostra-dados-alarmantes-sobre-saude-mental/>. Acesso em: 24 ago. 2020.

PRICEWATERHOUSECOOPERS. Os novos desafios dos CEOs. 2020. Disponível em: <https://www.pwc.com.br/pt/sala-de-imprensa/artigos/pwc-novos-desafios-ceos.html>. Acesso em: 24 ago. 2020.

PRINCIPLE DRIVEN CONSULTING. The cost of unresolved workplace conflict. Disponível em: <https://principledriven.com/the-cost-of-conflict/>. Acesso em: 24 ago. 2020.

PROJECT MANAGEMENT INSTITUTE. PM Survey: 2013 Edition. 2013. Disponível em: <https://pmipe.org.br/site/noticia/visualizar/id/27/PM-SURVEY--Resultados-da-edicao-2013>. Acesso em: 6 out. 2020.

REVISTA NEGÓCIOS EM MOVIMENTO. Pesquisa da BMI aponta os principais desafios dos CEOs. 2015. Disponível em: <http://www.negociosemmovimento.com.br/negocios/pesquisa-da-bmi-aponta-os-principais-desafios-dos-ceos/>. Acesso em: 24 ago. 2020.

REZENDE, A. *O caminho da liderança*. São Paulo: Labrador, 2020.

RIBEIRO, S. Entendendo o estresse... não é "frescura". 2019. Disponível em: <https://expressodasilhas.cv/pais/2019/11/02/entendendo-o-stress-nao-e-frescura/66419>. Acesso em: 24 ago. 2020.

RYNASIEWICZ, R. Newton's Views on Space, Time, and Motion. Stanford Encyclopedia of Philosophy. Metaphysics Research Lab, Stanford University. Disponível em: <https://plato.stanford.edu/entries/newton-stm/>. Acesso em: 12 set. 2020.

SAWYER, K. *Zig Zag: The surprising path to greater creativity*. San Francisco: Jossey-Bass, 2013.

SCHAUFELI, W. B.; TARIS, T. W. A critical review of the Job Demands-Resources Model: Implications for improving work and health. Disponível em: <https://www.wilmarschaufeli.nl/publications/Schaufeli/411.pdf>. Acesso em: 24 ago. 2020.

SCHAUFELI, W. B.; TARIS, T. W. The Job Demands-Resources Model. Disponível em: <https://www.wilmarschaufeli.nl/publications/Schaufeli/471.pdf>. Acesso em: 24 ago. 2020.

SCHAUFELI, W. *Engagement: la passione nel lavoro*. [S.l.]: Franco Angeli, 2012.

SCHAUFELI, W.; DIJKSTRA, P.; VAZQUEZ, A. C. *Engajamento no trabalho*. São Paulo: Casa do Psicólogo, 2013.

SCHMUCK, P.; SHELDON, K. M. (eds.). *Life goals and well-being: Towards a positive psychology of human striving*. [S.l.]: Hogrefe & Huber Pub, 2001.

SCHNEIDER, B. et al. Workforce engagement: What it is, what drives it, and why it matters for organizational performance. *J. Organ. Behav.*, v. 39, p. 462-480, 2018. Disponível em: <https://doi.org/10.1002/job.2244>. Acesso em: 24 ago. 2020.

SCHNEIDER, M. Google spent 2 years studying 180 teams: The most successful ones shared these 5 traits. 2017. Disponível em: <https://www.inc.com/michael-schneider/google-thought-they-knew-how--to-create-the-perfect.html>. Acesso em: 24 ago. 2020.

SHEFFI, Y. *The power of resilience: How the best companies manage the unexpected.* London: The MIT Press, 2017.

SINEK, S. *Comece pelo porquê: Como grandes líderes inspiram pessoas e equipes a agir.* Rio de Janeiro: Sextante, 2018.

SOBRINHO, M. F. Resenha: A teoria behaviorista de Skinner. Disponível em: <https://meuartigo.brasilescola.uol.com.br/educacao/resenha-teoria-behaviorista-skinner.htm>. Acesso em: 24 ago. 2020.

SORENSON, S. How employee engagement drives growth. 2013. Disponível em: <https://www.gallup.com/workplace/236927/employee--engagement-drives-growth.aspx>. Acesso em: 24 ago. 2020.

MICHEL, L. Lama Michel: Sentido da vida. 2016. Disponível em: <https://www.youtube.com/watch?v=g-Vi8PgmSY0>. Acesso em: 24 ago. 2020.

TRIPADVISOR. Los Angeles, Califórnia: Ofertas de hotéis. Disponível em: <https://www.tripadvisor.com.br/SmartDeals-g32655-Los_Angeles_California-Hotel-Deals.html>. Acesso em: 24 ago. 2020.

TUDO POR EMAIL. Albert Einstein não era bom só em física. Disponível em: <https://www.tudoporemail.com.br/content.aspx?emailid=6583>. Acesso em: 24 ago. 2020.

TUGADE, M. M.; FREDRICKSON, B. L. Resilient individuals use positive emotions to bounce back from negative emotional experiences. *J. Pers. Soc. Psychol.*, v. 86, n. 2, p. 320-333, 2004. Disponível em: <https://doi.org/10.1037/0022-3514.86.2.320>. Acesso em: 24 ago. 2020.

TUOMI, I. Data is more than knowledge: implications of the reversed knowledge hierarchy for knowledge management and organization memory. *Journal of Management Information Systems*, v. 16, 1999. Disponível em: <https://www.tandfonline.com/doi/abs/10.1080/07421222.1999.11518258>. Acesso em: 18 nov. 2020.

VASCONCELOS, A. F. Positive organizational scholarship concept: An overview and future studies. *REAd. Rev. Eletrôn. Adm., Porto Alegre*, v. 24, n. 1, p. 85-128, apr. 2018. Disponível em: <https://www.scielo.br/scielo.php?script=sci_arttext&pid=S1413-23112018000100085>. Acesso em: 24 ago. 2020.

VIA INSTITUTE ON CHARACTER. The VIA Character Strengths Survey. Disponível em: < https://www.viacharacter.org/survey/account/register>. Acesso em: 24 ago. 2020.

WATSON, C.; HOFFMAN, R. Managers as Negotiators: A test of power versus gender as predictors of feelings, behavior, and outcomes. *The Leadership Quarterly*, vol. 7, n. 1, p. 63-85, 1996. Disponível em: <https://www.sciencedirect.com/science/article/pii/S1048984396900351>. Acesso em 18 nov. 2020.

ZAK, P. *Trust factor: The science of creating high performance companies*. New York: AMACOM, 2017.

Esta obra foi composta em Utopia Std 11,5 pt e
impressa em papel Pólen 80g/m² pela gráfica Paym.